Gutzwiller/Baumgartner
Schweizerisches Ausländerrecht

Schweizerisches Ausländerrecht

Die Rechtsstellung der Ausländer
in der Schweiz

von

Dr. Peter Max Gutzwiller
Dr. Urs L. Baumgartner

Rechtsanwälte

2. neubearbeitete Auflage

C.H. Beck'sche Verlagsbuchhandlung München
Helbing & Lichtenhahn Verlag AG Basel
1997

Die Deutsche Bibliothek – CIP-Einheitsaufnahme

Gutzwiller, Peter Max:
Schweizerisches Ausländerrecht : die Rechtsstellung der
Ausländer in der Schweiz / von Peter Max Gutzwiller ;
Urs L. Baumgartner. – 2., neubearb. Aufl. – München : Beck ;
Basel : Helbing u. Lichtenhahn, 1997
 ISBN 3 406 38794 2 (Beck)
 ISBN 3 7190 1562 9 (Helbing u. Lichtenhahn)
NE: Baumgartner, Urs:

ISBN 3 406 38794 2 (C. H. Beck'sche Verlagsbuchhandlung, München)
ISBN 3 7190 1562 9 (Helbing & Lichtenhahn Verlag AG, Basel)

Satz und Druck der C. H. Beck'schen Buchdruckerei, Nördlingen
Gedruckt auf säurefreiem, alterungsbeständigem Papier
(hergestellt aus chlorfrei gebleichtem Zellstoff)

Unseren Kindern
Corinne, Nicole, Sibylle Baumgartner
Florian, Tobias, Claudius, Christian Gutzwiller

Möge sich in ihrer Zeit die Erkenntnis allgemein durchsetzen, daß die Farbe seines Reisepasses ein untaugliches Kriterium zur Beurteilung eines Menschen ist.

Vorwort zur 2. Auflage

Die 1. Auflage dieses Buches, von den Lesern günstig aufgenommen, ist seit einiger Zeit vergriffen. Im Hinblick auf die engagiert geführte Diskussion über den von Bundesrat und Bundesversammlung beschlossenen Beitritt zum Europäischen Wirtschaftsraum (EWR) und die Lockerung der Bestimmungen über den Erwerb von Grundstücken durch Personen im Ausland (Ablösung der „Lex Friedrich" durch die „Lex Koller") – die bedeutende Öffnungen der Schweiz gegenüber dem Ausland, insbesondere gegenüber Europa zur Folge gehabt hätten, schließlich aber in der Volksabstimmung verworfen wurden – hatten wir die 2. Auflage immer wieder aufgeschoben. Zwar wird die Annäherung an Europa in der schweizerischen Öffentlichkeit weiterhin stark diskutiert, und wird in Brüssel um Lösungen gerungen, aber die Ungewißheit über den Zeitpunkt legislativer Maßnahmen schien Verlagen und Autoren zu groß, um längeres Zuwarten zu rechtfertigen. 1

Der bisherige Aufbau des Werkes wurde trotz vereinzelter Kritik beibehalten. Die Leser haben es offenbar geschätzt, daß die Lesbarkeit des Textes nicht durch Fußnoten erschwert wurde, und die Fundstellen im Apparat am Schluß des Buches doch recht einfach zu finden sind. 2

Dem vereinzelt geäußerten Wunsch, auch die schweizerischen (Doppel-)Besteuerungs- und die Sozialversicherungsabkommen darzustellen, konnten die Autoren nicht entsprechen; eine solche Darstellung hätte den Rahmen dieses schmalen Bändchens gesprengt, und zudem sind diese Abkommen an anderer Stelle leicht greifbar. Auch die Sonderstellung von Diplomaten und Angehörigen internationaler Organisationen bleibt angesichts des doch eher partikulären Interesses weiterhin ausgespart. 3

Daß zum Teil älteres Recht erst in dieser neuen Auflage berücksichtigt wird, ist keine Korrektur früheren Versehens, sondern dem Umstand zuzuschreiben, daß es (aus unerfindlichen Gründen) erst jetzt publiziert wurde; bei älteren internationalen Abkommen hat die „verspätete" Berücksichtigung den Grund darin, daß solche Abkommen von der Schweiz erst später ratifiziert wurden. 4

Wurden im schweizerischen Ausländerrecht bisher verschiedentlich Ausländer mit Niederlassungsbewilligung Schweizer Bürgern gleichgestellt, ist vor kurzem eine neue „Gleichstellungskategorie" aufgetaucht: Die Ausländer mit „dauerndem Wohnsitz" in der Schweiz (Rz 14/27). 5

In quantitativer Hinsicht sind Sondernormen auf Grund der Nationalität eher zurückgegangen, oder jedenfalls nicht vermehrt worden. Materiell hat sich das schweizerische Ausländerrecht in mehreren Berei- 6 chen markant verändert; so wurde das Bürgerrechtsgesetz total revidiert; im Hochschulbereich hat die Schweiz bedeutsame Abkommen mit dem Ausland abgeschlossen; die Vorschriften über Einreise, Aufenthalt und Erwerbstätigkeit haben einen umfassenden (und zum Teil substantiellen) Wandel erfahren; ein Gesetz über „Zwangsmaßnahmen im Ausländerrecht" hat vor allem im Asylbereich Auswirkungen; neue Bestimmungen im Medienbereich enthalten auch ausländerrechtliche Konsequenzen. Insgesamt: Bei aller Vorsicht gegenüber solchen generellen Aussagen gewinnt man doch den Eindruck, daß der Nationalität im schweizerischen Recht eine eher abnehmende Bedeutung zukommt.

7   Daß sich das schweizerische Ausländerrecht aber weiterhin nicht in einer prinzipiellen Richtung bewegt, sondern nach wie vor pragmatisch entwickelt, zeigt das folgende Beispiel: Während die Schweiz nach wie vor, und gerade auch in den Verhandlungen mit der Europäischen Union, nicht bereit ist, vom strikten Kontingentssystem bei Arbeitsbewilligungen abzugehen, hat der Bundesrat den Kantonen erlaubt, ohne Rücksichtnahme auf diese Kontingente ausländischen Wald- und Sägereiarbeitern Arbeitsbewilligungen zu erteilen, um von Mai bis Dezember 1990 die erheblichen „Sturmschäden im Schweizer Wald" zu beheben!

8   A propos „Arbeitsbewilligungen": Ein Rezensent hat die Verwendung dieses Begriffes gerügt. Streng Gesetzes-terminologisch betrachtet, hat er natürlich Recht, ist doch die Arbeitstätigkeit lediglich der „Zweck" der Bewilligung, die technisch gesehen eine „Aufenthaltsbewilligung" ist. Dennoch halten wir an diesem Begriff fest, da er in der Praxis verwendet wird und sachlich aussagekräftig ist, ohne zu schaden.

9   Dank schulden wir Herrn lic. Frank Rutishauser für die Arbeit am Manuskript und die Bearbeitung des wissenschaftlichen Apparates, Herrn Dr. Bruno Seemann für die Überarbeitung von Kapitel 23, Herrn lic. Matthias Keusch (Bundesamt für Flüchtlinge) für die kritische Durchsicht von Kapitel 5, unseren Ehefrauen Barbara Gutzwiller-Menzel und Marguerite Baumgartner-Droz, die uns wiederum eine stete Stütze waren, und den Partnern und Mitarbeitern der Anwaltskanzlei Lenz & Staehelin (Zürich, Genf, Lausanne) für ihren unschätzbaren, vielfältigen Rat. Trotzdem sind doch nur die beiden unterzeichnenden Autoren für den Inhalt dieser Schrift verantwortlich.

Zürich, im Oktober 1996

Peter Max Gutzwiller
Urs L. Baumgartner

Vorwort zur 1. Auflage

Die demographische Entwicklung der Schweiz war seit jeher durch starke Migrationen geprägt. Seit Beginn dieses Jahrhunderts gehören die Einwanderung und der Einwanderungsdruck (in den letzten Jahren verbunden mit dem Asyldruck) zu den die schweizerische Politik beherrschenden Themen. Der ausländische Anteil an der Wohnbevölkerung betrug 1850 rund 3%, heute sind es rund 15%. Dieser in gewissen politischen Kreisen als übermäßig beurteilte und dementsprechend als „Überfremdung" bezeichnete ausländische Einfluß hat bisher zu sechs Verfassungsinitiativen geführt, die mit unterschiedlichem Instrumentarium anstrebten, die Zahl der Ausländer in der Schweiz zu reduzieren. Alle diese Initiativen sind gescheitert, einzelne davon relativ knapp, die bisher letzte am 4. Dezember 1988 allerdings massiv.

Die Bedeutung der Ausländer für die Schweizer Wirtschaft ist sehr groß. Gerade weil die Schweiz eine hoch entwickelte diversifizierte Wirtschaft im geographischen Zentrum Europas mit stark international geprägten Handels- und Finanzbeziehungen hat, ist sie darauf angewiesen, auch Ausländer in Kaderpositionen beschäftigen zu können, um die vielfachen internationalen Interdependenzen zu tragen und zu fördern. Die qualifizierte Aufwertung des Arbeitsplatzes Schweiz hat aber auch dazu geführt, daß Schmutz- und Schwerarbeit vielfach nur noch von Ausländern ausgeführt wird.

Ebenso bedeutungsvoll ist der Beitrag der Ausländer an das schweizerische Kultur- und Geistesleben. Nicht vorstellbar wie eintönig und steril unser Denken und Empfinden wäre ohne die Auseinandersetzung mit Menschen anderer Traditionen!

Wir waren bei der Erarbeitung dieses Buches selber erstaunt zu sehen, wie viele Bereiche unserer Gesetzgebung nationalitäts-neutral ausgestaltet sind; dementsprechend darf der Leser davon ausgehen, daß in diesem Werk nicht behandelte Themen nicht ausländerrechtlich geprägt sind. (Auch wenn eine schweizerische Regelung im Vergleich etwa zu ausländischen Regelungen restriktiv ist, haben wir sie hier nicht erwähnt, wenn die Restriktionen für Schweizer und Ausländer gleichermaßen gelten.) Andererseits ist auch sehr deutlich geworden, daß – verstreut über alle Themen der Gesetzgebung hinweg – ausländerrechtliche Bestimmungen zum festen Instrumentarium des Gesetzgebers gehören, nicht anders als in den meisten europäischen Ländern.

Unter dem Begriff „Ausländerrecht" fassen wir in dieser Arbeit die Gesamtheit jener gesetzlichen oder in der Praxis entwickelten Rechtsnormen zusammen, die (positiv) überhaupt oder in ihrer spezifischen Ausgestaltung nur auf Ausländer anwendbar sind, oder die (negativ) überhaupt oder in ihrer spezifischen Ausgestaltung auf Ausländer gerade nicht anwendbar sind; insofern stellt das Ausländerrecht immer auch die Kehrseite des „Inländerrechts" dar.

5 Beim Sprachgebrauch ist Vorsicht geboten: So bezeichnet z. B. der Begriff „Inländer" im Stempelsteuerrecht nicht einen „Schweizer Bürger" und der Begriff „Ausländerarrest" bezieht sich auf den Tatbestand eines Schuldners mit Wohnsitz im Ausland, nicht auf einen Ausländer. Überwiegend wird im schweizerischen Recht für die eigene schweizerische Staatsangehörigkeit der Begriff „Schweizer Bürgerrecht" verwendet, aber keineswegs lückenlos; auch die „schweizerische Nationalität" oder „schweizerische Staatsangehörigkeit" wird gelegentlich erwähnt. Für ausländische Staatsangehörigkeiten wird in den Bundeserlassen unterschiedslos von „Staatsangehörigkeit" oder „Nationalität" gesprochen. Außer in den Fällen, in denen das Geschlecht einer Person maßgeblich ist, formuliert der schweizerische Gesetzgeber maskulin. Wir haben diese Artikulation (ohne Wertung) der Folgerichtigkeit wegen übernommen. „Der Ausländer" schließt deshalb „die Ausländerin" ein, wo sich aus dem Sachzusammenhang nichts Abweichendes ergibt.

6 Als Ausländer definieren wir in diesem Buch natürliche Personen, die nicht das Schweizer Bürgerrecht besitzen, nicht aber auch Personen, die (ob In- oder Ausländer) im Ausland ihren Wohnsitz haben. Konsequenterweise sind juristische Personen ebenfalls nicht schon dann Ausländer, wenn sie Sitz oder Verwaltung im Ausland haben, sondern nur, wenn sie (auch bei inländischem Sitz) „ausländisch beherrscht" sind. Die Umschreibung dieses letzten Tatbestandes ist in den verschiedenen nachfolgenden Rechtsbereichen sehr unterschiedlich ausgefallen (vgl. z. B. Rz 6/33, 9/6; 18/2; 19/6 ff; 19/21 f; 19/24 ff; 19/36; 20/1 ff; 20/5, 8). In mehreren Rechtsbereichen wird allerdings die in- bzw. ausländische Beherrschung als Kriterium aufgestellt, ohne daß der Begriff überhaupt definiert wird (vgl. z. B. Rz 19/11, 17 f; 20/8, 11, 14; 21/8; 22/3).

7 Da das schweizerische Ausländerrecht nicht logisch-dogmatisch, sondern fallweise, tatbestandsbezogen und wohl auch im Hinblick auf partei- und referendumspolitische Machbarkeit entwickelt wurde, fehlt eine wissenschaftlich-systematische Grundlegung und nimmt die Gesetzgebung daher oft etwas erratische Wege. Eine Konsequenz dieser Entstehungsproblematik ist die außerordentliche Vielfalt der Voraussetzungs-Kombinationen von Staatsangehörigkeit und anderen Faktoren (wie z. B. Wohnsitz). Wie vielschichtig diese Sachverhalte sein können, zeigt sich am ehesten am Beispiel der Behandlung von Doppelbürgern: In manchen Bereichen werden sie nur als Schweizer betrachtet (z. B. Rz 3/170; 12/9, 16; 13/7, 12), in anderen müssen sie ihren Wohnsitz in der Schweiz (z. B. Rz 19/6) oder wenigstens nicht im Staat ihrer anderen

Staatsangehörigkeit haben (z. B. Rz 19/20), um als Schweizer zu gelten; unter Umständen gelten Doppelbürger nur als Schweizer, wenn das ausländische Bürgerrecht das schweizerische nicht überwiegt (z. B. Rz 1/5; 15/16, 50), und schließlich kennt das schweizerische Recht Tatbestände, in denen Doppelbürger im Ergebnis wie Ausländer behandelt werden: So kann ein Doppelbürger zwar Oberbefehlshaber der Armee oder Bundesrat, aber nicht Diplomat (Rz 4/3) werden (bis zum 31. 12. 1988 konnte ein Doppelbürger auch nicht persönlicher Mitarbeiter eines Bundesrates werden, Rz 4/5).

Die Absenz von Logik und Systematik zeigt sich aber auch beim Blick auf die verschiedenen für Schweizer oder niedergelassene Ausländer „reservierten" Berufe und Tätigkeiten (4. Kapitel): Eine Satire nicht zu schreiben ist schwierig bei dem Gedanken, daß in drei Kantonen Ausländer nicht zugelassen werden als Kaminfeger (Rz 4/48) oder als Pediküre (Rz 4/60), während zwei dieser Kantone Ausländer als Maniküre (Rz 4/55) zulassen. Der Fuß muß offenbar schweizerischer behandelt werden als die Hand!

Das schweizerische Ausländerrecht entstammt nicht bloß einer Rechtsquelle; es gibt keine einheitliche Rechtssetzungskompetenz für das Ausländerrecht. Vielmehr bestehen, je nach Sachgebiet, Kompetenzen des Bundes, der Kantone und der Gemeinden. In unserem Buch wird grundsätzlich das Bundesrecht dargestellt; das gesamte kantonale und Gemeinderecht darzustellen, würde den Rahmen sprengen. Immerhin wird das kantonale Recht in jenen Rechtsbereichen ausführlicher behandelt, in denen es von erheblicher praktischer Bedeutung ist (so namentlich in den Kapiteln 3, 4, 6 und 10).

Nicht behandelt wird die besondere Rechtsstellung von Personen, die wegen ihres diplomatischen oder konsularischen Status eine Sonderstellung einnehmen.

Das Staatsvertragsrecht ist in die Darstellung eingeschlossen, mit Ausnahme des bilateralen Doppelbesteuerungs- und Sozialversicherungsrechtes (Rz 15/1; 17/1). Auf die (durchwegs älteren) Freundschafts- und Niederlassungsverträge (Rz 3/197) wird nicht im einzelnen eingegangen, weil sie in allen ausländerrechtlich relevanten Einzelbereichen praktisch bedeutungs- und wirkungslos geworden sind.

Das Ziel unseres Buches besteht darin, vor allem dem ausländischen Leser einen Einstieg in die vielschichtige Problematik des schweizerischen Ausländerrechts zu ermöglichen. Soweit wir sehen ist dies der erste Versuch einer solchen Gesamtdarstellung. Aus diesem Grund schien es uns auch richtiger, den Apparat knapp zu halten. Die gesetzlichen Grundlagen werden im Anhang dargestellt, gegliedert nach Kapiteln und Randziffern.

Zur Vereinfachung der Verweisungen ist das Buch mit Randziffern versehen; die erste Ziffer bezeichnet das Kapitel, die zweite die Nummer innerhalb des Kapitels. Vereinzelt wurden besonders prägnante oder auffallende Formulierungen des Gesetzes wörtlich in Anführungszeichen übernommen, auch hier der besseren Lesbarkeit willen ohne unmittelbaren Verweis; die Fundstelle ergibt sich aus der Darstellung der Rechtsgrundlagen.

12   Wir haben unsere Aufgabe darin gesehen, dem Rechtssuchenden einen Weg zu zeigen, und beschränken uns daher auf die Darstellung des geltenden Rechts. Die Würdigung des Ergebnisses, die naturgemäß stark von subjektiven Elementen und vom persönlichen politischen Standort geprägt ist, überlassen wir dem Leser.

13   Wir möchten uns bei all jenen bedanken, die uns geholfen haben, das Werk zu schreiben, namentlich (in der Kapitelreihenfolge) Frau S. Moser und den Herren Dr. H. B. Weyermann und lic. E. Williner (Bundesamt für Industrie, Gewerbe und Arbeit), den Herren W. Stöckli und K. Schaller (Kantonales Amt für Industrie, Gewerbe und Arbeit, Zürich), lic. R. Krämer und F. Tschopp (Städtisches Arbeitsamt, Zürich), U. Hadorn (Stv. Delegierter für das Flüchtlingswesen, Bern), lic. J. Schumacher (Bundesamt für Justiz, Bern), lic. R. Marti (Eidgenössische Bankenkommission, Bern), Dr. L. Frei (Bundesamt für Polizeiwesen, Bern), Dr. W. Nußbaum (Bundesamt für Sozialversicherung, Bern), H. Kleeb (Kantonales Steueramt, Zürich), lic. U. Adam und P. Krüger (Bundesamt für Zivilluftfahrt, Bern), A. Vogel und Dr. P. Reutlinger (Rheinschiffahrtsdirektion, Basel), lic. J. Hulliger (Schweizerisches Seeschiffahrtsamt, Basel), Dr. W. Bühlmann (Bundesamt für Energiewirtschaft, Bern) und Frau lic. E. Lindt (PTT-Betriebe, Bern), die uns zu Einzelfragen jederzeit bereitwillig Auskunft gaben oder Teile des Manuskripts durchsahen, unserem Bürokollegen Dr. P. Heinrich, der den Stoff zum 23. Kapitel aufbereitete, Herrn Dr. Th. Hefti, Frau lic. R. Walter und Herrn lic. E. Ferro, die uns bei der Sammlung des Materials assistierten (Herr Ferro hat auch das Schlagwortverzeichnis bearbeitet), Frau E. Giebel und Frau E. Scholl, die das Manuskript erstellten, unserem Verleger, der für Terminnöte Verständnis zeigte und die Publikation sorgfältig und umsichtig betreute.

Unser besonderer Dank aber geht an unsere Ehefrauen Barbara Gutzwiller-Menzel und Marguerite Baumgartner-Droz, ohne deren Verzicht, Unterstützung und Ermunterung dieses Werk nicht entstanden wäre.

Auch wenn wir wertvolle Unterstützung durch Behördenmitglieder erfahren haben, gibt unser Werk doch strikt nur unsere persönliche Auffassung wieder.

Zürich, im September 1989

Peter Max Gutzwiller
Urs. L. Baumgartner

Inhaltsübersicht

Vorwort zur 2. Auflage		VII
Vorwort zur 1. Auflage		IX
Aktualität		XXIII

1. Kapitel	Schweizer Bürgerrecht		1
2. Kapitel	Grundrechte, Politische Rechte		7
3. Kapitel	Einreise, Aufenthalt, Erwerbstätigkeit		10
4. Kapitel	Vorbehaltene Tätigkeiten und Berufe		33
5. Kapitel	Asylrecht, Staatenlosigkeit		37
6. Kapitel	Grundstückserwerb		50
7. Kapitel	Internationales Privatrecht		61
8. Kapitel	Gesellschaftsrecht		63
9. Kapitel	Bankwesen		66
10. Kapitel	Zivilprozeßrecht		71
11. Kapitel	Zwangsvollstreckung		73
12. Kapitel	Strafrecht		74
13. Kapitel	Internationale Rechtshilfe		77
14. Kapitel	Bildung, Kultur, Jugendförderung		80
15. Kapitel	Sozialversicherung, Fürsorge, Gesundheitswesen		85
16. Kapitel	Friedenserhaltung, Sicherheit		93
17. Kapitel	Steuern, Gebühren		96
18. Kapitel	Landwirtschaft		99
19. Kapitel	Verkehr		100
20. Kapitel	Energie		108
21. Kapitel	Medien, Fernmeldewesen		110
22. Kapitel	Investitionsrisikogarantie, Exportrisikogarantie, Wirtschaftssanktionen		113
23. Kapitel	Immaterialgüterrecht		115

Rechtsquellen	119
Systematisches Verzeichnis der Rechtsquellen	131
Literaturverzeichnis	149
Schlagwortverzeichnis	157

Inhaltsverzeichnis

Vorwort zur 2. Auflage VII
Vorwort zur 1. Auflage IX
Aktualität XXIII

1. Kapitel: Schweizer Bürgerrecht

1. Abschnitt: Begriffe, Definitionen 1
2. Abschnitt: Erwerb des Schweizer Bürgerrechts 2
   I. Erwerb von Gesetzes wegen 2
   II. Erwerb durch behördlichen Beschluß (Einbürgerung) 2
      1. Allgemeine Bestimmungen 2
      2. Ordentliche Einbürgerung 3
      3. Wiedereinbürgerung 4
      4. Erleichterte Einbürgerung 4
3. Abschnitt: Verlust des Schweizer Bürgerrechts 5
   I. Verlust von Gesetzes wegen 5
   II. Verlust durch behördlichen Beschluß 5
4. Abschnitt: Feststellung des Schweizer Bürgerrechts 6
5. Abschnitt: Prozessuale Aspekte 6
6. Abschnitt: Ausweispapiere 6

2. Kapitel: Grundrechte, Politische Rechte

1. Schutzgedanke des Bundes 7
2. Grundrechte der Bundesverfassung 7
3. Stimm- und Wahlrecht 8
4. Schutz vor Diskriminierung 9

3. Kapitel: Einreise, Aufenthalt, Erwerbstätigkeit

1. Abschnitt: Einreise 10
   1. Ausweise 10
   2. Ärztliche Untersuchung an der Grenze 11
   3. Anmeldung 11
   4. Katastrophenfälle 11
2. Abschnitt: Aufenthalt ohne Erwerbstätigkeit 11
   I. Bewilligungspflicht 11
   II. Bewilligungsfreiheit 12
   III. Bewilligungsgründe 12
      1. Familiennachzug 12
      2. Andere Aufenthaltszwecke ohne Erwerbstätigkeit 12
   IV. Verfahrensaspekte 13
3. Abschnitt: Aufenthalt mit Erwerbstätigkeit („Arbeitsbewilligung") 14
   I. Definition 14
   II. Bewilligungspflicht 14
   III. Bewilligungsfreiheit 15
   IV. Kontingentssystem („Begrenzungsmaßnahmen") 15
      1. Kontingentsrahmen 15
      2. Kontingentsfreiheit 15

V. Bewilligungsarten 16
   A. Grundsatz 16
      1. Wirtschaftliche Kriterien 16
      2. Priorität der Inländer 17
      3. Prioritäten für die Rekrutierung 17
   B. Jahresaufenthalter 18
      1. Definition 18
      2. Bewilligungsgründe des Bundes 18
      3. Bewilligungsgründe der Kantone 19
   C. Kurzaufenthalter 20
      1. Definition 20
      2. Bewilligungsgründe des Bundes 20
      3. Bewilligungsgründe der Kantone 21
   D. Stagiaires 21
      1. Definition 21
      2. Staatsverträge 21
      3. Bewilligungen 22
   E. Saisonniers 22
      1. Definition 22
      2. Dauer 22
      3. Anzahl 22
      4. Umwandlung 22
      5. Rekrutierungsgebiete 23
   F. Grenzgänger 23
      1. Definition 23
      2. Bewilligung 23
      3. Kontingent 23
VI. Bewilligungsbezeichnungen 23
VII. Verlängerung, Erneuerung, Aneinanderreihen von Aufenthaltsbewilligungen zur Erwerbstätigkeit 24
      1. Verlängerung 24
      2. Erneuerung 25
      3. Aneinanderreihen 25
      4. Schlußfolgerung 25
VIII. Stellenwechsel, Berufswechsel, Kantonswechsel 25
IX. Ersatzbewilligungen 26
X. Verfahrensaspekte 26
4. Abschnitt: Beendigung des Aufenthaltes, Ausreise 26
   1. Ablauf der Bewilligung 26
   2. Tatsächliche Aufgabe des Aufenthalts 27
   3. Widerruf 27
   4. Wegweisung 27
   5. Ausweisung 27
   6. Landesverweisung 28
   7. Meldepflichten bei Wegzug 28
5. Abschnitt: Niederlassungsbewilligung 28
   1. Definition 28
   2. Voraussetzungen 28
   3. Dauer 29
6. Abschnitt: Rechtsmittelverfahren 30
7. Abschnitt: Sanktionen 30
8. Abschnitt: Zur Bedeutung der Staatsverträge 31
9. Abschnitt: Vollzug des Ausländerrechts 32

4. Kapitel: Vorbehaltene Tätigkeiten und Berufe

- I. Verwaltung 33
  - 1. Bundesbeamte 33
  - 2. Bundesangestellte 33
  - 3. Friedenserhaltende Aktionen, Gute Dienste 33
  - 4. Zivilstandsbeamte 33
  - 5. Auslandszulage 34
  - 6. Paritätische Kommission für Personalangelegenheiten 34
- II. Justiz 34
  - 1. Richter 34
  - 2. Parteivertreter 34
  - 3. Rechtsanwälte, Notare 35
- III. Andere Tätigkeiten und Berufe 35

5. Kapitel: Asylrecht, Staatenlosigkeit

- I. Einleitung 37
- II. Flüchtlingsbegriff; Voraussetzungen zur Asylgewährung 38
- III. Rechtsstellung der Flüchtlinge 39
  - 1. Grundsatz 39
  - 2. Rechtsstellung des Gesuchstellers während des Verfahrens ... 39
  - 3. Rechtsstellung des anerkannten Flüchtlings 40
  - 4. Rechtsstellung des abgewiesenen Asylbewerbers 41
- IV. Verfahrensfragen 42
- V. Zwangsmassnahmen gegen Ausländer 45
  - 1. Grundsatz und Geltungsbereich 45
  - 2. Die Maßnahmen im Einzelnen 45
  - 3. Zuständigkeit, Verfahren und Rechtsschutz 46
  - 4. Vollzug und Beendigung der Haft 47
- VI. Beendigung des Asyls 47
- VII. Abgrenzung zu anderen Zulassungsverfahren 48
- VIII. Staatenlose 49

6. Kapitel: Grundstückserwerb

- I. Einleitung 50
- II. Bewilligungspflicht 51
  - 1. Grundsatz 51
  - 2. Definition: Erwerb von Grundstücken 51
  - 3. Definition: Personen im Ausland 52
- III. Ausnahmen von der Bewilligungspflicht 52
- IV. Bewilligung 53
  - A. Erwerb zu persönlichem Gebrauch 53
    - 1. Hauptwohnsitz 53
    - 2. Ferienwohnung 53
    - 3. Zweitwohnung 54
    - 4. Notlage 54
  - B. Erwerb zu geschäftlichem Gebrauch 54
  - C. Besondere Tatbestände 55
    - 1. Erbschaft 55
    - 2. Sozialer Wohnungsbau 56
    - 3. Personalvorsorgeeinrichtungen 56
    - 4. Ausländische Versicherungsgesellschaften 56

5. Gemeinnützige Institutionen	56
6. Pfandsicherung	56
D. Bedingungen und Auflagen	57
1. Grundsatz	57
2. Bauland	57
3. Ferienwohnungen	57
4. Betriebsstätte	57
5. Wegfall	57
V. Zwingende Verweigerungsgründe	58
VI. Verfahrensfragen	58
A. Bewilligungsverfahren	58
B. Vollzugssicherungen und Sanktionen	59
1. Verwaltungsrecht	59
2. Zivilrecht	59
3. Strafrecht	59
VII. Verhältnis zu Staatsverträgen	59

7. Kapitel: Internationales Privatrecht ... 61

8. Kapitel: Gesellschaftsrecht

1. Gesellschaftsanteile, Mitgliedschaft	63
2. Verwaltung	64
3. Kontrollstelle (Buchprüfung)	64
4. Liquidation	65

9. Kapitel: Bankwesen

1. Betriebsbewilligung	66
2. Bankkonto, Devisen- und Kapitaltransaktionen	68
3. Schweizerische Nationalbank	70

10. Kapitel: Zivilprozeßrecht

1. Gerichtsstand	71
2. Prozeßkaution, unentgeltliche Prozeßführung (Armenrecht)	71

11. Kapitel: Zwangsvollstreckung ... 73

12. Kapitel: Strafrecht

I. Bürgerliches Strafrecht	74
1. Geltungsbereich, Zuständigkeit, Tatbestände	74
2. Strafen, Vollzug	75
3. Unterstützung	75
II. Militärstrafrecht	76
1. Geltungsbereich, Zuständigkeit, Tatbestände	76
2. Strafen	76

13. Kapitel: Internationale Rechtshilfe

I. Strafsachen	77
1. Grundsätze	77
2. Verfahren	77
3. Meldepflichten	77

Inhaltsverzeichnis

4. Zeugeneinvernahme	78
5. Auslieferung	78
6. Frauen- und Kinderhandel	79
II. Kriegsverbrechen	79
III. Zivilsachen	79

14. Kapitel: Bildung, Kultur, Jugendförderung

1. Abschnitt: Bildung	80
I. Maturität	80
II. Höhere Fachschulen, Berufsbildung	80
III. Hochschule	81
A. Studium	81
B. Prüfungen, Anerkennung von Diplomen, Stipendien	81
1. Prüfungszulassung	81
2. Anerkennung von Diplomen	82
3. Stipendien	82
IV. Schweizerschulen im Ausland	82
V. Schweizerisches Institut für Rechtsvergleichung	83
2. Abschnitt: Kultur	83
1. Kunstförderung	83
2. Filmförderung	83
3. Abschnitt: Jugendförderung	84

15. Kapitel: Sozialversicherung, Fürsorge, Gesundheitswesen

I. Staatsverträge, Bundesrecht	85
II. Alters- und Hinterlassenenversicherung (AHV)	85
A. Beitragspflicht und Versicherungspflicht	85
1. Arbeitnehmer	85
2. Arbeitgeber	86
B. Rückvergütung der AHV-Beiträge	86
C. Anspruch auf Versicherungsleistungen	86
D. Organisation der Kasse	87
III. Invalidenversicherung (IV)	87
1. Beitragspflicht und Versicherungspflicht	87
2. Anspruchsberechtigung	87
3. Organisation	87
IV. Berufliche Vorsorge	88
1. Beitragspflicht und Versicherungspflicht	88
2. Anspruchsberechtigung	88
V. Unfallversicherung	88
1. Versicherungspflicht	88
2. Anspruchsberechtigung	88
VI. Krankenversicherung	88
1. Versicherte Personen	88
2. Versicherungsleistungen	89
VII. Arbeitslosenversicherung (AlV) und Insolvenzentschädigung	89
1. Versicherungspflicht und Beitragspflicht	89
2. Anspruchsberechtigung	89
VIII. Erwerbsersatzordnung (EO)	90
IX. Militärversicherung	90
X. Allgemeine Fürsorge	90

1. Örtliche Zuständigkeit	90
2. Anspruch und Umfang	90
XI. Weitere Leistungen	90
1. Familienzulagen in der Landwirtschaft	90
2. Kinderzulagen	91
3. Kriegshilfe	91
XII. Wohnbauförderung	91
XIII. Spitaltaxen	92
XIV. Opferhilfe	92

16. Kapitel: Friedenserhaltung, Sicherheit

I. Schutzgedanke	93
II. Dienstleistungen	93
1. Armee	93
2. Zivilschutz	94
3. Friedenserhaltende Aktionen, „Gute Dienste"	94
III. Andere Beiträge	94
IV. Verschiedene Bestimmungen	94

17. Kapitel: Steuern, Gebühren

1. Abschnitt: Steuern	96
I. (Doppel-) Besteuerungsabkommen	96
II. Internes Recht	96
A. Einkommen, Vermögen	96
1. Grundsatz	96
2. Öffentlich-rechtlicher Arbeitgeber	96
3. Steuerbefreiung	97
4. Steuerfälligkeit	97
5. Pauschalierung (Aufwandbesteuerung)	97
6. Lohn-Quellensteuer	97
B. Militärpflichtersatz	98
2. Abschnitt: Gebühren	98

18. Kapitel: Landwirtschaft

1. Grundstückerwerb	99
2. Käsehandel	99
3. Viehhandel	99

19. Kapitel: Verkehr

I. Straßenverkehr	100
II. Eisenbahn	100
III. Schiffahrt	100
A. Binnenschiffahrt	100
B. Hochseeschiffahrt	100
1. Eigentum	101
2. Reeder	101
3. Geschäftsführung	101
4. Besatzung	102
5. Finanzierung	102
6. Buchführung	102
C. Yachten zur See	103

Inhaltsverzeichnis XXI

D. Rheinschiffahrt 103
   1. Eigentum 103
   2. Betriebsorganisation 104
   3. Reeder 104
   4. Geschäftsführung 104
IV. Luftfahrt 105
  A. Schweizerische Luftfahrzeuge 105
  B. Konzession und Bewilligung 105
   1. Allgemeines 105
   2. Linienverkehr 106
   3. Nichtlinienverkehr 106
  C. Verschiedene Bestimmungen 107
V. Pauschalreisen 107

20. Kapitel: Energie

1. Wasserkraft 108
2. Schürfrechte 108
3. Internationale Rohrleitungen 108
4. Atomenergie 109

21. Kapitel: Medien, Fernmeldewesen

1. Medien-Korrespondenten 110
2. Beschwerdeinstanz für Radio und Fernsehen 110
3. Funkkonzessionen 110
4. Radio und Fernsehen 111
5. Telefon, Telegraf 111
6. Postverkehr 112

22. Kapitel: Investitionsrisikogarantie, Exportrisikogarantie, Wirtschaftssanktionen

1. Investitionsrisikogarantie 113
2. Exportrisikogarantie 113
3. Wirtschaftssanktionen 113

23. Kapitel: Immaterialgüterrecht

1. Allgemeines 115
2. Urheber- und Leistungsschutzrechte 116
3. Markenrecht 116
4. Erfindungspatente 117
5. Pflanzenzüchtungen (Sortenschutzgesetz) 117
6. Schutz öffentlicher Wappen 117
7. Schutz von Topographien von Halbleitererzeugnissen 117

Rechtsquellen 119
Systematisches Verzeichnis der Rechtsquellen 131
Literaturverzeichnis 149
Schlagwortverzeichnis 157

Aktualität

Gesetzgebung und Rechtsprechung sind bis 30. 10. 1996 in den Text verarbeitet.

1. Kapitel: Schweizer Bürgerrecht

1. Abschnitt: Begriffe, Definitionen

a. Im schweizerischen Recht wird der Begriff „Bürgerrecht" öffent- 1/1
lich-rechtlich, der Begriff „Heimat" zivilrechtlich verstanden.
b. Der föderalistischen Struktur der Schweiz entsprechend gehört ein 1/2
Schweizer öffentlich-rechtlich drei Gemeinwesen an: er besitzt zugleich
das Bürgerrecht einer Gemeinde, eines Kantons und das Schweizer Bürgerrecht. Mehrfache Gemeinde- und Kantonsbürgerrecht (durch Vererbung und innerschweizerischen Einbürgerung) sind zulässig und häufig.
Entsprechend dieser Struktur bestehen eine eidgenössische, eine kantonale und (von dieser abgeleitet) eine kommunale Bürgerrechtsgesetzgebung. Die beiden letzteren sind allerdings nur im Bereich der Einbürgerung von praktischer Bedeutung.
c. Die zivilrechtliche Heimat eines Schweizer Bürgers bestimmt sich 1/3
nach seinem (öffentlich-rechtlichen) Bürgerrecht. Wenn einer Person
das Bürgerrecht an mehreren Orten zusteht, gilt jener Bürgerort als
Heimatort, in dem diese Person zugleich ihren Wohnsitz hat oder zuletzt hatte; mangels eines solchen schweizerischen Wohnsitzes ist jener
Bürgerort Heimat, der von der Person oder ihren Vorfahren zuletzt erworben wurde.
d. Bezogen auf die eigene schweizerische Staatsangehörigkeit wird in 1/4
der Regel der Begriff „Bürgerrecht" verwendet; bezüglich ausländischer
Bürgerrechte finden auch die Begriffe Staatsangehörigkeit oder Nationalität Anwendung.
e. Gemäß schweizerischem Internationalem Privatrecht wird die 1/5
Staatsangehörigkeit einer Person nach dem Recht des Staates bestimmt, dessen Nationalität in Frage steht. Besitzt eine Person mehrere
Staatsangehörigkeiten, ist – wo an das Heimatrecht angeknüpft wird –
unter Vorbehalt gesetzlicher Einzelregelungen die Angehörigkeit zu
jenem Staate maßgebend, mit dem die Person am engsten verbunden
ist („effektive Staatsangehörigkeit"). Im Gegensatz zur bisherigen
Regelung wird daher nach neuem Internationalem Privatrecht ein
schweizerischer Doppelbürger im Bereich der Rechtsanwendung nicht
stets als Schweizer betrachtet; diese traditionelle Regel gilt jedoch
noch stets bezüglich der Begründung der schweizerischen Heimatzuständigkeit.

2. Abschnitt: Erwerb des Schweizer Bürgerrechts

I. Erwerb von Gesetzes wegen

1/6   *a.* Von Geburt an ist Schweizer
aa. das Kind eines mit der Mutter verheirateten Schweizers;
bb. das Kind einer mit dem Vater nicht verheirateten Schweizerin.

1/7   *b.* Ein nach schweizerischem Recht unmündiges, ausländisches Kind (und dessen etwaige Kinder) erwirbt das Schweizer Bürgerrecht rückwirkend (wie wenn der Erwerb mit der Geburt erfolgt wäre),

1/8   *aa.* wenn sein Schweizer Vater nachträglich die ausländische Mutter heiratet, oder

1/9   *bb.* wenn das Kind nicht verheirateter Eltern durch Namensänderung den Familiennamen des schweizerischen Vaters erhält, weil es unter der ihm übertragenen elterlichen Gewalt aufwächst.

1/10   *c.* Das Kind einer mit dem ausländischen Vater verheirateten Schweizer Bürgerin ist Schweizer Bürger von Geburt an, wenn die Mutter ihr Schweizer Bürgerrecht durch Abstammung erworben hat; hat sie ihr Schweizer Bürgerrecht durch frühere Ehe mit einem Schweizer Bürger erworben, ist das Kind (und seine eigenen Kinder) nur Schweizer Bürger, wenn es durch die Geburt keine andere Staatsangehörigkeit erwerben kann, oder wenn es vor seiner Mündigkeit staatenlos wird.

1/11   *d.* Ein nach schweizerischem Recht unmündiges, ausländisches Kind erwirbt durch Adoption durch einen Schweizer Bürger dessen Schweizer Bürgerrecht.

1/12   *e.* Ein in der Schweiz gefundenes Kind unbekannter Abstammung wird Bürger des Kantons, in welchem es gefunden wurde, und damit Schweizer Bürger. Das betreffende kantonale Recht bestimmt das Gemeindebürgerrecht. Die so erworbenen Bürgerrechte erlöschen, wenn die Abstammung des Kindes festgestellt wird, sofern es noch unmündig ist und dadurch nicht staatenlos würde.

1/13   *f.* In allen vorstehenden Fällen erwirbt das Kind alle eventuell mehrfachen Gemeinde- und Kantonsbürgerrechte des Vaters rsp. Adoptierenden.

II. Erwerb durch behördlichen Beschluss (Einbürgerung)

1. Allgemeine Bestimmungen

1/14   *a.* Auf Gesuch kann das Schweizer Bürgerrecht einem Ausländer durch behördlichen Beschluss (Einbürgerung) verliehen werden.

2. Abschnitt: Erwerb des Schweizer Bürgerrechts

b. Ein Rechtsanspruch auf Einbürgerung besteht nicht, doch darf ein Gesuch nicht willkürlich abgelehnt werden. 1/15

c. In die Einbürgerung werden in der Regel die nach schweizerischem Recht unmündigen Kinder des Gesuchstellers einbezogen. 1/16

d. Unmündige können das Einbürgerungsgesuch nur durch ihren gesetzlichen Vertreter stellen; sind sie über 16 Jahre alt, haben sie ihren eigenen Einbürgerungswillen schriftlich zu erklären. 1/17

e. Als für die Einbürgerung massgeblicher Wohnsitz in der Schweiz gilt die Anwesenheit in der Schweiz in Übereinstimmung mit den fremdenpolizeilichen Vorschriften. 1/18

f. Die Bundesbehörden erheben für die Einbürgerung eine Kanzleigebühr, die mittellosen Bewerbern erlassen werden kann. 1/19

g. Die Verleihung des Ehrenbürgerrechtes an einen Ausländer durch Kanton oder Gemeinde ohne vorausgehende eidgenössische Einbürgerungsbewilligung hat nicht die staatsrechtliche Wirkung einer Einbürgerung. 1/20

h. Eine Einbürgerung kann innert 5 Jahren nichtig erklärt werden, wenn sie durch falsche Angaben oder durch Verheimlichung erheblicher Tatsachen erschlichen worden ist. Sofern nicht anders verfügt wird, erstreckt sich die Nichtigerklärung auf alle Familienangehörigen, deren Schweizer Bürgerrecht auf der nichtig erklärten Einbürgerung beruht. 1/21

2. Ordentliche Einbürgerung

a. Bundesrechtlich vorgeschrieben ist ein schweizerischer Wohnsitz von insgesamt 12 Jahren, wovon 3 in den letzten 5 Jahren vor der Gesuchstellung. Für die Frist von 12 Jahren zählt die Zeit des schweizerischen Wohnsitzes zwischen dem vollendeten 10. und 20. Lebensjahr doppelt. 1/22

b. Stellen Ehegatten, die miteinander drei Jahre in ehelicher Gemeinschaft lebten, gemeinsam ein Gesuch um Einbürgerung, und erfüllt einer die Erfordernisse von lit. a., so genügt für den andern ein schweizerischer Wohnsitz von insgesamt 5 Jahren, wovon 1 Jahr unmittelbar vor der Gesuchstellung. 1/23

c. Der Gesuchsteller muss zur Einbürgerung geeignet sein; insbesondere muss er in die schweizerischen Verhältnisse eingegliedert und mit den schweizerischen Lebensgewohnheiten, Sitten und Gebräuchen vertraut sein, er muss die schweizerische Rechtsordnung beachten und darf die innere oder äussere Sicherheit der Schweiz nicht gefährden. 1/24

d. Die Kantone und Gemeinden können diese Vorschriften erweitern, und namentlich bezüglich der Wohnsitzdauer eigene Vorschriften erlassen. Auch können sie eine von der finanziellen Leistungsfähigkeit des Gesuchstellers abhängige Einbürgerungsgebühr erheben. 1/25

1. Kapitel: Schweizer Bürgerrecht

3. Wiedereinbürgerung

1/26   *a.* Durch Beschluss der zuständigen Bundesbehörde kann ein Ausländer wiedereingebürgert werden, der

1/27   *aa.* aus entschuldbaren Gründen die gemäss Rz 1/38 vorgesehene Meldung rsp. Erklärung unterlassen hat. Das Gesuch ist innert 10 Jahren zu stellen; wohnt der Gesuchsteller seit 3 Jahren in der Schweiz, kann das Gesuch auch nach Ablauf dieser Frist gestellt werden.

1/28   *bb.* früher aus dem Schweizer Bürgerrecht entlassen worden ist und seit 1 Jahr in der Schweiz wohnt.

1/29   *b.* Die Wiedereinbürgerung setzt im übrigen voraus, dass der Gesuchsteller mit der Schweiz verbunden ist, der Wiedereinbürgerung nicht offensichtlich unwürdig ist und die innere oder äussere Sicherheit der Schweiz nicht gefährdet.

4. Erleichterte Einbürgerung

Durch Beschluss der zuständigen Bundesbehörde kann ein Ausländer erleichtert eingebürgert werden, der

1/30   *aa.* seit 3 Jahren mit einem Schweizer Bürger in ehelicher Gemeinschaft lebt, und insgesamt 5 Jahre in der Schweiz gewohnt hat, wovon 1 Jahr vor der Gesuchstellung, oder der (ohne Wohnsitzerfordernis) seit 6 Jahren mit einem Schweizer Bürger in ehelicher Gemeinschaft lebt und mit der Schweiz eng verbunden ist; er erwirbt das Kantons- und Gemeindebürgerrecht seines schweizerischen Ehegatten,

1/31   *bb.* während 5 Jahren in gutem Glauben lebte, er sei Schweizer Bürger, und von den kantonalen oder Gemeindebehörden tatsächlich als Schweizer behandelt worden ist; hat er schweizerischen Militärdienst geleistet, gilt keine Mindestfrist; er erwirbt das Gemeindebürgerrecht des für den Irrtum verantwortlichen Kantons, der auch das Gemeindebürgerrecht festlegt,

1/32   *cc.* das Schweizer Bürgerrecht durch Aufhebung der dieses begründenden Adoption verloren hat (die Fristregelung von lit. bb. gilt entsprechend); er erwirbt das Kantons- und Gemeindebürgerrecht, das er vorher besass,

1/33   *dd.* in der Schweiz wohnt und die ihm auf Grund eines Staatsvertrages zustehende Option auf den Erwerb des Schweizer Bürgerrechts aus entschuldbaren Gründen nicht frist- oder formgerecht ausgeübt hat; er erwirbt das Kantons- und Gemeindebürgerrecht, das er durch die Option erlangt hätte,

1/34   *ee.* bei der Begründung seines Kindesverhältnisses zum schweizerischen, mit der Mutter verheirateten Vaters unmündig war und der bei der Gesuchstellung das 22. Lebensjahr nicht vollendet hat, wenn er seit 1 Jahr in der Schweiz wohnt, oder seit 1 Jahr mit dem Vater in Hausgemeinschaft lebt oder sonst in dauernder enger persönlicher Beziehung zu ihm steht, oder wenn er staatenlos ist. Nach Vollendung des 22. Lebensjahres kann die Einbürgerung erleichtert erfolgen, wenn der Gesuchsteller insgesamt 5 Jahre in der Schweiz gewohnt hat, wovon 1 Jahr vor der Gesuchstellung; er erwirbt das Kantons- und Gemeindebürgerrecht, das der Vater besitzt oder zuletzt besass.

3. Abschnitt: Verlust des Schweizer Bürgerrechts

Der Verlust des Schweizer Bürgerrechts bewirkt zugleich den Verlust der betreffenden Kantons- und Gemeindebürgerrechts. 1/35

I. Verlust von Gesetzes wegen

a. Wird das Kindesverhältnis zum Elternteil, der dem Kind das Schweizer Bürgerrecht vermittelt hat, aufgehoben, verliert das Kind das Schweizer Bürgerrecht, sofern es dadurch nicht staatenlos wird. 1/36
b. Mit der Adoption durch einen Ausländer verliert ein nach schweizerischem Recht Unmündiger das Schweizer Bürgerrecht, wenn er zugleich die Staatsangehörigkeit des Adoptierenden erwirbt oder diese schon besitzt. Der Bürgerrechtsverlust tritt nicht ein, wenn durch die Adoption auch Kindesverhältnis zu einem schweizerischen Elternteil begründet wird oder trotz der Adoption ein solches bestehen bleibt. Wird die Adoption aufgehoben, gilt der Verlust des Schweizer Bürgerrechts als nicht eingetreten. 1/37
c. Das im Ausland geborene Kind (und dessen Kinder) eines schweizerischen Elternteils, das auch eine ausländische Staatsangehörigkeit besitzt, verliert das Schweizer Bürgerrecht, wenn es nicht vor der Vollendung des 22. Lebensjahres durch Eltern, Verwandte oder Bekannte einer schweizerischen Behörde zwecks Registrierung oder Ausstellung von Dokumenten gemeldet worden ist oder selbst schriftlich erklärt hat, das Schweizer Bürgerrecht behalten zu wollen. Wer gegen seinen willen diese Meldung rsp. Erklärung nicht rechtzeitig abgeben konnte, kann sie noch während 1 Jahres nach Wegfall des Hinderungsgrundes nachholen. 1/38

II. Verlust durch behördlichen Beschluss

a. Ein im Ausland wohnhafter Schweizer wird auf seinen Antrag aus dem Schweizer Bürgerrecht (und damit aus seinen Kantons- und Gemeindebürgerrechten) entlassen, wenn er eine andere Staatsangehörig- 1/39 keit besitzt oder ihm eine solche zugesichert ist. Unmündige können ihr Gesuch nur durch ihren gesetzlichen Vertreter stellen.

1/40 *b.* Unmündige, unter seiner elterlichen Gewalt stehende Kinder des Entlassenen werden in seine Entlassung einbezogen, wenn sie in der Schweiz keinen Wohnsitz haben, eine andere Staatsangehörigkeit besitzen oder ihnen eine solche zugesichert ist, und – falls sie über 16 Jahre alt sind – wenn sie der Entlassung schriftlich zustimmen.

1/41 *c.* Die Entlassung wird von der zuständigen Behörde des Heimatkantons ausgesprochen; bei Angehörigen mehrerer Kantone entscheidet jede kantonale Behörde selbständig. Die Entlassungsurkunde wird vom Eidgenössischen Justiz- und Polizeidepartement zugestellt.

1/42 *d.* Die zuständige Bundesbehörde kann mit Zustimmung des Heimatkantons einem Doppelbürger das Schweizer Kantons- und Gemeindebürgerrecht entziehen, wenn sein Verhalten den Interessen oder dem Ansehen der Schweiz erheblich nachteilig ist (Ausbürgerung).

4. Abschnitt: Feststellung des Schweizer Bürgerrechts

1/43 Ist fraglich, ob eine Person das Schweizer Bürgerrecht besitzt, entscheidet von Amtes wegen oder auf Antrag (auch der zuständigen Bundesbehörde) die zuständige Behörde des Kantons, dessen Bürgerrecht in Frage steht.

5. Abschnitt: Prozessuale Aspekte

1/44 Behördliche Entscheide im Bürgerrechtsverfahren können letztlich durch Rechtsmittel vor den Bundesrat bzw. das Bundesgericht gebracht werden. Unter Vorbehalt der staatsrechtlichen Beschwerde wegen Willkür kann die Verweigerung der eidgenössischen Einbürgerungsbewilligung bzw. der kantonalen oder kommunalen Einbürgerung vom Antragsteller nicht angefochten werden.

6. Abschnitt: Ausweispapiere

1/45 Heimatschein (Bürgerrechtsausweis im Inland, ohne Photo), schweizerische Identitätskarte (Nachweis der Staatsangehörigkeit und der Identität, mit Photo) und Schweizerpass (Ausweis der Staatsangehörigkeit und Identität im Ausland, mit Photo) werden nur für Schweizer Bürger ausgestellt.

2. Kapitel: Grundrechte, Politische Rechte

1. Schutzgedanke des Bundes

a. Nach seiner traditionellen Formulierung bezweckt der „Bund der Eidgenossen" (u.a.) den Schutz der verfassungsmäßigen Rechte seiner „Bürger". Die Mitglieder des eidgenössischen Parlamentes (Nationalrat, Ständerat), des Bundesrates, des Bundesgerichtes und der Bundeskanzler legen bei der Wahl einen Amtseid bzw. ein Gelübde ab, in dem sie – die Formel stammt aus dem Jahre 1848 – geloben, die Freiheit und die Rechte des Volkes und seiner „Bürger" zu schützen. 2/1

b. In ihrer Ausgestaltung erstreckt sich der Schutz der schweizerischen Verfassung heute aber grundsätzlich auf alle Einwohner, ja zum Teil sogar auch auf die bloß Anwesenden (Rz 16/1). 2/2

2. Grundrechte der Bundesverfassung

a. Auf die wesentlichen geschriebenen und ungeschriebenen Grundrechte der Verfassung können sich Ausländer wie Schweizer berufen: 2/3
aa. Die Glaubens-, Gewissens- und Kultusfreiheit 2/4
bb. die Petitionsfreiheit 2/5
cc. die Eigentumsgarantie (der Schutz des einmal erworbenen Eigentums, nicht die Freiheit, Eigentum zu erwerben); 2/6
dd. das Willkürverbot und das Verhältnismäßigkeitsprinzip; 2/7
ee. der Anspruch auf rechtliches Gehör; 2/8
ff. die Garantie des verfassungsmäßigen Richters. 2/9
Umstritten ist, ob sich Ausländer umfassend auf die Versammlungs- und Vereinsfreiheit berufen können oder ob ihnen diese nur im Bereich nicht-politischer Versammlungen und Vereine zusteht. 2/10

b. Auf die Handels- und Gewerbefreiheit können sich nur Ausländer mit Niederlassungsbewilligung berufen; aber auch diesen gegenüber bestehen (als polizeilich verstandene) Schranken vor allem im kantonalen Recht, namentlich bezüglich der Ausübung bestimmter Schweizer Bürgern vorbehaltener Berufe (vgl. 4. Kapitel). 2/11

c. Nach herrschender Auffassung sind sowohl im Rahmen der Verfassung als auch der Staatsverträge und der Europäischen Menschenrechts-Konvention polizeiliche Einschränkungen der politischen Betätigung zulässig, namentlich zur Sicherung der äußeren Unabhängigkeit des Landes und der außenpolitischen Handlungsfreiheit des Bundesrates. Diese Beschränkungen können als polizeiliche Auflagen der Anwesenheit formuliert sein oder gar die Aus- oder Wegweisung aus der Schweiz bzw. das Verbot zur Einreise in die Schweiz zur Folge haben. 2/12

2/13   d. Besonders einschneidend kann die Redefreiheit begrenzt werden: Ausländer ohne Niederlassungsbewilligung dürfen an öffentlichen oder geschlossenen Versammlungen nur mit besonderer Bewilligung der zuständigen kantonalen Behörde (oder im Einzelfall des Bundesrates) über ein politisches Thema reden. Sie haben sich jeder Einmischung in innerschweizerische politische Angelegenheiten zu enthalten. Die Redebewilligung wird verweigert, wenn eine Gefährdung der äußeren oder inneren Sicherheit des Landes oder Störungen von Ruhe und Ordnung zu befürchten sind.

2/14   e. Ausländer dürfen grundsätzlich per Post aus der Schweiz oder über ihre konsularische/diplomatische Vertretung in der Schweiz an Wahlen und Abstimmungen in ihrer Heimat teilnehmen.

3. Stimm- und Wahlrecht

2/15   a. Auf Bundesebene haben nur Schweizer Bürger das Stimmrecht (Initiativrecht, Referendumsrecht) und das aktive Wahlrecht.

2/16   In den Bundesrat, Nationalrat, in das Bundesgericht und das Eidgenössische Versicherungsgericht können nur Schweizer Bürger gewählt werden (jedoch bestimmt sich die prozentuale Sitzverteilung im Nationalrat aufgrund der kantonalen Wohnbevölkerung unter Einschluß der Ausländer).

2/17   Für die Wahl in den Ständerat besteht keine Bundesvorschrift bezüglich der Staatsangehörigkeit.

2/18   b. Auch auf kantonaler Ebene ist die Ausübung des Stimm- und Wahlrechtes an das Schweizer Bürgerrecht geknüpft. Nur im Kanton Jura haben die seit zehn Jahren im Kanton wohnhaften Ausländer das aktive Wahlrecht, ein auf die Miet- und Arbeitsgerichte beschränktes passives Wahlrecht und (unter Ausschluß von Verfassungsabstimmungen) das Stimmrecht. Im Kanton Neuchâtel sind Ausländer als Arbeitnehmer- oder Arbeitgebervertreter an die Arbeitsgerichte wählbar, wenn sie seit drei Jahren im Kanton wohnen.

2/19   c. Auf kommunaler Ebene sind in diversen Kantonen (Zürich, Bern, Uri, Basel-Stadt, St. Gallen, Aargau, Waadt und Genf) Versuche gescheitert, Ausländern umfassende politische Kompetenzen zuzugestehen.

2/20   Dagegen haben Ausländer in den Gemeinden der folgenden Kantone beschränkte politische Rechte: Im Kanton Jura haben Ausländer, die seit zehn Jahren im Kanton wohnhaft sind, das Stimmrecht, das aktive Wahlrecht und das passive Wahlrecht beschränkt auf Gemeindekommissionen, und sie sind als Gemeindebeamte wählbar.

2/21   Im Kanton Neuchâtel haben Ausländer mit Niederlassungsbewilligung und mindestens einjährigem Wohnsitz in der betreffenden Gemeinde das allgemeine Stimmrecht und das aktive Wahlrecht sowie das passive Wahlrecht beschränkt auf Gemeindekommissionen.

Im Kanton Glarus sind nicht stimmberechtigte Personen (also auch 2/22
Ausländer) im Kommissionen ohne Entscheidungs- oder Aufsichtsbefugnisse wählbar. Im Kanton Thurgau können Ausländer beratend in Gemeindeangelegenheiten mitwirken.

Das Stimm- und Wahlrecht können die Gemeinden in Appenzell 2/23
Ausserrhoden für Ausländer einführen, die seit zehn Jahren in der Schweiz und davon fünf in der betreffenden Gemeinde wohnen.

Der fast generelle Ausschluß der Ausländer vom Stimm- und Wahl- 2/24
recht bezieht sich auch auf kirchliche Angelegenheiten. Hingegen steht in den Kantonen den Landeskirchen (mancherorts auch den Religionsgemeinschaften) das Recht zu, ihre inneren Angelegenheiten (allenfalls mit Einschränkungen) selbst zu regeln: Dies beinhaltet auch das Stimm- und Wahlrecht in der Kirchgemeinde. Von diesem Recht haben vielerorts die evangelisch-reformierten und römisch-katholischen Kirchgemeinden, weniger die christ-katholischen, Gebrauch gemacht.

4. Schutz vor Diskriminierung

Die Schweiz verbietet die öffentliche Diskriminierung (u.a.) auf 2/25
Grund von Rasse und Ethnie durch intern-rechtliche Strafsanktionen und im Rahmen der UNO-Konvention gegen die Rassendiskriminierung (wobei allerdings die Zulassung von Ausländern zum schweizerischen Arbeitsmarkt der intern-rechtlichen Gesetzgebung vorbehalten ist.

3. Kapitel: Einreise, Aufenthalt, Erwerbstätigkeit

3/1   Dieses Kapitel behandelt Einreise, Aufenthalt und Erwerbstätigkeit von Ausländern. Ausführungen zu Schweizer Bürgern vorbehaltenen Berufen und Tätigkeiten enthalten die Kapitel 4 und 18 ff.; Asylrecht und Staatenlosigkeit werden in Kapitel 5 behandelt.

1. Abschnitt: Einreise

1. Ausweise

3/2   *a.* Der Grenzübertritt in die Schweiz ist bewilligungspflichtig. Der Ausländer, welcher in die Schweiz einreisen will, bedarf eines Passes mit Visum.

3/3   *b.* Für die Bürger der nachfolgend genannten Staaten besteht die Visumspflicht nur, wenn ihr Aufenthalt in der Schweiz länger als drei Monate dauern soll oder wenn sie eine Erwerbstätigkeit aufnehmen wollen: Argentinien, Australien, Barbados, Bolivien, Brasilien, Chile, Costa Rica, Ecuador, El Salvador, Guatemala, Guyana, Honduras, Israel, Jamaika, Kanada, Kolumbien, Südkorea, Kuba, Malta, Marokko, Mexiko, Nicaragua, Panama, Paraguay, Polen, Slowakei, Slowenien, Südafrika, Surinam, Trinidad und Tobago, Tschechische Republik, Tunesien, Ungarn, Uruguay, Venezuela, Vereinigte Staaten von Amerika (USA), Zypern. Falls der Ausländer zur Ausübung einer Erwerbstätigkeit einreise, wird das Visum nur gestützt auf eine entsprechende Zusicherung der Arbeitsmarktbehörde erteilt.

3/4   *c.* Für die Bürger der nachfolgend genannten Staaten besteht eine Visumspflicht nur, wenn sie eine Erwerbstätigkeit aufnehmen wollen: Andorra, Antigua und Barbuda, Island. Falls der Ausländer zur Ausübung einer Erwerbstätigkeit einreise, wird das Visum nur gestützt auf eine entsprechende Zusicherung der Arbeitsmarktbehörde erteilt.

3/5   *d.* Für die Bürger der nachfolgend aufgeführten Staaten genügt der Pass ohne Visum, auch wenn sie eine Erwerbstätigkeit ausüben oder für einen mehr als dreimonatigen Aufenthalt: Bahamas, Brunei, Dänemark, Dominica, Fidschi, Finnland, Grenada, Grossbritannien, Irland, Japan, Kiribati, Malaysia, Neuseeland, Norwegen, Salomon-Inseln, Schweden, Singapur, St. Kitts und Newis, St. Lucia, St. Vincent und die Grenadinen, Tuvalu, Vatikanstadt. Falls der Ausländer zur Ausübung einer Erwerbstätigkeit einreist, ist für die Ausübung einer Erwerbstätigkeit zusätzlich eine Arbeitsbewilligung (Stellenantrittsbewilligung) erforderlich.

1. Abschnitt: Einreise

e. Bürger der nachfolgend genannten Staaten benötigen für den Grenzübertritt kein Visum und keinen Pass, sondern nur eine Identitätskarte: Belgien, Bundesrepublik Deutschland, Frankreich, Griechenland, Italien, Liechtenstein, Luxemburg, Malta, Monaco, Niederlande, Österreich, Portugal, San Marino, Spanien, Zypern (sofern Aufenthalt kürzer als drei Monate und keine Erwerbstätigkeit). Für die Ausübung einer Erwerbstätigkeit ist dann aber zusätzlich eine Arbeitsbewilligung erforderlich. 3/6

2. Ärtzliche Untersuchung an der Grenze

Ausländer, welche zur Aufnahme einer Erwerbstätigkeit in die Schweiz einreisen, sowie Asylbewerber und Flüchtlinge, müssen sich bei der Einreise einer ärztlichen Gesundheitskontrolle unterziehen, die fast ausschliesslich der Tuberkulose-Diagnose dient. Ausgenommen sind Angehörige der EFTA- und der EG-Staaten sowie Australien, Kanada, Neuseeland und den USA, diplomatisches und konsularisches Personal und z.T. Personen mit befristeten Aufenthalten. 3/7

3. Anmeldung

a. Ausländer, die nicht zur Ausübung einer Erwerbstätigkeit in die Schweiz einreisen, müssen sich bei Ablauf der bewilligungsfreien Zeit bei der zuständigen Fremdenpolizeibehörde zur Regelung des Aufenthaltes formell anmelden. 3/8

b. Ausländer, die zur Ausübung einer Erwerbstätigkeit in die Schweiz einreisen, müssen sich innerhalb von acht Tagen nach Einreise, aber vor Beginn der Erwerbstätigkeit formell anmelden. Der Arbeitgeber ist ebenfalls meldepflichtig. 3/9

c. Wer einen Ausländer entgeltlich beherbergt, muss diesen sofort der zuständigen Fremdenpolizeibehörde melden; bei unentgeltlicher Beherbergung beginnt die Meldepflicht nach einem Monat. Vorbehalten bleiben allerdings strengere Meldepflichten nach kantonalem oder kommunalem Recht. 3/10

4. Katastrophenfälle

Bewilligungspflicht und Anmeldepflicht entfallen zum Teil bei grenzüberschreitenden Hilfeleistungen und Umweltkatastrophen gestützt auf entsprechende zwischenstaatliche Vereinbarungen. 3/11

2. Abschnitt: Aufenthalt ohne Erwerbstätigkeit

I. Bewilligungspflicht

3/12 Der Aufenthalt in der Schweiz ist bewilligungspflichtig.

II. Bewilligungsfreiheit

3/13 Keine Aufenthaltsbewilligung ist erforderlich für den Aufenthalt (ohne Erwerbstätigkeit) bis zu drei aufeinanderfolgenden Monaten, bei wiederholter Einreise bis zu insgesamt sechs Monaten während eines Kalenderjahres. Zwei Aufenthaltsperioden von je drei aufeinanderfolgenden Monaten müssen durch einen Auslandsaufenthalt von mindestens einem Monat unterbrochen werden. Ein solcher bewilligungsfreier Aufenthalt begründet keine Wohnsitz in der Schweiz.

III. Bewilligungsgründe

1. Familiennachzug

3/14 *a.* Einem Ausländer mit Bewilligung zur Erwerbstätigkeit (ausgenommen Saisonniers, Kurzaufenthalter, Stagiaires, Studenten, Patienten, Kurgäste) kann gestattet werden, den Ehepartner und die ledigen Kinder unter 18 Jahren, für die er zu sorgen hat, – zunächst ohne Bewilligung zur Erwerbstätigkeit – in die Schweiz nachzuziehen, wenn

3/15 *aa.* sein Aufenthalt und die Erwerbstätigkeit gefestigt erscheinen,

3/16 *bb.* die Familien zusammenwohnen wird und eine angemessene Wohnung hat,

3/17 *cc.* genügend finanzielle Mittel für den Unterhalt der Familie nachgewiesen werden können,

3/18 *dd.* die Betreuung der Kinder, die noch der elterlichen Obhut bedürfen, gesichert ist.

3/19 Die Möglichkeit des Familiennachzugs erstreckt sich grundsätzlich nur auf den in zivilrechtlich gültiger Ehe lebenden Ehepartner, nicht auch auf den unverheirateten Lebensgefährten.

3/20 *b.* die Vorschrift, wonach der Familiennachzug erst nach einer gewissen Frist zulässig war, gilt nicht mehr.

3/21 *c.* Als Aufenthaltszweck der im Familiennachzug eingereisten Ausländer wird in der Aufenthaltsbewilligung vermerkt: „Verbleib beim Gatten" respektive „Verbleib bei den Eltern".

2. Andere Aufenthaltszwecke ohne Erwerbstätigkeit

a. Eine Bewilligung zum die bewilligungsfreie zeit übersteigenden Aufenthalt kann sonst erteilt werden, wenn wichtige Gründe es gebieten, insbesondere an   3/22

aa. Schüler, die eine öffentliche oder private Ganztagesschule besuchen wollen, die eine allgemeine oder berufliche Ausbildung vermittelt,   3/23

bb. Studenten, die an einer Hochschule oder anderen höheren Lehranstalt studieren wollen,   3/24

cc. Kurgäste bzw. Patienten, die sich aufgrund eines spezialärztlichen Attests einer ärztlichen Behandlung bzw. einer unter ärztlicher Aufsicht durchzuführenden Kur unterziehen wollen,   3/25

dd. Rentner, die über 60 Jahre alt sind, sich aus dem Erwerbsleben zurückgezogen haben, in der Schweiz ihren Lebensabend verbringen wollen und die zur Schweiz enge Beziehungen haben,   3/26

ee. Pflege- und Adoptivkinder, wenn die zivilrechtlichen Voraussetzungen für ein Pflegekindschafts- oder Adoptivverhältnis erfüllt sind.   3/27

b. Die Aufenthaltsbewilligung wird Schülern, Studenten, Kurgästen, Patienten und Rentnern nur bewilligt, wenn die für den Aufenthalt erforderlichen finanziellen Mittel nachgewiesen werden können; die Bewilligung ist (ausser bei Rentnern) stets auf die spezifische Dauer des Aufenthaltszwecks befristet.   3/28

IV. Verfahrensaspekte

a. Die Aufenthaltsbewilligung stellt einen konstitutiven Verwaltungsakt dar, nicht eine feststellende Polizeierlaubnis. Die Verwaltung entscheidet in freiem Ermessen über die Erteilung der Bewilligung. Ein Rechtsanspruch auf Erteilung einer Bewilligung besteht nicht.   3/29

b. Das Gesuch um Erteilung einer Aufenthaltsbewilligung ist (direkt oder über die örtliche Einwohnerkontrollbehörde) an die kantonale Fremdenpolizeibehörde zu richten. Falls unklar ist, ob der Aufenthaltszweck (auch) eine (bewilligungspflichtige) Erwerbstätigkeit einschliesst, wird das Gesuch der Arbeitsmarktbehörde zur diesbezüglichen Entscheidung vorgelegt.   3/30

c. Die Bewilligung bzw. die „Zusicherung", dass nach Einreise und formeller Anmeldung eine Bewilligung erteilt werde, wird von der kantonalen Fremdenpolizei (gegebenenfalls mit Zustimmung des Bundesamtes für Ausländerfragen, BFA) ausgestellt.   3/31

d. Sie ist stets nur für den ausstellenden Kanton gültig. Die Verlegung des Aufenthaltes in einen anderen Kanton bedarf dessen Zustimmung bzw. der Neuausstellung der Bewilligung.   3/32

e. Die amtlichen Bewilligungskosten (Gebühr, Barauslagen) sind gering.   3/33

3. Kapitel: Einreise, Aufenthalt, Erwerbstätigkeit

3/34   *f.* Die Aufenthaltsbewilligung ist zunächst stets auf ein Jahr befristet. Nach einigen Jahren kann sie für eine Dauer von mehreren Jahren ausgestellt werden, bis sie schliesslich in die (unbefristete) Niederlassungsbewilligung umgewandelt wird.

3/35   *g.* Sonderregeln gelten für die vollständig von schweizerischem Hoheitsgebiet umgebene deutsche Exklave Büsingen.

3/36   *h.* Bewilligungsbezichnungen sind:
„A" (gelb): Saisonniers,
„B" (grau): Jahresaufenthalter,
„C" (grün): Niedergelassene
„Ci" (rot): erwerbstätige Ehepartner und Kinder von Angehörigen ausländischer Vertretungen oder von staatlichen internationalen Organisationen,
„F" (hellblau): Vorläufig Aufgenommene,
„G" (braun): Grenzgänger
„L" (violett): Kurzfristige Erwerbstätigkeit und andere vorübergehende Aufenthalte,
„N" (dunkelblau): Asylbewerber.

3. Abschnitt: Aufenthalt mit Erwerbstätigkeit („Arbeitsbewilligung")

I. Definition

3/37   Als Erwerbstätigkeit gilt jede „normalerweise" auf Erwerb gerichtete unselbständige Tätigkeit (Bewilligungen für selbständige Tätigkeit werden in der Regel nicht erteilt), selbst wenn sie im Einzelfall unentgeltlich ausgeübt wird, namentlich

3/38   *a.* jede Tätigkeit für einen Arbeitgeber mit (Wohn-)Sitz in der Schweiz oder im Ausland, wobei es ohne Belang ist, ob der Lohn im In- oder Ausland ausbezahlt wird,

3/39   *b.* die Tätigkeit als Lehrling, Praktikant, Volontär, Sportler, Sozialhelfer, Missionar, Au-pair-Angestellte, Künstler,

3/40   *c.* eine Beschäftigung, die stunden- oder tageweise oder vorübergehend ausgeübt wird.

II. Bewilligungspflicht

3/41   *a.* Jede Erwerbstätigkeit eines Ausländers in der Schweiz ist bewilligungspflichtig.

b. Die Bewilligung muss (ausser bei Staatsangehörigen von Frankreich und Liechtenstein) vor der Einreise vorliegen. 3/42

c. Die Bewilligung zur Erwerbstätigkeit ist technisch gesehen eine Aufenthaltsbewilligung zum Zweck einer bestimmten Erwerbstätigkeit. Gemeinhin wird sie „Arbeitsbewilligung" genannt. 3/43

Das Fehlen einer vom öffentlichen Recht vorgeschriebenen Arbeitsbewilligung hat gemäss bundesgerichtlicher Rechtsprechung für sich allein nicht die Nichtigkeit des Arbeitsvertrages zur Folge. 3/44

III. Bewilligungsfreiheit

a. Eine temporale Erwerbstätigkeit von höchstens 8 Tagen im Zeitraum von 90 Tagen (d. h. von rund einem Monat pro Jahr) ist in den meisten Fällen nicht bewilligungspflichtig. 3/45

b. Für Journalisten, welche als Korrespondenten von Zeitungen, Presseagenturen usw. mit Sitz im Ausland vorübergehend in der Schweiz tätig sind, sind die ersten drei Monate bewilligungsfrei. 3/46

Das gleiche gilt für Grosshandelsreisende von Firmen im Ausland, sofern zwischen der Schweiz und ihrem Heimatstaat ein Handelsvertrag besteht. 3/47

IV. Kontingentsystem („Begrenzungsmassnahmen")

1. Kontingentsrahmen

a. Zur Regulierung der Zahl der in der Schweiz erwerbstätigen Ausländer legt der Bundesrat jährlich für das am 1. November beginnende Kontingentsjahr von zwölf Monaten ein nach verschiedenen Kategorien gegliedertes Maximalkontingent fest. 3/48

b. Nur im Rahmen dieses für das Bundesamt für Industrie, Gewerbe und Arbeit (BIGA, Bundesarbeitsamt) und die kantonalen Arbeitsmarktbehörden festgelegten Maximalkontingentes dürfen Arbeitsbewilligungen ausgestellt werden. 3/49

2. Kontingentsfreiheit

Gewisse Ausländer benötigen zwar für ihre Erwerbstätigkeit eine entsprechende Aufenthaltsbewilligung (Arbeitsbewilligung), doch kann diese ausserhalb eines Kontingentes erteilt werden, womit der (numerische) Spielraum der Behörden grösser wird. Dazu gehören: 3/50

a. Der ausländische Ehegatte und die ledigen Kinder unter 18 Jahren, welche die Aufenthaltsbewilligung aufgrund der Bestimmungen über den Familiennachzug erhalten haben; ausländische Ehegatten von Schweizern oder Schweizerinnen sowie ihre Kinder. 3/51

3/52   *b.* Ausländer, die in der Schweiz invalid geworden sind und ihre bisherige Tätigkeit nicht weiterführen können.

3/53   *c.* Künstler und Artisten, die sich innerhalb von zwölf Monaten insgesamt längstens acht Monate in der Schweiz in ihrem Beruf betätigen.

3/54   *d.* Ausländer, die innerhalb eines Kalenderjahres (in der Praxis oft innerhalb von 12 aufeinander folgenden Monaten) höchstens vier aufeinanderfolgende Monate oder 120 einzelne Tage in der Schweiz erwerbstätig sind, wenn Dauer und Zweck des Aufenthaltes von vornherein feststehen, sie nicht einen anderen Ausländer im gleichen Betrieb ersetzen und die Zahl der kurzfristig beschäftigten Ausländer im Betrieb einen Viertel des Personalbestandes nicht übersteigt. Für vormalige Saisonniers gelten zusätzliche Beschränkungen.

3/55   *e.* Liechtensteinische Landesbürger.

3/56   *f.* Anerkannte Flüchtlinge, Ausländer, denen während des Asylverfahrens eine vorläufige unselbständige Tätigkeit bewilligt wird, und Staatenlose sowie ehemalige Schweizer Bürger.

3/57   *g.* Saisonniers, deren Bewilligung in eine Jahresaufenthalterbewilligung umgewandelt wird.

3/58   *h.* Ausländer, die sich im Auftrag des Arbeitgebers vorübergehend (in der Regel höchstens vier Jahre) im Ausland aufgehalten haben und zu ihm zurückkehren, wenn vor der Ausreise eine entsprechende Bewilligung erteilt wurde.

3/59   *i.* Ausländer, die zur Leistung von Militärdienst vorübergehend in ihre Heimat ausreisen.

3/60   *k.* Schüler und Studenten an schweizerischen Ganztagsschulen mit Bezug auf eine Nebenerwerbstätigkeit.

3/61   *l.* Schüler und Studenten an Hoch-, Berufs- oder Fachschulen für die Absolvierung von obligatorischen Praktika.

3/62   *m.* Bestimmte Kategorien von Personen mit diplomatischen Vorrechten für die Ausübung nicht-diplomatischer Erwerbstätigkeiten, und ihre Familienangehörigen.

3/63   *n.* Grenzgänger

3/64   *o.* Korrespondenten, die ausschliesslich für ausländische Medien tätig sind.

3/65   *p.* Ausländer, denen aus staatspolitischen Gründen oder weil ein schwerwiegender persönlicher Härtefall vorliegt, eine Bewilligung erteilt wird.

V. Bewilligungsarten

A. Grundsatz

1. Wirtschaftliche Kriterien

Die Erteilung aller Arten von Bewilligungen zur Erwerbstätigkeit 3/66
richtet sich vor allem nach folgenden Gesichtspunkten:

a. Erforderlich ist der Nachweis des privaten Interesses, d.h. in der 3/67
Regel der Nachweis der betrieblichen Notwendigkeit des Beizuges des
gesuchstellenden Ausländers für eine bestimmte Funktion im Betrieb
des gesuchstellenden Arbeitgebers.

b. Erforderlich ist auch, dass die Erteilung der beantragten Bewilli- 3/68
gung in einem im Einzelfall zu definierenden Sinn im öffentlichen Interesse liegt (z. B. Schaffung oder Sicherung von Arbeitsplätzen, Schaffung
von indirekten Beschäftigungseffekten bei Drittfirmen, Aufrechterhaltung bestehender oder Schaffung neuer erwünschter Dienstleistungen
oder Produkte, Erhöhung der Steuerkraft).

2. Priorität der Inländer

Auch wenn die Voraussetzungen zur Erteilung einer Aufenthaltsbe- 3/69
willigung zur Erwerbstätigkeit im einzelnen vorliegen, muss der Nachweis erbracht werden, dass auf dem inländischen Arbeitsmarkt keine
einheimische Arbeitskraft bereit und in der Lage ist, zu orts- und branchenüblichen Konditionen die fragliche Tätigkeit auszuüben. Auf Verlangen der Arbeitsmarktbehörde müssen die entsprechenden Suchbemühungen dokumentiert werden. Angesichts der im historischen Durchschnitt derzeit ausserordentlich hohen Arbeitslosenquoten in der Schweiz
kommt dieser Bewilligungsvoraussetzung besondere Bedeutung zu.

3. Prioritäten für die Rekrutierung

Nach dem sogenannten „Drei-Kreis-Modell", das vom Bundesrat an- 3/70
fangs des laufenden Jahrzehnts in Kraft gesetzt wurde und das eine wesentliche Grundlage in den Beitritts- und Kooperationsverhandlungen
zwischen der Schweiz und der Europäischen Union (EU) bzw. dem Europäischen Wirtschaftsraum (EWR) bildet, werden Aufenthaltsbewilligungen erteilt

a. in erster Linie Angehörigen aus Staaten der Europäischen Freihan- 3/71
delsassoziation (EFTA) und der EU

b. in zweiter Linie Angehörigen aus Staaten der übrigen traditionellen 3/72
Rekrutierungsgebiete, d.h. USA, Kanada, Monaco, San Marino, Andorra, Vatikanstadt. Saisonbewilligungen werden grundsätzlich nur erteilt
an Angehörige von Staaten der EFTA und der EU.

18 3. Kapitel: Einreise, Aufenthalt, Erwerbstätigkeit

3/73 c. nur in Ausnahmefällen an Angehörige anderer Staaten (hochqualifizierte Spezialisten, Tätigkeiten im Rahmen von Hilfs- und Entwicklungsprojekten). Aufgrund der guten Beziehungen zu Australien und Neuseeland ist die Praxis gegenüber Angehörigen dieser Staaten flexibel.

B. Jahresaufenthalter

1. Definition

3/74 Jahresaufenthalter sind Ausländer, die sich für die Dauer von mehreren Jahren oder für unbestimmte Dauer in der Schweiz aufhalten wollen.

2. Bewilligungsgründe des Bundes

3/75 a. Das Bundesamt für Industrie, Gewerbe und Arbeit kann Jahresaufenthalterbewilligungen erteilen,

3/76 aa. wenn wichtige wirtschaftliche Interessen mehrerer Kantone es erfordern;

3/77 bb. für wichtige Betriebe in Kantonen ohne Grenzgänger und in Regionen, die entwicklungsschwach sind oder die eine besonders empfindliche Wirtschaftsstruktur aufweisen, falls die Betriebe grosse Anstrengungen zur Existenzsicherung unternehmen oder durch Neuerungen zur Verbesserung der Arbeitsmarktverhältnisse beitragen;

3/78 cc. an hochqualifizierte Wissenschaftler, die für bedeutende Forschungsprojekte in Unternehmungen und Forschungsinstituten unentbehrlich sind;

3/79 dd. für Betriebe von grosser kantonaler und regionaler Bedeutung, die neu eröffnet oder wesentliche erweitert werden, sofern sich der Kanton mit seinem Kontingent angemessen beteiligt;

3/80 ee. an qualifizierte Fachleute, die eine innerbetrieblicher Schlüsselfunktion haben und für die Durchführung ausserordentlicher Massnahmen zur Schaffung oder Erhaltung einer grösseren Anzahl von Arbeitsplätzen zugunsten einheimischer Arbeitnehmer unerlässlich sind;

3/81 ff. an Arbeitskräfte von Bauunternehmungen, die ganzjährig in Schlüsselfunktonen auf witterungsabhängigen Baustellen von nationaler oder grosser regionaler Bedeutung eingesetzt werden;

3/82 gg. für Verwaltungen und Betriebe des Bundes;

3/83 hh. an Künstler (Musiker, Schauspieler, Artisten) mit Jahresengagement;

3/84 ii. an Personen mit abgeschlossenem Theologiestudium, die in einer Religionsgemeinschaft von gesamtschweizerischer Bedeutung vollamtlich Verkündigung und Seelsorge ausüben;

3. Abschnitt: Aufenthalt mit Erwerbstätigkeit

kk. an Führungskräfte oder Spezialisten, deren Zulassung aus Gegenrechtsgründen geboten ist;   3/85

ll. an Führungskräfte oder Spezialisten für nichtgouvernementale internationale Organisationen, die in der Schweiz einen Sitz haben und religiösen oder gemeinnützigen Zwecken dienen oder die Interessen von Arbeitgeber- oder Arbeitnehmerorganisationen vertreten;   3/86

mm. wenn einzelne Voraussetzungen von mehreren der vorstehenden Tatbestände (teilweise) erfüllt sind in der Weise, dass sie zusammen einen Bewilligungstatbestand darstellen;   3/87

b. Für eine auf maximal vier Jahre befristete Tätigkeit kann das Bundesamt für Industrie, Gewerbe und Arbeit Jahresaufenthalterbewilligungen erteilen an   3/88

aa. Führungskräfte oder hochqualifizierte Fachleute, die in der Schweiz vorübergehend von ausländischen höheren Lehranstalten oder von Forschungsinstitutionen beschäftigt werden oder in einem Unternehmen für die Erfüllung ausserordentlicher Aufgaben unerlässlich sind;   3/89

bb. Führungskräfte oder qualifizierte Fachleute international tätiger Firmen im Rahmen eines betrieblichen Kadertransfers;   3/90

cc. Angehörigen von Entwicklungsländern, die im Rahmen von Entwicklungsprojekten der technischen Zusammenarbeit eine Fachausbildung absolvieren, wenn die Gewähr besteht, dass sie die erworbenen Kenntnisse anschliessend in ihrem Herkunftsland einsetzen können.   3/91

c. Das vom Bundesrat dem Bundesamt für Industrie, Gewerbe und Arbeit für das Kontingentsjahr vom 1. November 1995 bis 31. Oktober 1996 freigegebene Kontingent für alle vorstehenden Tatbestände beträgt 5000 Bewilligungen.   3/92

3. Bewilligungsgründe der Kantone

a. Die Kantone sind in der Definition der Bewilligungstatbestände frei. Rund die Hälfte der Kantone haben die Bewilligungstatbestände nicht gesetzlich geregelt, sondern entscheiden im Einzelfall aufgrund der generellen Ermächtigungsnorm.   3/93

b. Die andern Kantone haben einen eigenen Tatbestandskatalog gesetzlich formuliert. Der Kanton Zürich z.B. hat seine 2952 (inkl. 837 im Vorjahr nicht ausgeschöpfte) Jahresaufenthalterbewilligungen des Kontingentes 1995/96 aufgeteilt in ein Kontingent für das Gesundheits- und Fürsorgewesen (885), in ein Kontingent für das Bildungswesen (120), ein Kontingent für Urproduktion (15) und ein Kontingent für allgemeine Bedürfnisse (1932).   3/94

c. Zu Lasten dieses allgemeinen Kontingentes können Bewilligungen erteilt werden   3/95

aa. an Führungskräfte oder qualifizierte Fachleute, welche für den Betrieb unerlässlich und im Inland nicht in genügender Anzahl verfügbar sind;   3/96

3/97   bb. zur Erhaltung von handwerklichen und gastgewerblichen Kleinbetrieben;

3/98   cc. zur Errichtung oder Erhaltung von Betrieben, die für die Sicherstellung des elementaren Lebensbedarfs der Bevölkerung notwendig sind oder an denen ein anderweitiges hervorragendes öffentliches Interesse besteht;

3/99   dd. im Interesse einer förderungswürdigen regionalen Wirtschaftsentwicklung;

3/100   ee. zur Einstellung von Arbeitskräften zwecks Aufrechterhaltung durchgehender Schichtarbeit oder für ausgeprägte Schmutz- oder Schwerarbeit in Betriebsarten und -zweigen, welche eine unerlässliche Stufe in Fertigungsketten für volkswirtschaftlich wertvolle Güter darstellen, sofern der Arbeitgeber trotz fortschrittlichen technischen Einrichtungen und sozialen Anstellungsbedingungen derartige Arbeitskräfte im Inland nicht in einem Mass findet, das für die Beibehaltung der Endproduktion genügt;

3/101   ff. Zum Stellenantritt im privaten Haushalt zur ausschliesslichen Besorgung von Haushaltsarbeiten, sofern schwerwiegende wirtschaftliche, soziale oder medizinische Gründe vorhanden sind (wie z.B. Invalidität eines Ehegatten etc.);

3/102   gg. wenn die Ablehnung des Gesuches angesichts besonderer persönlicher Verhältnisse des Arbeitgebers oder des Ausländers eine unzumutbare Härte bedeuten würde;

3/103   hh. sofern einzelne der für die Ausnahmetatbestände gemäss lit. aa) bis ee) und gg) massgeblichen Gesichtspunkte so zusammentreffen, dass sie in gleicher Weise wie ein Ausnahmetatbestand selber für die Bewilligung sprechen.

C. Kurzaufenthalter

1. Definition

3/104   Kurzaufenthalter sind Ausländer, welche für eine Tätigkeit von mehr als 4 bis maximal 6 bzw. 18 Monaten in die Schweiz einreisen.

2. Bewilligungsgründe des Bundes

3/105   a. Das Bundesamt für Industrie, Gewerbe und Arbeit kann Bewilligungen für Kurzaufenthalter für maximal 18 Monate erteilen an

3/106   aa. Ausländer, die sich zur Weiterausbildung in der Schweiz aufhalten wollen;

3/107   bb. Montage- und Bauequipen von ausländischen Unternehmungen, die in der Schweiz keine Zweig- oder Tochterbetriebe oder Lizenznehmer haben, wenn diese Equipen für einzelne befristete Montagen oder Bauvorhaben benötigt werden und im Inland keine geeigneten Arbeitskräfte und technischen Einrichtungen zur Verfügung stehen;

3. Abschnitt: Aufenthalt mit Erwerbstätigkeit

cc. qualifizierte Fachleute, die vorübergehend von ausländischen höheren Lehranstalten oder von Forschungsinstitutionen beschäftigt werden; 3/108

dd. qualifizierte Fachleute, die vorübergehend in einem Unternehmen für die Erfüllung ausserordentlicher Aufgaben unerlässlich sind; 3/109

ee. Missionare von weltweit verbreiteten und auch in der Schweiz etablierten Religionsgemeinschaften, die als Grundregeln von ihren Mitgliedern traditionsgemäss einen vorübergehenden und unentgeltlichen Auslandeinsatz verlangen. 3/110

b. die Gesamtzahl der Bundes-Kurzaufenthalterbewilligungen für das Kontingentsjahr 1995/96 beträgt 7000. 3/111

3. Bewilligungsgründe der Kantone

a. Die Kantone können Bewilligungen für Kurzaufenthalter erteilen. 3/112

aa. für höchstens sechs Monate an Ausländer, die sich für eine kurzfristige Erwerbstätigkeit in der Schweiz aufhalten, 3/113

bb. für höchstens 18 Monate an Au-pair-Angestellte, 3/114

cc. für höchstens 18 Monate für Weiterbildungsaufenthalte von jungen Berufsleuten im Gesundheitswesen. 3/115

b. Die Gesamtzahl der kantonalen Kurzaufenthalterbewilligungen für das Kontingentsjahr 1995/96 beträgt 11000, wovon zum Beispiel für den Kanton Zürich 1939, für den Kanton Zug 165, vorgesehen sind. 3/116

D. Stagiaires

1. Definition

Stagiaires sind Personen mit abgeschlossener Berufsausbildung, welche zur Ergänzung ihrer beruflichen und sprachlichen Fähigkeiten eine zeitlich beschränkte Tätigkeit im Ausland ausüben. Das Interesse an der Erteilung einer Anwesenheits- und Arbeitsbewilligung liegt hier nicht primär beim Arbeitgeber, sondern beim Arbeitnehmer bzw. Praktikanten. 3/117

2. Staatsverträge

a. Rechtsgrundlage für die Erteilung von Bewilligungen an Stagiaires sind zwischenstaatliche Vereinbarungen. Zur Zeit bestehen solche mit Australien, Belgien, Bulgarien, Dänemark, Bundesrepublik Deutschland, Finnland, Frankreich, Grossbritannien, Irland, Kanada, Luxemburg, Monaco, Neuseeland, Niederlande, Norwegen, Österreich, Polen, Russland, Schweden, Slowakei, Spanien, Ungarn und USA. Verhandlungen über den Abschluss von Stagiaireverträgen werden geführt mit Südafrika und Tschechien. Die Abkommen mit Italien und Portugal sind abgeschlossen, aber mangels Mitwirkung der Vertragspartnerstaaten nicht anwendbar. 3/118

3/119   b. Jede dieser Vereinbarungen sieht eine zahlenmässige Begrenzung von Stagiairebewilligungen pro Jahr vor, so z.B. für die Bundesrepublik Deutschland 500.

3. Bewilligungen

3/120   a. Innerhalb dieser Kontingente kann die Bewilligung erteilt werden, wenn der Ausländer zwischen 18 und 30 Jahre alt ist (GB und Monaco: 18–35 Jahre).

3/121   b. Die Stagiairebewilligung wird für maximal ein Jahr ausgestellt und ist in Ausnahmefällen um höchstens ein halbes Jahr verlängerbar. Die Bewilligung zur Verlängerung wird grundsätzlich nur erteilt, wenn das Ausbildungsziel aus unerwarteten Gründen nicht erreicht werden konnte, wenn also das Interesse an einer Verlängerung beim Stagiaire (und nicht beim Arbeitgeber) liegt.

3/122   c. Für bestimmte Berufsarten ist die Erteilung einer Stagiairebewilligung ausgeschlossen, so z.B. im Verkehr mit den USA für medizinische und paramedizinische Berufe, Juristen und Rechtsanwälte, sowie die Beschäftigung im Unterrichtswesen.

E. Saisonniers

1. Definition

3/123   Ein Saisonnier ist ein Arbeitnehmer in einem Betrieb, der entweder nur während bestimmten Jahreszeiten geöffnet ist oder der regelmässig eine oder mehrere deutliche saisonale Beschäftigungsspitzen aufweist, und der in diesem Betrieb eine dieser saisonalen Schwankung unterworfene Tätigkeit ausübt. Im Vordergrund stehen Betriebe der Bauwirtschaft, des Gastgewerbes und der Landwirtschaft.

2. Dauer

3/124   Die Arbeitsmarktbehörden legen die betriebliche Saisondauer fest; sie darf in der Regel neuen Monate nicht überschreiten. Die einzelne Saisonbewilligung darf für höchstens neun Monate erteilt werden.

3. Anzahl

3/125   Insgesamt können die Kantone im Kontingentsjahr 1995/96 rund 145 000 und der Bund 10 000 Saisonnierbewilligungen erteilen.

4. Umwandlung

3/126   a. Saisonbewilligungen von Angehörigen der EFTA und der EU können in Jahresaufenthalterbewilligungen umgewandelt werden, wenn

3. Abschnitt: Aufenthalt mit Erwerbstätigkeit

aa. der Saisonnier sich in den letzten vier aufeinanderfolgenden Jahren während insgesamt 36 Monaten ordnungsgemäss als Saisonnier zur Arbeit in der Schweiz aufgehalten hat (italienische Saisonniers haben in diesem Fall einen Rechtsanspruch auf Umwandlung), oder 3/127
bb. wenn ein schwerwiegender persönlicher Härtefall vorliegt. 3/128
b. Mit der Erteilung der Jahresaufenthalterbewilligung ist der Saisonnier berechtigt, seine Familie sofort nachzuziehen. 3/129

5. Rekrutierungsgebiete

Saisonbewilligungen werden grundsätzlich nur erteilt an Angehörige der Staaten der EFTA und der EU. 3/130

F. Grenzgänger

1. Definition

Grenzgänger sind Ausländer, welche meist vollzeitlich und meist auch ganzjährig in der Schweiz arbeiten, jedoch ihren ausländischen Wohnsitz beibehalten und im Prinzip täglich dorthin zurückkehren. 3/131

2. Bewilligung

a. Eine Grenzgängerbewilligung kann erteilt werden, wenn 3/132
aa. der Ausländer im Zeitpunkt der Gesuchstellung seit mindestens sechs Monaten in der benachbarten Grenzzone wohnt; 3/133
bb. sich sowohl Wohnort wie Arbeitsort in der staatsvertraglich definierten ausländischen bzw. inländischen Grenzzone befinden; 3/134
cc. die Entfernungen und Verkehrsverbindungen eine tägliche Rückkehr an den Wohnort möglich machen. 3/135
b. Grenzgängerbewilligungen werden in der Regel nur Angehörigen der Nachbarstaaten erteilt. 3/136

3. Kontingent

Grenzgängerbewilligungen sind nicht kontingentiert. 3/137

VI. Bewilligungsbezeichnungen

„A" (gelb): Saisonniers, 3/138
„B" (grau): Jahresaufenthalter
„C" (grün): Niedergelassene,
„Ci" (rot): erwerbstätige Ehepartner und Kinder von Angehörigen ausländischer Vertretungen oder von staatlichen internationalen Organisationen,

„F" (hellblau): Vorläufig Aufgenommene,
„G" (braun): Grenzgänger,
„L" (violett): Kurzfristige Erwerbstätigkeit und andere vorübergehende Aufenthalte,
„N" (dunkelblau): Asylbewerber.

VII. Verlängerung, Erneuerung, Aneinanderreihen von Aufenthaltsbewilligungen zur Erwerbstätigkeit

1. Verlängerung

3/139   a. Jahresaufenthalterbewilligungen sind zunächst jeweils auf ein Jahr befristet; falls die Voraussetzungen noch erfüllt sind, werden sie in der Regel ohne weiteres verlängert. Ein Rechtsanspruch auf Verlängerung besteht indessen auch dort nicht, wo bei der ursprünglichen Gesuchstellung ein unbefristet verlängerbarer Aufenthalt beantragt wurde.

3/140   Mit Ablauf des zehnten Aufenthaltsjahres (in gewissen Fällen schon vorher) wird auf Antrag oder von Amtes wegen eine unbefristete Niederlassungsbewilligung erteilt.

3/141   b. Jahresaufenthalterbewilligungen mit beschränkter Gültigkeitsdauer für befristete Tätigkeiten können nur aus zwingenden Gründen und nur für kurze Dauer (in der Praxis einige Monate) über die ursprünglich bewilligte Maximaldauer hinaus verlängert werden.

3/142   c. Kurzaufenthalterbewilligungen können nur ausnahmsweise verlängert werden:

3/143   aa. Bewilligungen, die ursprünglich für eine Dauer von mehr als sechs, aber weniger als 18 Monaten erteilt wurden, können auf maximal 18 Monate verlängert werden.

3/144   bb. Bewilligungen für vier oder für sechs Monate können nicht verlängert sondern höchstens (unter Anrechnung der bisherigen Aufenthaltsdauer) durch eine neue Kategorie der nächst längeren Bewilligungsdauer ersetzt werden (wobei dann allerdings die dafür geltenden entsprechend strengeren Vorschriften erfüllt sein müssen).

3/145   d. Stagiairebewilligungen können ausnahmsweise um ebenfalls höchstens sechs auf insgesamt 18 Monate verlängert werden.

3/146   e. Saisonnierbewilligungen können, falls sie nicht schon von vornherein auf neun Monate ausgestellt werden, auf maximal neun Monate verlängert werden, in der Regel aber nicht über die betriebliche Saisondauer hinaus.

3/147   f. Grenzgängerbewilligungen werden auf ein Jahr ausgestellt; falls die Voraussetzungen noch erfüllt sind, werden sie in der Regel ohne weiteres erneuert.

3/148   g. Bewilligungen für vier Monate bzw. 120 Tage innerhalb eines Jahres können nicht verlängert werden.

2. Erneuerung

a. Bewilligungen für Kurzaufenthalte dürfen (auch wenn alle Voraussetzungen sonst erfüllt sind) erst nach einer Unterbrechung von einem Jahr erneut erteilt werden. 3/149

b. Bewilligungen für vier Monate innerhalb eines Jahres werden, falls die Voraussetzungen noch erfüllt sind, in der Regel Jahr für Jahr erneuert. 3/150

3. Aneinanderreihen

Bewilligungen für vier Monate, Bewilligungen für Kurzaufenthalter, Bewilligungen für Stagiaires und Bewilligungen für Saisonniers können nicht unmittelbar nacheinander erteilt werden. Zwischen zwei solchen Bewilligungen muss sich der Ausländer mindestens zwei Monate im Ausland aufhalten. 3/151

4. Schlussfolgerung

Eine Bewilligung von beschränkter Gültigkeitsdauer mag im Einzelfall leichter erhältlich sein als zum Beispiel eine Jahresaufenthalterbewilligung. Da aber eine Verlängerung, Erneuerung oder Umwandlung nur beschränkt möglich ist, kann eine zwar anfänglich leichter erhältliche Bewilligung nur unter besonderen faktischen Voraussetzungen als Einstieg in einen späteren langfristigen Aufenthalt betrachtet werden. Die Gesamtheit der arbeitsmarktlichen Aspekte muss schon bei der erstmaligen Gesuchstellung unter langfristigen Gesichtspunkten geprüft werden. 3/152

VIII. Stellenwechsel, Berufswechsel, Kantonswechsel

a. Stellen-, Berufs- und Kantonswechsel sind bewilligungspflichtig. Keiner Bewilligung bedarf der Funktionswechsel beim bisherigen Arbeitgeber nach Ablauf des ersten Jahres der Anwesenheit. 3/153

b. Die Bewilligung zum Wechsel wird in der Regel nicht erteilt 3/154
 aa. Jahresaufenthaltern, deren Bewilligung für eine bestimmte Tätigkeit erteilt worden ist, 3/155
  bb. Kurzaufenthaltern; 3/156
  cc. Saisonniers. 3/157

Ausnahmen sind möglich, wenn wichtige Gründe eine Verweigerung der Bewilligung als unzumutbar erscheinen lassen. 3/158

c. Voraussetzung für die Erteilung der Bewilligung ist die ordnungsgemässe Auflösung des bisherigen Arbeitsvertrages. 3/159

d. Die Zustimmung der Arbeitsmarktbehörde ist in jedem Fall erforderlich. 3/160

IX. Ersatzbewilligungen

3/161 Ersatzbewilligungen für erwerbstätige Ausländer, die der Kontingentierung unterstellt sind, werden erteilt, wenn der betreffende Ausländer

3/162   *a.* nicht eingereist ist und auf die Stelle verzichtet hat, oder

3/163   *b.* innerhalb von 30 Tagen nach Aufnahme der Arbeit wieder ausgereist ist.

3/164 Der Arbeitgeber muss das entsprechende Gesuch innerhalb von zwei Monaten nach Ablauf der Gültigkeitsdauer der Aufenthaltszusicherung oder Einreisebewilligung bei der kantonalen Arbeitsmarktbehörde beantragen.

X. Verfahrensaspekte

3/165   *a.* Das Gesuch kann bei der kantonalen (lokalen) Fremdenpolizeibehörde oder bei der kantonalen (lokalen) Arbeitsmarktbehörde eingereicht werden. Gesuchsteller sind in der Regel der (ausländische) Arbeitnehmer und der (inländische) Arbeitgeber.

3/166   *b.* Allein die kantonale (lokale) oder Bundesarbeitsmarktbehörde entscheidet über alle arbeitsmarktlichen und wirtschaftlichen Aspekte des Gesuches.

3/167   *c.* Bejaht die Arbeitsmarktbehörde die Erteilung der Bewilligung, prüft die Fremdenpolizei die kriminal- und sicherheitspolizeilichen Aspekte und stellt gegebenenfalls die Bewilligung aus. Falls ein Visum erforderlich ist, wird die zuständige schweizerische Auslandsvertretung (Botschaft oder Generalkonsulat) vom Bundesamt für Ausländerfragen ermächtigt, dieses auszustellen.

3/168   *d.* Die amtlichen Bewilligungskosten (Gebühren, Barauslagen) sind gering.

4. Abschnitt: Beendigung des Aufenthaltes, Ausreise

1. Ablauf der Bewilligung

3/169 Die Aufenthaltsbewilligung verliert ihre Gültigkeit mit Ablauf der Bewilligungsdauer bzw. wenn bei Ablauf der Gültigkeitsdauer keine Verlängerung bzw. Erneuerung bewilligt wird.

4. Abschnitt: Beendigung des Aufenthaltes

2. Tatsächliche Aufgabe des Aufenthaltes

a. Die Aufenthaltsbewilligung verliert ihre Gültigkeit mit der Abmeldung oder mit der Aufgabe des tatsächlichen Aufenthaltes. Der schweizerische Aufenthalt gilt als tatsächlich aufgegeben, wenn sich ein Ausländer ununterbrochen länger als sechs Monate im Ausland aufhält.   3/170

b. Trotz Abmeldung oder Aufgabe des tatsächlichen Aufenthaltes kann die Bewilligung aufrechterhalten und für eine erneute Einreise oder einen entsprechenden Stellenantritt ohne Anrechnung auf ein Kontingent verwendet werden, wenn die zuständige Behörde vorher eine Zusicherung für die Wiedereinreise erteilt hat.   3/171

c. Massnahmen der Strafuntersuchung und des Strafvollzugs vorbehalten, kann ein Ausländer jederzeit die Schweiz verlassen. Einem Ausländer dürfen die Ausweispapiere (Pass, Identitätskarte) nicht abgenommen werden nur weil er seine Steuern noch nicht bezahlt hat.   3/172

d. Nach den Bestimmungen des Genfer Abkommens vom 12. August 1949 über den Schutz von Zivilpersonen in Kriegszeiten ist die Schweiz verpflichtet, Angehörige der Signatarstaaten auch in Kriegszeiten ausreisen zu lassen, soweit ihre Ausreise nationalen Interessen nicht widerspricht.   3/173

3. Widerruf

Die Aufenthaltsbewilligung kann unter bestimmten Voraussetzungen widerrufen werden, so z.B. wenn der Ausländer sie durch falsche angaben erschlichen hat, wenn eine mit der Bewilligung verbundene Bedingung nicht erfüllt wird oder wenn das Verhalten des Ausländers Anlass zu schweren Klagen gibt.   3/174

4. Wegweisung

Ein Ausländer ohne gültige Bewilligung wird aus dem Aufenthaltskanton weggewiesen. Das Bundesamt für Ausländerfragen kann eine Wegweisungsverfügung einer kantonalen Fremdenpolizeibehörde für die ganze Schweiz wirksam erklären (vgl. hierzu auch Rz 5/74 ff.).   3/175

5. Ausweisung

a. Ein Ausländer mit gültiger Bewilligung kann aus der Schweiz ausgewiesen werden, wenn er wegen eines Verbrechens oder Vergehens gerichtlich bestraft wurde oder weder gewillt noch fähig ist, sich „in die im Gaststaat geltende Ordnung einzufügen", oder wenn er infolge Geisteskrankheit die öffentliche Ordnung gefährdet oder fortgesetzt und in erheblichem Masse der öffentlichen Ordnung zur Last fällt. Die Ausweisung kann befristet werden, muss aber auf mindestens zwei Jahre ausgesprochen werden (vgl. hierzu auch Rz 5/74 ff.).   3/176

28   3. Kapitel: Einreise, Aufenthalt, Erwerbstätigkeit

3/177   b. Eine besondere Ausweisungskompetenz hat der Bundesrat überdies, wenn ein Ausländer die innere und äussere Sicherheit der Schweiz gefährdet.

6. Landesverweisung

3/178   Ein Ausländer, welcher in der Schweiz wegen einer erheblichen Straftat verurteilt wird, kann im Sinne einer Nebenstrafe vom Strafrichter für begrenzte oder unbegrenzte Zeit des Landes verwiesen werden. Diese strafrichterliche Massnahme ist unabhängig von der fremdenpolizeilichen Ausweisung. Ein Ausländer kann von den Fremdenpolizeibehörden auch dann ausgewiesen werden, wenn der Richter auf eine Landesverweisung verzichtet oder deren Wirksamkeit für die Dauer der Bewährungsfrist aufgeschoben hat.

7. Meldepflichten bei Wegzug

3/179   a. Beim Wegzug muss sich ein Ausländer polizeilich abmelden.
3/180   b. Der Arbeitgeber ist verpflichtet, das Ausscheiden eines ausländischen Mitarbeiters (sei es zufolge Wegzuges oder Stellenwechsels) der zuständigen Einwohnerkontrollbehörde zu melden.
3/181   c. Die zuständigen Behörden und die Meldefristen bestimmt das kantonale Recht.

5. Abschnitt: Niederlassungsbewilligung

1. Definition

3/182   Die Niederlassungsbewilligung (rund zwei Drittel aller Ausländer in der Schweiz sind im Besitze der Niederlassungsbewilligung) gibt dem Ausländer das Recht der jederzeitigen Einreise in die Schweiz und zum unbefristeten Aufenthalt mit oder ohne (selbständige oder unselbständige) Erwerbstätigkeit.

2. Voraussetzungen

3/183   a. Die Niederlassungsbewilligung kann normalerweise nach einem ordnungsgemässen und ununterbrochenen Aufenthalt in der Schweiz von zehn Jahren erteilt werden. Bürger Österreichs haben nach zehn Jahren einen Rechtsanspruch auf Erteilung der Niederlassungsbewilligung.
3/184   b. Nach einem ordnungsgemässen und ununterbrochenen Aufenthalt in der Schweiz von fünf Jahren haben einen Rechtsanspruch auf Erteilung der Niederlassung die Bürger von Belgien, Bundesrepublik

Deutschland, Dänemark, Frankreich, Griechenland, Italien, Liechtenstein, Niederlande, Portugal, Spanien und die anerkannten Flüchtlinge.

c. Gestützt auf langjährige Praxis erhalten nach fünfjährigem ordnungsgemässem und ununterbrochenem Aufenthalt in der Schweiz die Niederlassungsbewilligung die Bürger von Andorra, Finnland, Grossbritannien, Irland, Island, Luxemburg, Monaco, Norwegen, San Marino, Schweden und Vatikanstadt. Die Staatsangehörigen der USA erhalten die Niederlassungsbewilligung nach fünf Jahren aufgrund einer auf Gegenseitigkeit beruhenden politischen Vereinbarung. 3/185

d. In Sonderfällen kann die Niederlassungsbewilligung schon vor Ablauf dieser Frist erteilt werden. Das ist z.B. bei Professoren von Hochschulen (sofortige Erteilung der Niederlassungsbewilligung) oder bei Personen der Fall, die früher in der Schweiz bereits langfristigen Aufenthalt hatten oder bereits einmal die Niederlassungsbewilligung besassen (Abkürzung der Frist). 3/186

e. Der ausländische Ehegatte eines Schweizer Bürgers hat unter dem Vorbehalt des rechtlichen Bestandes der Ehe nach fünf Jahren Anspruch auf Erteilung der Niederlassungsbewilligung. Der Anspruch erlischt, wenn der Anspruchsberechtigte gegen die öffentliche Ordnung verstossen hat. Ledige Kinder haben einen Anspruch auf Einbezug in die Niederlassungsbewilligung, wenn sie mit ihren Eltern zusammenleben. 3/187

f. Nicht an die vorgeschriebene Aufenthaltsdauer angerechnet werden (ausser bei Staatsangehörigen von Österreich) Aufenthalte als Schüler und Student (es sei denn, sie seien im Familiennachzug eingereist), als Kurgast bzw. Patient, und Aufenthalte im Familiennachzug, wenn der Hauptbewilligungsträger nicht der Kontingentierung unterworfen war (z.B. als Diplomat). 3/188

g. Bei Doppelbürgern bestimmt sich die Frist nach der Nationalität, für die die kürzere Frist gilt. 3/189

3. Dauer

a. Die Niederlassungsbewilligung ist unbefristet gültig. Sie unterliegt jedoch einer Kontrollfrist von drei Jahren. 3/190

b. Die Niederlassungsbewilligung erlischt mit der Abmeldung oder mit der Aufgabe des tatsächlichen Aufenthaltes in der Schweiz. Der Aufenthalt gilt bei einem ununterbrochenen Auslandsaufenthalt von mehr als sechs Monaten als tatsächlich aufgegeben. Auf Gesuch hin kann diese Frist bis auf zwei Jahre verlängert werden. 3/191

c. Die Niederlassungsbewilligung kann widerrufen werden, wenn sie durch falsche Angaben oder wissentliches Verschweigen wesentlicher Tatsachen erschlichen wurde. 3/192

6. Abschnitt: Rechtsmittelverfahren

3/193   *a.* Gegen Entscheide der Arbeitsmarktbehörde und der Fremdenpolizeibehörden sind verwaltungsinterne Rechtsmittel möglich. Die allgemeinen Verwaltungsverfahrensvorschriften des Bundes und der Kantone finden Anwendung.

3/194   *b.* Das anwendbare kantonale Recht bestimmt, ob ein Rechtsmittel an ein kantonales Verwaltungsgericht zulässig ist.

3/195   *c.* Bei Verweigerung einer beantragten Bewilligung ist eine Verwaltungsgerichtsbeschwerde an das Bundesgericht grundsätzlich nicht möglich, da auf die Erteilung von Bewilligungen praktisch nie ein Rechtsanspruch besteht. Gegen die Ausweisungsverfügungen und richterliche Entscheide betreffend die Landesverweisung ist ein Rechtsmittel an das Bundesgericht zulässig.

3/196   *d.* Die Geltendmachung willkürlicher Rechtsanwendung (mittels staatsrechtlicher Beschwerde) und Anrufung von Normen der Europäischen Menschenrechts-Konvention ist möglich.

7. Abschnitt: Sanktionen

3/197   *a.* Der Ausländer, welcher rechtswidrig das Land betritt oder darin verweilt, wird mit Gefängnis bis zu sechs Monaten bestraft. Damit kann Busse bis zu Fr. 10 000 verbunden werden. In leichten Fällen kann nur auf Busse erkannt werden.

3/198   *b.* Wer als Arbeitgeber oder in anderer Weise im In- oder Ausland die rechtswidrige Ein- oder Ausreise oder das rechtswidrige Verweilen im Lande erleichtern oder vorbereiten hilft, wird mit Gefängnis bis zur sechs Monaten und Busse bis zu Fr. 10 000 bestraft (in leichten Fällen nur Busse).

3/199   Wer in der Absicht, sich oder einen andern unrechtmässig zu bereichern, einem Ausländer die rechtswidrige Einreise oder das rechtswidrige Verweilen im Lande erleichtert oder vorbereiten hilft, wird mit Gefängnis bis zu fünf Jahren und mit Busse bis zu Fr. 100 000 bestraft. Die gleiche Strafdrohung gilt, wenn der Täter ohne Bereicherungsabsicht für eine Vereinigung oder Gruppe von Personen handelt, die sich zur fortgesetzten Begehung dieser Tat zusammengefunden haben („Schlepper").

3/200   *c.* Wer vorsätzlich in der Schweiz Ausländer ohne erforderliche Bewilligung beschäftigt, wird (zusätzlich zu einer etwaigen Bestrafung gemäss lit. b. vorstehend) für jeden rechtswidrig beschäftigten Ausländer mit einer Busse bis zu Fr. 5000 bestraft. Handelt der Arbeitgeber fahrlässig, so beträgt die Busse bis zu Fr. 3000. In besonderen Fällen kann von einer Bestrafung Abstand genommen werden. Wenn der Täter aus Gewinnsucht handelt, ist der Richter an die Höchstbeträge nicht gebunden.

Wer diesbezüglich wegen vorsätzlicher Begehung rechtskräftig verurteilt wurde und innerhalb von fünf Jahren erneut rechtswidrig einen Ausländer beschäftigt, kann zusätzlich zur Busse mit Gefängnis bis zu sechs Monaten oder mit Haft bestraft werden. 3/201

d. Ausländer, die wegen Zuwiderhandlung gegen die fremdenpolizeilichen Vorschriften verurteilt wurden, können mit (zeitlich befristeten) Einreisesperren belegt werden). 3/202

e. Ein Arbeitgeber, der wegen Zuwiderhandlung gegen fremdenpolizeiliche Vorschriften verurteilt wurde, wird auf eine Sperrliste gesetzt; Bewilligungen zur Beschäftigung von Ausländern werden ihm für eine bestimmte Zeit von vornherein verweigert. 3/203

f. Für juristische Personen haftet der nach interner Organisation verantwortliche Kadermitarbeiter. 3/204

8. Abschnitt: Zur Bedeutung der Staatsverträge

a. Die Schweiz hat vor allem um die letzte Jahrhundertwende mit einer Vielzahl von Staaten Freundschafts- und Niederlassungsverträge geschlossen, welche nach ihrem Wortlaut den betreffenden Staatsangehörigen weitgehende Freiheiten mit Bezug auf Einreise, Aufenthalt und Erwerbstätigkeit einräumen. Entstanden sind diese Verträge in einer Zeit, in welcher der Ausländeranteil an der schweizerischen Wohnbevölkerung gering war. 3/205

b. Diese Verträge sind formell ausser Kraft gesetzt worden; gemäss Praxis des Bundesgerichts können sich nur diejenigen Ausländer darauf berufen, die im Besitze einer Niederlassungsbewilligung nach nationalem Recht sind, weil die Niederlassungsverträge unter dem Vorbehalt der inzwischen geschaffenen nationalen Fremdenpolizeigesetzgebung stehen. 3/206

c. Mangels Beitritts der Schweiz ist Artikel 2 des Protokolles Nr. 4 zur Europäischen Menschenrechts-Konvention, das die Niederlassungsfreiheit als Menschenrecht anerkennt, für die Schweiz nicht wirksam. 3/207

d. Die Schweiz anerkennt auch unter Artikel 16 des European Free Trade Association (EFTA)-Vertrages vom 4. Januar 1990 nur in Ausnahmefällen einen Rechtsanspruch auf Erteilung einer Arbeitsbewilligung. Jedoch werden die Gesuche von Führungskräften aus Staaten wohlwollend behandelt, die sich direkt mit dem Handel zwischen den EFTA-Staaten beschäftigen. 3/208

9. Abschnitt: Vollzug des Ausländerrechts

3/209 Das Bundesamt für Ausländerfragen (BFA) führt ein zentrales Ausländerregister (ZAR), in welchem alle Ausländer erfasst werden.
3/210 Dem Vollzug dient weiter das automatisierte Fahndungssystem (RIPOL) und das automatisierte Personenregistratursystem (AUPER).
3/211 Die Gesetzgebung über Zwangsmassnahmen im Ausländerrecht wird in Kapitel 5 behandelt.

4. Kapitel: Vorbehaltene Tätigkeiten und Berufe

Im 3. Kapitel ist dargelegt worden, dass ein Ausländer ohne Niederlassungsbewilligung – unter Vorbehalt von Tätigkeiten kürzester Dauer (Rz 3/42) – für jede Erwerbstätigkeit in der Schweiz einer Arbeitsbewilligung bedarf. In diesem 4. Kapitel werden Berufe und Tätigkeiten genannt, die einem Ausländer überhaupt nicht oder doch nur unter besonderen Voraussetzungen offenstehen. 4/1

I. Verwaltung

1. Bundesbeamte

a. Bundesbeamte müssen Schweizer Bürger sein. Mit Zustimmung des Bundesrates kann ausnahmsweise auch ein Ausländer als Bundesbeamter gewählt werden. 4/2
b. Als Beamter der sogenannten Karrieredienste des eidgenössischen Departementes für Auswärtige Angelegenheiten (diplomatischer und konsularischer Dienst, Sekretariatsdienst) kann nur gewählt werden, wer ausschliesslich das Schweizer Bürgerrecht besitzt. 4/3

2. Bundesangestellte

Bundesangestellte müssen Schweizer Bürger sein. Mit Zustimmung des betreffenden Departements, des ETH-Rates oder der Oberzolldirektion kann, wenn besondere Gründe vorliegen, auch ein Ausländer als Bundesangestellter in Dienst genommen werden. 4/4

3. Friedenserhaltende Aktionen, Gute Dienste

Personal für friedenserhaltende Aktionen der Schweiz im Ausland soll grundsätzlich das Schweizer Bürgerrecht besitzen, soweit nicht für einzelne Aktionen Ausnahmen angebracht sind. 4/5

4. Zivilstandsbeamte

Zivilstandsbeamte sind kantonale Beamte; das Bundesrecht schreibt aber vor, dass nur Schweizer Bürger zu Zivildienstbeamten oder Stellvertretern wählbar sind. 4/6

4. Kapitel: Vorbehaltene Tätigkeiten und Berufe

5. Auslandszulage

4/7 Bundesbeamte und Bundesangestellte mit Dienstort in der ausländischen Grenzzone haben Anspruch auf eine Auslandszulage, wenn sie Schweizer Bürger sind.

6. Paritätische Kommissionen für Personalangelegenheiten

4/8 *a.* Wählbar als Mitglied der paritätischen Kommission des Bundes für Personalangelegenheiten sind nur Schweizer Bürger.

4/9 *b.* Aktiv wahlberechtigt sind die Beamten, die schweizerischen Angestellten, die seit mindestens einem Jahr im Dienstverhältnis mit dem Bund stehen, und die ausländischen Angestellter, die seit mindestens zehn Jahren ununterbrochen und vorwiegend in einem Dienstverhältnis zum Bund stehen.

II. Justiz

1. Richter

4/10 Nur Schweizer Bürger können als Richter in das schweizerische Bundesgericht und als Geschworene in das Bundesstrafgericht gewählt werden. Ankläger und Richter im Militärstrafprozess müssen Schweizer Bürger sein. Wählbar als Richter einer eidgenössischen Rekurs- oder Schiedskommission sind nur Schweizer Bürger. Professoren kantonaler Hochschulen, die das Schweizer Bürgerrecht nicht besitzen, sind als nebenamtliche Richter wählbar, nicht aber als Präsident einer Kommission oder Kammer.

2. Parteivertreter

4/11 *a.* Im Bundeszivilprozess und im Bundesstrafprozess werden Ausländer dann als Parteivertreter zugelassen, wenn ihr Heimatstaat Gegenrecht hält, oder wenn sie das Rechtsanwaltspatent eines Kantons besitzen oder Rechtslehrer an einer schweizerischen Hochschule sind.

4/12 *b.* Bezüglich der Parteivertreter im Bundesverwaltungsverfahren, Bundesverwaltungsgerichtsverfahren und Bundesstaatsrechtsverfahren bestehen keine Nationalitätsvorschriften.

4/13 *c.* Verteidiger im Militärstrafprozess müssen Schweizer Bürger sein.

4/14 *d.* Ausländer können als berufsmässige Verteidiger im Verwaltungsstrafprozess zugelassen werden, wenn sie ihren Beruf in einem Kanton ausüben oder Angehörige eines vom Bundesrat zur Verteidigung im Verwaltungsstrafsachen ermächtigten Berufsstandes sind, und (ausnahmsweise) wenn ihr Heimatstaat Gegenrecht hält.

3. Rechtsanwälte, Notare

a. Zur regelmässigen oder gelegentlichen Berufsausübung als Rechtsanwalt bedarf es einer besonderen Zulassung („Anwaltspatent"). Zur entsprechenden Prüfung müssen auch Ausländer mit Niederlassungsbewilligung zugelassen werden, sofern sie nachweisen, dass sie mit den schweizerischen politischen und gesellschaftlichen Verhältnissen vertraut sind. In einzelnen Kantonen werden auch Ausländer mit Aufenthaltsbewilligung zugelassen. 4/15

III. Andere Tätigkeiten und Berufe

Die nachfolgende Zusammenstellung beschränkt sich auf das Bundesrecht; viele der hier genannten Tätigkeiten und Berufe werden auch an anderen Stellen dieses Buches erwähnt, auf die im Einzelnen verwiesen wird. 4/16

In den Kantonen ist die Rechtspraxis derart fliessend geworden, dass eine Festschreibung an dieser Stelle wenig sinnvoll wäre – so fliessend, dass das Bundesamt für Industrie, Gewerbe und Arbeit seine in Rz 4/20 der 1. Auflage zitierte Dokumentation (Ref. 2/163.01) nicht mehr nachführt. 4/17

Adoptionsvermittlung: Ein Ausländer muss seit mindestens fünf Jahren Wohnsitz in der Schweiz haben. 4/18

Ärzte: Rz 14/12ff. 4/19

AHV-Kassenorganisation: Rz 15/19. 4/20

Apotheker: Rz 14/12ff. 4/21

Arbeitsvermittlung: Ausländer sind als Leiter einer Arbeitsvermittlung oder eines Personalverleihs nur mit Niederlassungsbewilligung zugelassen. 4/22

Atomenergie: Rz 20/12ff. 4/23

Auswanderungsagenturen: Siehe Rz 4/22. 4/24

Edelmetall: Ein eidgenössisches Probiererdiplom wird Ausländern nur beim Vorliegen „berücksichtigenswerter Gründe" erteilt. Dasselbe gilt für die freie Berufsausübung als Handelsprüfer. 4/25

Eisenbahn: Rz 19/4f. 4/26

Funk: Rz 21/6ff. 4/27

Handelsreisende: Die Ausweiskarte für Kleinreisende inländischer Firmen wird Ausländern mit Niederlassungs- oder Aufenthaltsbewilligung abgegeben; die Ausweiskarte für Kleinreisende ausländischer Firmen wird Ausländern nur erteilt, wenn die Schweiz hierzu staatsvertraglich verpflichtet ist. Die Ausweiskarte für Grossreisende wird Ausländern erteilt, falls Reisende schweizerischer Firmen in deren Heimatstaat wie Inländer oder wie Angehörige der meistbegünstigten Nation behandelt werden. 4/28

4. Kapitel: Vorbehaltene Tätigkeiten und Berufe

4/29 Ingenieur-Geometer: Das eidgenössische Patent für Ingenieur-Geometer, das zur Grundbuchvermessung berechtigt, wird nur Schweizer Bürgern verliehen.
4/30 Invalidenversicherung: Rz 15/26.
4/31 Käsehandel: Rz 18/2.
4/32 Luftfahrt: Rz 19/36 ff.
4/33 Militärdienst: Rz 16/2 ff.
4/34 Nationalbank: Rz 9/22.
4/35 Personalverleih: Der Personalverleih vom Ausland in die Schweiz ist grundsätzlich nicht gestattet. Die Bewilligung zur Leitung eines gewerbsmässigen Personalverleihs in der Schweiz wird Ausländern nur erteilt, wenn sie im Besitze der Niederlassungsbewilligung sind. Der Betrieb muss im Schweizerischen Handelsregister eingetragen sein.
4/36 Rohrleitungen: Rz 20/6 ff.
4/37 Schiffahrt: Rz 19/6 ff.
4/38 Schweizer Schule: Rz 14/23.
4/39 Sportlehrer: Für Jugend und Sport siehe Rz 14/30.
4/40 Strassenverkehr: Rz 19/1 ff.
4/41 Submissionswesen: Ausländische Anbieter können an öffentlichen Ausschreibungen nur teilnehmen, soweit ihr Heimatstaat Gegenrecht hält.
4/42 Viehhandel: Rz 18/3.
4/43 Wasserkraft: Rz 20/1 ff.

5. Kapitel: Asylrecht, Staatenlosigkeit

I. Einleitung

a. Die völkerrechtliche Neutralität, die geographische Lage, die kulturelle, religiöse und sprachliche Vielfalt, die wirtschaftliche Prosperität und die politische Stabilität haben bewirkt, dass die Schweiz schon seit jeher auf Ausländer eine starke Anziehungskraft ausübte. Dabei sind auch immer wieder Schübe von Asylbewerbern in die Schweiz gekommen, 1956 aus Ungarn, 1968 aus der Tschechoslowakei, in den letzten Jahren in wachsendem Ausmass vor allem aus Jugoslawien. 5/1

b. Seit seinem Inkrafttreten am 1. Januar 1981 wurde das im Jahr 1979 von der Bundesversammlung verabschiedete Asylgesetz bereits viermal teilrevidiert. Die umfangreichste Revision fand ihren Abschluss am 22. Juni 1990, als der dringliche Bundesbeschluss über das Asylverfahren (AVB) in Kraft trat, der im wesentlichen eine Beschleunigung des erstinstanzlichen Asylverfahrens angesichts der stets steigenden Zahlen von Asylsuchenden bezweckte. Die Zunahme von Asylgesuchen in den Jahren 1988 und 1989, die wachsende Zahl der Pendenzen sowie die verhältnismässig lange Dauer der Asylverfahren veranlassten damals den Gesetzgeber zu einer raschen und umfassenden Neugestaltung des Asylverfahrensrechtes. Zudem wurde mit den neuen Verfahrensvorschriften den veränderten Asylbegründungsverfahren der Gesuchsteller Rechnung getragen: Die häufige Beanspruchung des Asylverfahrens durch ausländische Personen, die kein Schutzbedürfnis aufgrund drohender oder bereits erfolgter Verfolgung nachweisen können, gab dazu Anlass, Vorschriften einzuführen, um eine möglichst frühe Erfassung der Flucht- oder Wanderungsgründe zu ermöglichen. Das Asylrecht sollte nicht mehr länger den Charakter eines Einwanderungsrechtes ausserhalb der allgemeinen Ausländergesetzgebung aufweisen. 5/2

c. Die Schweiz ist Mitglied des Abkommens über die Rechtsstellung der Flüchtlinge (Genf) vom 28. 7. 1951, des Protokolls über die Rechtsstellung der Flüchtlinge (New York) vom 31. 1. 1967, der Europäischen Vereinbarung über den Übergang der Verantwortung für Flüchtlinge (Strasbourg) vom 16. 10. 1980, der Vereinbarung über Flüchtlingsseeleute (Den Haag) vom 23. 11. 1957, des Protokolls über Flüchtlingsseeleute (Den Haag) vom 12. 6. 1973, des Abkommens über die Abgabe eines Reiseausweises an Flüchtlinge (London) vom 15. 10. 1946 und des Europäischen Übereinkommens über die Abschaffung des Visumszwanges für Flüchtlinge (Strasbourg) vom 20. 4. 1959. 5/3

II. Flüchtlingsbegriff; Voraussetzungen zur Asylgewährung

5/4 a. Gemäss den massgeblichen internationalen Abkommen ist Flüchtling jede Person, welche aus begründeter Furcht vor Verfolgung wegen ihrer Rasse, Religion, Staatsangehörigkeit, Zugehörigkeit zu einer bestimmten sozialen Gruppe oder wegen ihrer politischen Überzeugung ihr Heimatland verlassen hat und dessen Schutz nicht mehr beanspruchen kann oder wegen dieser Befürchtung nicht mehr beanspruchen will.

5/5 b. Das interne schweizerische Asylrecht erweitert diesen Begriff, indem

5/6 aa. auch die Verfolgung im Land, im dem der Ausländer zuletzt wohnte, Grund für die Anerkennung als Flüchtling sein kann,

5/7 bb. nicht erst „Verfolgung" nachgewiesen werden muss, sondern schon genügen kann, dass der Ausländer einem ernsthaften Nachteil ausgesetzt ist oder begründete Furcht hat, solchen Nachteilen ausgesetzt zu werden,

5/8 cc. zudem als ernsthafter Nachteil (neben der Gefährdung von Leib, Leben oder Freiheit) ausdrücklich auch Massnahmen anerkannt sind, die einen unerträglichen psychischen Druck bewirken.

5/9 c. Das Abkommensrecht (vgl. Rz 5/3), die Europäische Menschenrechts-Konvention und das schweizerische Asylgesetz anerkennen keinen Rechtsanspruch auf Gewährung des Asyls an, etwa im Sinne eines verfassungsmässigen oder subjektiven Rechtes. Andererseits ist die Asylgewährung nicht ein politischer Akt. Der Gesuchsteller hat vielmehr Anspruch darauf, dass sein Gesuch im Rahmen der internationalen und nationalen Rechtsnormen unter Einhaltung der entsprechenden Verfahrensvorschriften geprüft und innerhalb dieser Rechtsnormen darüber entschieden wird. Faktisch bedeutet dies, dass Asyl gewährt wird, wenn der Gesuchsteller die materiellen Voraussetzungen des Flüchtlingsbegriffs erfüllt und wenn nicht aus einem gesetzlichen Grund trotz Zuerkennung der Flüchtlingseigenschaft die Asylgewährung verweigert wird (sog. Asylausschlussgründe, Rz 5/13).

5/10 Das Asylgesetz sieht insbesondere vor, dass die Schweiz in Zeiten erhöhter internationaler Spannungen, bei Ausbruch eines bewaffneten Konflikts, an dem die Schweiz nicht beteiligt ist, oder bei ausserordentlich grossem Zustrom von Gesuchstellern Asyl in Friedenszeiten nur so lange gewährt, als dies nach den Umständen möglich ist. Bei Erlass der entsprechenden Vorschriften und Durchführung der erforderlichen Massnahmen kann der Bundesrat, vom Gesetz abweichend, die Voraussetzungen für die Asylgewährung verschärfen und die Rechtsstellung der Flüchtlinge einschränkend regeln. Diese Vorschrift wurde noch nie angewendet.

d. Die Schweiz erkennt das Prinzip der Nichtrückschiebung (Non-Refoulement) an. Auf diesen Grundsatz kann sich ein Ausländer allerdings nicht berufen, wenn er die Sicherheit der Schweiz gefährdet oder wenn er als gemeingefährlich gilt.   5/11

e. Eine zahlenmässige Begrenzung der Asylgewährung kennt das schweizerische Asylrecht nicht.   5/12

f. Asylausschlussgründe liegen vor, wenn   5/13

aa. eine zumutbare Fluchtalternative besteht, d.h. wenn sich der Ausländer entweder vor seiner Einreise in die Schweiz einige Zeit (in der Regel während mindestens 20 Tagen) in einem Drittstaat aufgehalten hat, in den er zurückkehren kann, oder wenn er in einen Drittstaat ausreisen kann, in dem nahe Angehörige oder andere Personen leben, zu denen er eine enge Beziehung hat,   5/14

bb. der Ausländer erst durch seine Ausreise aus dem Heimat- oder Herkunftsstaat oder wegen seines Verhaltens nach der Ausreise Flüchtling wurde,   5/15

cc. ein Ausländer wegen verwerflicher Handlungen des Asyls unwürdig ist, oder wenn er die innere oder äussere Sicherheit der Schweiz verletzt hat oder gefährdet.   5/16

III. Rechtsstellung der Flüchtlinge

1. Grundsatz

Die Rechtsstellung der Flüchtlinge richtet sich nach dem für Ausländer geltenden Recht, soweit nicht besondere Bestimmungen namentlich des Asylgesetzes und internationaler bzw. zwischenstaatlicher Abkommen etwas anderes vorsehen.   5/17

2. Rechtsstellung des Gesuchstellers während des Verfahrens

a. aa. Bis zum Abschluß des Verfahrens dürfen Asylsuchende in der Schweiz bleiben. Sie können allerdings vorsorglich weggewiesen werden, wenn ihre Weiterreise in einen Drittstaat zulässig, zumutbar und möglich ist, namentlich wenn der Drittstaat staatsvertraglich für das Asylgesuch zuständig ist, oder sich die asylsuchende Person vorher einige Zeit dort aufgehalten hat oder im Drittstaat nahe Angehörige oder andere vertraute Personen leben.   5/18

bb. Das Bundesamt für Flüchtlinge oder die kantonalen Behörden können dem Gesuchsteller einen Aufenthaltsort zuweisen.   5/19

b. Der illegal eingereiste Gesuchsteller darf nicht wegen unerlaubter Einreise oder rechtswidrigen Aufenthalts bestraft werden, falls er sich unverzüglich bei den Behörden meldet und die Flüchtlingseigenschaften erfüllt.   5/20

5/21 c. Dem Gesuchsteller kann eine vorläufige Erwerbstätigkeit oder die Teilnahme an gemeinnützigen Beschäftigungsprogrammen bewilligt werden. Für die ersten drei Monate seit Gesuchseinreichung gilt jedoch ein Arbeitsverbot. Ergeht innert dieser Frist erstinstanzlich ein negativer Entscheid, so kann der Kanton das Arbeitsverbot um weitere drei Monate verlängern.

5/22 d. Kann der Gesuchsteller seinen Unterhalt nicht aus eigenen Mitteln bestreiten und bestehen auch keine Unterstützungspflichten Dritter (z.B. familienrechtliche Unterstützungspflicht) erhält er die erforderliche Fürsorge, nach Möglichkeit in Form von Sachleistungen (Unterbringung, Nahrungsmittel, Kleider). Zuständig für die Ausrichtung von Fürsorgeleistungen an Asylsuchende im Verfahren sind die Kantone (oder allenfalls Hilfswerke im Auftrag des Kantons). Die Kosten der Unterstützungsleistungen trägt aber der Bund. Der Gesuchsteller ist zur Rückerstattung der Fürsorgekosten verpflichtet und hat (aus seinem Erwerbseinkommen oder bestehenden Vermögenswerten) für künftige Fürsorge-, Ausreise- und Vollzugskosten Sicherheit zu leisten.

3. Rechtsstellung des anerkannten Flüchtlings

5/23 a. aa. Der als Flüchtling anerkannte Ausländer erhält Asyl, sofern kein Asylausschlussgrund vorliegt (vgl. Rz 5/9).

5/24 bb. Ausländer, denen Asyl gewährt wurde, haben Anspruch auf eine Aufenthaltsbewilligung im Kanton, in dem sie sich aufhalten. Die Stellung ist vergleichbar derjenigen eines anderen Ausländers mit Jahresaufenthalterbewilligung „B".

5/25 cc. Nach fünfjährigem ordnungsgemässen Aufenthalt in der Schweiz hat der Ausländer, dem die Schweiz Asyl gewährt, Rechtsanspruch auf Erteilung einer Niederlassungsbewilligung, wenn gegen ihn kein Ausweisungsgrund vorliegt.

5/26 dd. Ehegatten von Flüchtlingen und ihren minderjährigen Kindern, unter besonderen Umständen auch weiteren Familienangehörigen, wird Asyl gewährt, wenn die Familie durch die Flucht getrennt wurde und sich in der Schweiz wiedervereinigen will.

5/27 b. Einem Ausländer, dem die Schweiz Asyl gewährt hat oder den sie als Flüchtling vorläufig aufgenommen hat, werden (im Gegensatz zu anderen Ausländern ohne Niederlassungsbewilligung) eine Erwerbstätigkeit sowie der Stellen- und Berufswechsel ohne Rücksicht auf die Arbeitsmarktlage erteilt.

5/28 c. Die personenrechtliche Stellung eines anerkannten Flüchtlings in der Schweiz richtet sich nach schweizerischem Recht, das (ersatzweise, als Wohnsitzrecht) auch stets anwendbar ist, wenn im IPR an die Staatsangehörigkeit angeknüpft wird. Für die zivilprozessuale Stellung siehe Rz 10/1 ff.

5. Kapitel: Asylrecht, Staatenlosigkeit

d. Für die Ausrichtung von Fürsorgeleistungen an Flüchtlinge bis zur Erteilung der Niederlassungsbewilligung ist der Bund zuständig, der diese Aufgabe den anerkannten Hilfswerken überträgt; die Kosten trägt letztlich aber der Bund. Nach Erhalt der Niederlassungsbewilligung (fünf Jahre nach der Einreise) geht die Fürsorgezuständigkeit und die Kostentragungspflicht auf die Kantone über. Für den Umfang der Unterstützungsleistungen gelten die für die Schweizer und übrigen Ausländer in der Schweiz anwendbaren Grundsätze.   5/29

e. Für die sozialversicherungsrechtliche Stellung der Flüchtlinge siehe Rz 15/15, 17f., 22f., 40.   5/30

f. Anspruch auf ein Reisepapier (Reiseausweis, Pass für Ausländer, Identitätsausweis) haben: 5/31

aa. Ausländer, die in der Schweiz Asyl geniessen oder die als Flüchtlinge vorläufig aufgenommen wurden;   5/32

bb. Staatenlose, die von der Schweiz anerkannt sind;   5/33

cc. Schriftenlose Ausländer mit Niederlassungsbewilligung.   5/34

g. Mit Bezug auf die politische Betätigung sind die Flüchtlinge den anderen Ausländern gleichgestellt.   5/35

4. Rechtsstellung des abgewiesenen Asylbewerbers

a. In der Regel wird mit dem Entscheid über die Ablehnung des Asylgesuches bzw. mit dem Nichteintretensentscheid die Wegweisung aus der Schweiz verfügt. Damit soll gewährleistet sein, dass das Rechtsmittelverfahren über den Entscheid betreffend die Asylgewährung mit dem Rechtsmittelverfahren über die Wegweisung parallel läuft, und mit Eintritt der Rechtskraft des Sachentscheides die Wegweisung vollzogen werden kann.   5/36

b. aa. Ist der Vollzug der Wegweisung nicht zulässig, nicht zumutbar oder nicht möglich, so regelt das Bundesamt für Flüchtlinge das Anwesenheitsverhältnis im Rahmen der gesetzlichen Vorschriften über die vorläufige Aufnahme von Ausländern.   5/37

bb. Unzulässig ist der Vollzug, wenn völkerrechtliche Verpflichtungen der Schweiz einer Weiterreise des Ausländers in seinen Heimat-, Herkunfts- oder einen Drittstaat entgegenstehen. Insbesondere ist zu prüfen, ob der Vollzug in Einklang mit Art. 45 des Asylgesetzes bzw. Art. 33 des Abkommens über die Rechtsstellung der Flüchtlinge und Art. 3 der Europäischen Menschenrechtskonvention steht (Grundsatz des Non-Refoulements).   5/38

cc. Steht aufgrund der vorgenommenen Prüfung fest, daß der Wegweisungsvollzug (völkerrechtlich) zulässig ist, wird in einem weiteren Schritt geprüft, ob die allgemeine Situation im Heimatland des Gesuchstellers den Vollzug der Wegweisung als zumutbar erscheinen lässt. Unzumutbar kann der Vollzug insbesondere dann sein, wenn er für den   5/39

Ausländer eine konkrete Gefährdung darstellt. Für die Beurteilung der Gefährdung ist einzig die Situation im Heimatland des Gesuchstellers massgebend. Letztlich ist zu prüfen, ob der Vollzug der Wegweisung überhaupt möglich ist. Dies ist dann der Fall, wenn die Wegweisung des Ausländers in seinen Heimat-, Herkunfts- bzw. in einen Drittstaat faktisch vollziehbar ist. Der Vollzug der Wegweisung muss also technisch und praktisch durchführbar sein.

5/40 *c.* Die vorläufige Aufnahme kann mit Auflagen (vor allem bezüglich des Aufenthaltsortes) verbunden werden. Unter Wahrung der völkerrechtlichen Verpflichtungen kann das Bundesamt für Flüchtlinge die vorläufige Aufnahme jederzeit aufheben. In der Folge setzt die zuständige kantonale Behörde eine angemessene Ausreisefrist fest, sofern sich nicht ein sofortiger Vollzug der Wegweisung aufdrängt.

5/41 *d.* Dem vorläufig Aufgenommenen kann die Aufnahme einer Erwerbstätigkeit bewilligt werden.

5/42 *e.* Der Familiennachzug kann dem vorläufig Aufgenommenen bewilligt werden im Rahmen der Bestimmungen des ordentlichen Ausländerrechts und nach vorgängiger Erteilung einer Aufenthaltsbewilligung oder wenn festgestellt wurde, dass die Wegweisung des Ausländers längerfristig nicht vollzogen werden kann.

5/43 *f.* Zur Zeit werden knapp 85 % aller in der Schweiz gestellten Asylgesuche abgewiesen.

IV. Verfahrensfragen

5/44 *a.* Die Einzelheiten der Verfahrensordnung und die detaillierte Analyse der materiellen Gründe für die Anerkennung als Flüchtling würden den Rahmen dieser Darstellung sprengen, zumal angesichts der stark gewachsenen und aus immer wieder anderen Ländern und Kontinenten stammenden Flüchtlingsströme die Verfahrensvorschriften fortlaufend entwickelt und geändert werden.

5/45 *b.* Über die Gewährung des Asyls entscheidet das Bundesamt für Flüchtlinge.

5/46 *c.* Wer Asyl beantragt, muss nachweisen oder zumindest glaubhaft machen, dass er Flüchtling im Sinne der oben erläuterten Definition ist (Rz 5/4).

5/47 *d. aa.* Ein Asylgesuch liegt vor, wenn der Ausländer schriftlich, mündlich oder auf andere Weise zu erkennen gibt, dass er die Schweiz um Schutz vor Verfolgung ersucht.

5/48 *bb.* Das Gesuch ist bei einer schweizerischen Vertretung oder bei der Einreise an einem Grenzübergang zu stellen. Wer in der Schweiz von einem Kanton eine Anwesenheitsbewilligung erhalten hat, richtet das

Asylgesuch an die Behörde des betreffenden Kantons. Der Ausländer, der sich ohne Anwesenheitsbewilligung in der Schweiz befindet, stellt das Asylgesuch an einer Empfangsstelle. Die schweizerischen Auslandsvertretungen leiten Anfragen, welche bei ihnen gestellt werden, an das Bundesamt weiter, welches die Einreise bewilligt, falls dem Ausländer nicht zugemutet werden kann, im Wohnsitz- oder Aufenthaltsstaat zu bleiben oder in ein anderes Land auszureisen.

cc. Stellt der Ausländer das Asylgesuch an der Grenze, so darf er einreisen, wenn kein anderes Land staatsvertraglich zur Behandlung seines Gesuches verpflichtet ist und er das zur Einreise erforderliche Ausweispapier oder Visum besitzt oder im Land, aus dem er direkt in die Schweiz gelangt ist, wegen seiner Rasse, Religion, Nationalität, Zugehörigkeit zu einer bestimmten sozialen Gruppe oder wegen seiner politischen Anschauung ernsthaften Nachteilen ausgesetzt ist oder von unmenschlicher Behandlung bedroht erscheint. 5/49

dd. Diese Regelung ist indessen weitgehend Theorie geblieben, weil der grössere Teil der Asylbewerber illegal einreist und das Gesuch in der Folge an einer Empfangsstelle stellt. 5/50

ee. Gegen den abweisenden Entscheid über die Einreisebewilligung ist ein Rechtsmittel an die schweizerische Asylrekurskommission möglich. 5/51

e. Werden Gesuchsteller bei der illegalen Einreise im grenznahen Raum angehalten, so werden sie, falls sie dadurch nicht gefährdet oder von unmenschlicher Behandlung bedroht sind, von den kantonalen Polizeiorganen den zuständigen Behörden des Nachbarstaates übergeben. 5/52

f. Die vom Bundesamt für Flüchtlinge eingerichteten Empfangsstellen, an welchen normalerweise die Asylgesuche gestellt werden, erheben die Personalien der Gesuchsteller. Diese können ausserdem summarisch zum Reiseweg und zu den Gründen befragt werden, weshalb sie ihr Land verlassen haben. Die Reisepapiere und Identitätsausweise werden zu den Akten genommen. Das Bundesamt darf alle Informationen erheben, die für einen Entscheid über den Aufenthalt während des Asylverfahrens wesentlich sind. 5/53

g. Anschließend wird die asylsuchende Person einem Kanton zugewiesen. Die Gesuchsteller werden proportional zur Wohnbevölkerung auf die Kantone verteilt. 5/54

h. Der Gesuchsteller ist verpflichtet, an der Feststellung des Sachverhalts mitzuwirken. Er muss insbesondere 5/55

aa. seine Identität offenlegen, 5/56

bb. bereits in der Empfangsstelle Reisepapiere und Identitätsausweise abgeben, 5/57

cc. bei der Anhörung angeben, weshalb er um Asyl ersucht, 5/58

dd. allfällige Beweismittel vollständig bezeichnen, unverzüglich einreichen oder soweit zumutbar beschaffen. 5/59

5/60   *i.* Die kantonale Behörde hört den Gesuchsteller innert 20 Tagen zu den Asylgründen an und zieht nötigenfalls einen Dolmetscher bei. Der Gesuchsteller kann sich bei der Anhörung von einem Vertreter begleiten lassen. Durch die Anhörung soll insbesondere festgestellt werden, welche Gesuchsteller die Flüchtlingseigenschaft offensichtlich nicht erfüllen oder nicht glaubhaft machen können.

5/61   *k.* Werden Sachverhalte bekannt, die voraussichtlich zu einem Nichteintretensentscheid führen, so findet eine Anhörung in der Regel ohne Mitwirkung eines Vertreters der Hilfswerke nur zu den für diesen Entscheid wesentlichen Punkten statt.

5/62   *l.* Auf das Gesuch wird nicht eingetreten, wenn der Gesuchsteller

5/63   *aa.* kein Asylgesuch im Sinne des Gesetzes gestellt hat,

5/64   *bb.* seine Identität verheimlicht und dies aufgrund des Ergebnisses der erkennungsdienstlichen Behandlung feststeht,

5/65   *cc.* in ein Land ausreisen kann, in welchem ein Gesuch hängig ist oder das staatsvertraglich für die Durchführung des Verfahrens zuständig ist und das ihn nicht zur Ausreise in ein Land zwingt, in welchem er verfolgt oder unmenschlicher Behandlung ausgesetzt würde,

5/66   *dd.* bereits in der Schweiz ein Asylverfahren erfolglos durchlaufen oder sein Gesuch zurückgezogen hat oder während des Verfahrens in seinen Heimat- oder Herkunftsstaat zurückgekehrt ist und sich dadurch am Fehlen der Flüchtlingseigenschaft nichts geändert hat,

5/67   *ee.* seine Mitwirkungspflicht vorsätzlich in grober Weise verletzt.

5/68   *m.* Ohne weitere Abklärungen entscheidet das Bundesamt aufgrund der Anhörung in zwei Fällen:

5/69   *aa.* Ist offensichtlich, dass der Gesuchsteller weder beweisen noch glaubhaft machen kann, dass er ein Flüchtling ist, und steht seiner Wegweisung nichts entgegen, so wird das Gesuch abgelehnt.

5/70   *bb.* Kann der Gesuchsteller dagegen nachweisen oder glaubhaft machen, dass er Flüchtling ist, und liegt kein Ausschlussgrund vor, so wird ihm Asyl gewährt.

5/71   *n.* In den übrigen Fällen trifft das Bundesamt die notwendigen zusätzlichen Abklärungen. Es kann bei den schweizerischen Vertretungen Auskünfte einholen, den Gesuchsteller ergänzend anhören oder ihm durch die kantonale Behörde Ergänzungsfragen stellen lassen.

5/72   *o. aa.* Gegen den Entscheid des Bundesamtes ist eine Beschwerde an die Asylrekurskommission zulässig, welche endgültig entscheidet bei Verweigerung des Asyls und Nichteintreten auf das Gesuch, bei Wegweisung und bei Beendigung des Asyls.

5/73   *bb.* Gegen die Verfügungen kantonaler Behörden sind nach kantonalem Recht Rechtsmittel an eine oder mehrere kantonale Beschwerdeinstanzen und anschliessend gegebenenfalls im Rahmen der allgemeinen Grundsätze des Bundesverwaltungsverfahrens an eidgenössische Behörden zulässig.

V. Zwangsmaßnahmen gegen Ausländer

1. Grundsätze und Geltungsbereich

a. Unter dem Eindruck wachsender Kriminalität (v. a. im illegalen Drogenhandel), aber auch wegen zunehmenden Missbrauchs des Asylverfahrens (unechte oder Wirtschaftsflüchtlinge, Ausweichmassnahmen gegenüber den strengen schweizerischen Begrenzungsmassnahmen, vgl. Kap. 3) hat das Schweizer Volk am 4. Dezember 1994 ein Bundesgesetz über Zwangsmassnahmen im Ausländerrecht angenommen, mit dem sowohl das Bundesgesetz über Aufenthalt und Niederlassung der Ausländer wie auch das Asylgesetz im nachfolgend beschriebenen Sinne ergänzt bzw. geändert werden. 5/74

b. Die Zwangsmassnahmen finden nicht auf alle Ausländer Anwendung, sondern nur auf Personen ohne Anwesenheitsberechtigung (also nicht auf Niedergelassene, Jahresaufenthalter, Saisonniers und Kurzaufenthalter). 5/75

c. Umgekehrt werden von den Zwangsmassnahmen nicht alle Ausländer erfasst, welche die Schweiz verlassen müssen. 5/76

d. Die Zwangsmassnahmen dienen der Sicherstellung der Wegweisung (Beseitigung von Vollzugsschwierigkeiten) und sind daher rein verwaltungsrechtlicher und nicht strafrechtlicher Natur. 5/77

2. Die Massnahmen im einzelnen

a. Zur Durchführung des Wegweisungsverfahrens kann die kantonale Behörde einen Ausländer, der keine Aufenthalts- oder Niederlassungsbewilligung besitzt, während der Vorbereitung des Entscheides über seine Aufenthaltsberechtigung in Haft nehmen bei 5/78

aa. grober Verletzung der Mitwirkungspflicht (z.B. Weigerung, Identität offenzulegen, Einreichung mehrerer Asylgesuche), 5/79

bb. Nichtbefolgung einer Rayonauflage, d.h. der Auflage, ein zugewiesenes Gebiet nicht zu verlassen oder ein dem Ausländer verbotenes Gebiet nicht zu betreten, 5/80

cc. Missachtung einer Einreisesperre, 5/81

dd. missbräuchlicher Einreichung einer Asylgesuches nach rechtskräftiger Ausweisung, 5/82

ee. strafrechtlicher Verfolgung wegen ernsthafter Bedrohung oder erheblicher Gefährdung von Leib und Leben Dritter. 5/83

ff. Diese sogenannte Vorbereitungshaft dauert längstens drei Monate. 5/84

b. Die Ausschaffungshaft dient der Sicherstellung des Vollzuges nach einem erstinstanzlichen Weg- oder Ausweisungsentscheid. Dieser kann ein Asylentscheid des Bundesamtes für Flüchtlinge oder ein kantonaler Weg- oder Ausweisungsentscheid sein. Die Ausschaffungshaft kann für 5/85

5. Kapitel: Asylrecht, Staatenlosigkeit

drei Monate – mit Verlängerungsmöglichkeit um weitere höchstens sechs Monate – angeordnet werden, wenn der betroffene Ausländer

5/86   *aa.* sich bereits in Vorbereitungshaft befindet,
5/87   *bb.* eine Rayonauflage nicht befolgt hat,
5/88   *cc.* eine Einreisesperre missachtet hat,
5/89   *dd.* Dritte ernsthaft bedroht oder an Leib und Leben erheblich gefährdet und deshalb strafrechtlich verfolgt wird,
5/90   *ee.* sich der Ausschaffung entziehen will.
5/91   *c.* Die kantonale Behörde kann überdies einem Ausländer ohne Aufenthalts- oder Niederlassungsbewilligung, der die öffentliche Sicherheit und Ordnung stört oder gefährdet, insbesondere zur Bekämpfung des widerrechtlichen Betäubungsmittelhandels, die Auflage machen, ein ihm zugewiesenes Gebiet nicht zu verlassen oder ein bestimmtes Gebiet nicht zu betreten (sog. Ein- oder Ausgrenzung, Rayonauflage).
5/92   *d.* Während des Aus- oder Wegweisungsverfahrens steht der kantonalen Behörde zur Sicherung von Reise- und Identitätspapieren das Recht zur Personendurchsuchung zu. Diese ist von einer Person gleichen Geschlechts vorzunehmen.
5/93   *e.* Ist ein erstinstanzlicher Entscheid ergangen und besteht der Verdacht, dass der aus- oder wegzuweisende Ausländer sich in einer Wohnung oder anderen Räumen aufhält, so kann die richterliche Behörde die Hausdurchsuchung anordnen.
5/94   *f.* Eine spezielle strafrechtliche Verfolgung droht Personen, die eine Rayonauflage nicht befolgen, sofern sich der Vollzug der Weg- oder Ausweisung aus rechtlichen oder tatsächlichen Gründen als undurchführbar erweist.

3. Zuständigkeit, Verfahren und Rechtsschutz

5/95   *a.* Die Zwangsmassnahmen werden von der zuständigen kantonalen Behörde, somit regelmässig der kantonalen Fremdenpolizei, angeordnet.
5/96   *b.* Zuständig für die Anordnung der Haft ist bei Asylbewerbern der Kanton, dem der Gesuchsteller im Asylverfahren zugewiesen wurde, bei den übrigen Ausländern der Aufenthaltskanton oder der Kanton, in dem der illegale Ausländer aufgegriffen wurde.
5/97   *c.* Dem Verhafteten ist der mündliche und schriftliche Verkehr mit einem Rechtsvertreter zu gewähren.
5/98   *d.* Nach spätestens 96 Stunden sind durch den Richter die Rechtmässigkeit und die Angemessenheit der Haft aufgrund einer mündlichen Verhandlung zu prüfen, sofern der inhaftierte Ausländer nicht vorher ausgeschafft wird.
5/99   *e.* Der inhaftierte Ausländer kann einen Monat nach der Haftüberprüfung ein Haftentlassungsgesuch stellen. Über dieses entscheidet der Richter innert acht Arbeitstagen aufgrund einer mündlichen Verhandlung.

f. Ein zweites Gesuch um Haftentlassung kann bei Vorbereitungshaft (Rz 78 ff.) nach einem oder bei Ausschaffungshaft (Rz 85 ff.) nach zwei Monaten gestellt werden. 5/100

g. Auch der Entscheid über die Ein- oder Ausgrenzung unterliegt – im Unterschied zur Einreisesperre, welche von der eidgenössischen Behörde erlassen wird (mit Weiterzugsmöglichkeit an das Eidgenössische Justiz- und Polizeidepartement) – der Beschwerde an die kantonale richterliche Behörde, doch findet diese Überprüfung (im Gegensatz zur Haftprüfung) nicht von Amtes wegen statt. 5/101

h. Der Haftrichter kann, muss aber nicht, letzte kantonale richterliche Instanz sein: Gegen deren Entscheid kann Verwaltungsgerichtsbeschwerde an das Bundesgericht ergriffen werden. 5/102

4. Vollzug und Beendigung der Haft

a. Die Haft ist in geeigneten Räumlichkeiten zu vollziehen. Die Zusammenlegung mit Personen in Untersuchungshaft oder im Strafvollzug ist zu vermeiden. Ist dies nicht möglich, so muss die Haft aufgehoben werden. 5/103

b. Der Bund kann den Bau kantonaler Haftanstalten, die ausschliesslich dem Vollzug der Vorbereitungs- und der Ausschaffungshaft dienen, ganz oder teilweise finanzieren. Er beteiligt sich auch mit einer Tagespauschale an den Betriebskosten des Vollzugs. 5/104

c. Die Haft wird beendet, wenn 5/105

aa. der Haftgrund entfällt oder sich erweist, dass der Vollzug der Weg- oder Ausweisung aus rechtlichen oder tatsächlichen Gründen undurchführbar ist (was z. B. der Fall ist, falls die Ausweispapiere nicht beschafft werden können oder die Identität des Ausländers überhaupt nicht festgestellt werden kann); 5/106

bb. einem Haftentlassungsgesuch entsprochen wird; 5/107

cc. die inhaftierte Person eine freiheitsentziehende Strafe oder Massnahme antritt. 5/108

VI. Beendigung des Asyls

a. Das Asyl wird durch Widerruf beendigt, 5/109

aa. wenn es durch falsche Angaben oder Verschweigen wesentlicher Tatsachen erschlichen worden ist; 5/110

bb. wenn die Flüchtlingseigenschaft entfällt, also z. B., wenn der Flüchtling 5/111

- sich freiwillig wieder unter den Schutz des Landes gestellt hat, dessen Staatsangehörigkeit er besitzt;
- freiwillig die unter Umständen verlorene Angehörigkeit seines Heimatstaates wieder erworben hat;

- eine neue Staatsangehörigkeit erworben hat und den Schutz des neuen Heimatstaates geniesst;
- freiwillig in das Land, das er aus Furcht vor Verfolgung verlassen oder nicht betreten hat, zurückgekehrt ist und sich dort niedergelassen hat;
- auch bloss vorübergehend freiwillig in das Land zurückgekehrt ist, das er aus Furcht vor Verfolgung verlassen oder nicht betreten hat;
- nach Wegfall der Umstände, aufgrund deren er als Flüchtling anerkannt wurde, nicht mehr ablehnen kann, den Schutz seines Heimatstaates in Anspruch zu nehmen;
- staatenlos geworden und nach Wegfall der Umstände, aufgrund deren er als Flüchtling anerkannt worden ist, in der Lage ist, in das Land seines früheren Wohnsitzes zurückzukehren.

5/112   cc. Der Widerruf des Asyls und die Aberkennung der Flüchtlingseigenschaft erstreckt sich nicht auf Ehegatten und Kinder.

5/113   b. Ist dem Flüchtling bereits die Niederlassungsbewilligung erteilt worden, wird ihm diese bei Aberkennung der Flüchtlingseigenschaft und somit bei Widerruf des Asyls grundsätzlich nicht entzogen.

5/114   c. Das Asyl erlischt, wenn sich der Flüchtling während mehr als drei Jahren im Ausland aufgehalten hat oder wenn er in einem anderen Land Asyl oder die Bewilligung zum dauernden Verbleib erhalten hat. Die Frist von drei Jahren kann bei besonderen Umständen verlängert werden.

5/115   d. Das Asyl endigt durch gerichtliche Landesverweisung oder durch Ausweisung des Flüchtlings aus der Schweiz. Der Flüchtling, dem die Schweiz Asyl gewährt hat, darf nur ausgewiesen werden, wenn er die innere oder äussere Sicherheit der Schweiz gefährdet oder wenn er die öffentliche Ordnung in schwerwiegender Weise verletzt hat.

5/116   e. Der Asylstatus erlischt mit dem Erwerb des Schweizer Bürgerrechts.

5/117   f. Der Verzicht auf das Asyl ist theoretisch denkbar; er mündet formell in eine Widerrufsverfügung.

VII. Abgrenzung zu anderen Zulassungsverfahren

5/118   Es gilt der Grundsatz der Ausschliesslichkeit des Asylverfahrens. Hängige Verfahren um Erteilung einer Aufenthaltsbewilligung werden mit dem Einreichen eines Asylgesuchs gegenstandslos. Vorbehalten bleiben einzig fremdenpolizeiliche Verfahren betreffend die Erteilung von Aufenthaltsbewilligungen, wenn darauf ein bundesrechtlicher Anspruch besteht oder wenn eine bereits erteilte Bewilligung zu verlängern ist.

VIII. Staatenlose

a. Die Schweiz ist Mitglied des Übereinkommens über die Rechtsstellung der Staatenlosen (New York) vom 28. 9. 1954.   5/119

b. Staatenlos ist eine Person, die kein Staat aufgrund seiner Gesetzgebung als seinen Angehörigen betrachtet oder deren Beziehung zum Heimatstaat so gelockert ist, dass dies einer Staatenlosigkeit gleichkommt.   5/120

c. Die personenrechtliche Stellung von Staatenlosen bestimmt sich nach dem Recht des Wohnsitzstaates, bzw. wo ein Wohnsitz fehlt, nach dem Recht des Aufenthaltstaates.   5/121

d. Die Staatenlosen erhalten Identitätsausweise, erforderlichenfalls Reiseausweise, und ersatzweise Dokumente und Bescheinigungen.   5/122

e. Staatenlose dürfen nur aus Gründen der Staatssicherheit oder der öffentlichen Ordnung ausgewiesen werden.   5/123

f. Für andere Einzelfragen wird auf die Darstellung an anderer Stelle in diesem Buch verwiesen (z. B. Rz 3/56; 10/6; 15/17f., 22f., 40).   5/124

6. Kapitel: Grundstückerwerb

I. Einleitung

6/1 Anlaß für die Gesetzgebung über den Erwerb von Grundstücken durch Personen im Ausland war ein nach dem zweiten Weltkrieg rasch zunehmender Verkauf von Grundstücken an Ausländer vor allem in Tourismuskantonen (Graubünden, Ticino, Valais und Vaud): Bis 1983 befand sich rund 1 % der gesamten schweizerischen Bauzonenfläche in ausländischer Hand; von 1961–1983 wurden 62 Millionen Quadratmeter zum Kaufpreis von insgesamt Fr. 17,6 Milliarden an Ausländer verkauft; von fünf Ferienwohnungen befand sich eine in ausländischem Besitz; zu Spitzenzeiten wurden 6000 Bewilligungen zum Grundstückerwerb pro Jahr erteilt.

6/2 Diese Entwicklung führte nicht nur zu Überfremdungsängsten, denen unter dem Slogan „Ausverkauf der Heimat" Ausdruck verliehen wurde. Die Befürworter einer gesetzgeberischen Einschränkung machten auch staatspolitische, volkswirtschaftliche, soziale und kulturelle Bedenken geltend. Die Selbstzerstörung des Tourismus, die hohen Infrastrukturkosten, der Wettbewerbsdruck gegen das einheimische Hotelgewerbe, der Umweltschutz, der Kulturlandverlust waren neben Bedenken bezüglich der Untergrabung des nationalen Selbstbewußtseins und der Gefährdung des Landesverteidigung wiederholt vorgetragene Argumente. Die Bodenpreise stiegen massiv.

6/3 Seit 1961 beschränkten Bestimmungen des Bundesrechtes den Erwerb von Grundstücken durch Personen im Ausland. Die entsprechende Gesetzgebung (zunächst in Form einfacher Bundesbeschlüsse, später in Form eines Bundesgesetzes) wurde jeweils nach dem amtierenden Justizminister benannt (zunächst Lex von Moos, dann Lex Furgler). Jede Revision war mit einer Verschärfung der Vorschriften verbunden. Heute gilt die „Lex Friedrich", das Bundesgesetz vom 16. Dezember 1983 über den Erwerb von Grundstücken durch Personen im Ausland, und die entsprechende Verordnung vom 1. Oktober 1984. Eine weitgehende Liberalisierung der Lex Friedrich war vom Parlament zwar am 7. Oktober 1994 genehmigt, in der Volksabstimmung vom 25. Juni 1995 aber knapp verworfen worden. Das geänderte Gesetz („Lex Koller" genannt) hätte am „harten Kern" der Massnahmen festgehalten (u. a. Kontingentierung des Erwerbs von Ferienwohnungen, Grundstückhandel). Der bisher verbotene Erwerb als Kapitalanlage verbunden mit der Nutzung durch Dritte wäre bewilligungspflichtig erklärt worden. – Mit einer baldigen Neuaufnahme einer Gesetzesrevision ist nicht zu rechnen.

II. Bewilligungspflicht

1. Grundsatz

Der Erwerb von Grundstücken durch Personen im Ausland ist bewilligungspflichtig. Das gilt selbst dann, wenn der Verkäufer und bisherige Eigentümer ebenfalls Ausländer ist. 6/4

2. Definition: Erwerb von Grundstücken

Als Erwerb eines Grundstückes gilt: 6/5
 a. Der Erwerb des Eigentums, eines Baurechts, eines Wohnrechts oder der Nutznießung an einem Grundstück.
 b. Die Beteiligung an einer vermögensfähigen Gesellschaft ohne juristische Persönlichkeit, zu deren Aktiven ein Grundstück in der Schweiz gehört oder deren tatsächlicher Zweck der Erwerb von Grundstücken ist. 6/6
 c. Der Erwerb des Eigentums oder der Nutznießung an einem Anteil an einem Immobilienanlagefonds mit Schweizer Grundstücken, dessen Anteilscheine auf dem Markt nicht regelmäßig gehandelt werden, oder an einem ähnlichem Vermögen. 6/7
 d. Der Erwerb des Eigentums oder der Nutznießung an einem Anteil an einer juristischen Person, deren Aktiven nach ihrem tatsächlichen Wert zu mehr als einem Drittel aus Grundstücken in der Schweiz bestehen, sofern Personen im Ausland dadurch eine beherrschende Stellung erhalten oder verstärken. 6/8
 e. Der Erwerb des Eigentums oder der Nutznießung an einem Anteil an einer juristischen Person, deren tatsächlicher Zweck der Erwerb von Grundstücken ist. 6/9
 f. Die Begründung und Ausübung eines Kauf-, Vorkauf- oder Rückkaufrechtes an einem Grundstück oder an einem Anteil im Sinne der vorerwähnten lit. b. bis e. 6/10
 g. Der Erwerb anderer Rechte, die dem Erwerber eine ähnliche Stellung wie dem Eigentümer eines Grundstückes verschaffen, z.B. der Abschluß eines langfristigen Mietvertrages, dessen Abreden den Rahmen des gewöhnlichen oder kaufmännischen Geschäftsverkehrs sprengen und den Vermieter in eine besondere Abhängigkeit vom Mieter bringen. 6/11

3. Definition: Personen im Ausland

6/12   Als Personen im Ausland (nachfolgend vereinfacht auch „Ausländer" genannt) gelten:

6/13   *a.* Natürliche Personen, welche nicht das Recht haben, sich in der Schweiz niederzulassen, die also weder Schweizer Bürger sind noch über die Niederlassungsbewilligung verfügen.

6/14   Für den Erwerb von Grundstücken in der Nähe von wichtigen militärischen Anlagen bedürfen auch Ausländer mit Niederlassungsbewilligung einer Genehmigung.

6/15   *b.* Juristische Personen oder vermögensfähige Gesellschaften ohne juristische Persönlichkeit, die ihren statutarischen oder tatsächlichen Sitz im Ausland haben. Bewilligungspflichtig sind auch juristische Personen mit Sitz in der Schweiz, an denen Personen im Ausland eine beherrschende Stellung innehaben. Verlegt eine juristische Person oder vermögensfähige Gesellschaft ohne juristische Persönlichkeit ihren statutarischen oder tatsächlichen Sitz aus der Schweiz ins Ausland, ist die Beibehaltung des Grundeigentums bewilligungspflichtig.

6/16   *c.* Natürliche oder juristische Personen, wenn sie zwar selber der Bewilligungspflicht nicht unterstellt sind, jedoch ein Grundstück auf Rechnung von Personen im Ausland erwerben.

III. Ausnahmen von der Bewilligungspflicht

6/17   *a.* Gesetzliche Erben des schweizerischen Rechtes (im Erbgang), Verwandte des Veräußerers in auf- und absteigender Linie, Ehegatten, Geschwister (sofern sie bereits Mit- oder Gesamteigentum am fraglichen Grundstück haben) sind nicht bewilligungspflichtig.

6/18   *b.* Ebenso entfällt die Bewilligungspflicht für Stockwerkeigentümer beim Tausch von Stockwerken im selben Objekt. Geringfügiger Erwerb z.B. zufolge Grenzbereinigung (einschließlich Arrondierung bis ca. 50 m²) oder Wertquotenveränderung von Stockwerkeigentum ist nicht bewilligungspflichtig.

6/19   *c.* Der Grundstückerwerb durch ausländische Staaten zu einem auch in der Schweiz anerkannten öffentlichen Zweck (im Rahmen der hierfür benötigten Fläche) ist bewilligungsfrei. Dagegen ist der Erwerb von Grundstücken zu geschäftlich-kommerziellen Zwecken bewilligungspflichtig.

6/20   *d.* Eine Sonderbestimmung erlaubt schließlich, bestimmte Ausländer von der Bewilligungspflicht auszunehmen, wenn das staatspolitische Interesse des Bundes dies gebietet. Dabei genügt es allerdings nicht, daß der Erwerber ein Staatsoberhaupt, eine Person von öffentlichem Interesse oder eine Führungskraft der Wirtschaft ist; der Erwerb muß durch ein öffentliches Interesse von nationaler Tragweite als gerechtfertigt erscheinen.

IV. Bewilligung

A. Erwerb zu persönlichem Gebrauch

1. Hauptwohnsitz

a. Der Erwerb eines Grundstückes (Haus, Stockwerkeigentum) kann bewilligt werden, wenn der betreffende Kanton diesen Tatbestand vorsieht, und wenn dieses Grundstück als tatsächlicher Wohnsitz (Mittelpunkt der Lebensbeziehungen des Erwerbers und seiner Familie) dient, und der Erwerber im Besitz einer Jahresaufenthalterbewilligung ist bzw. eine entsprechende Zusicherung hat. 6/21

b. Die Größe richtet sich nach dem (objektivierten) Bedarf des Erwerbers, doch darf die maximale Grundstückfläche 1000 m², die Nettowohnfläche 200 m² nicht übersteigen. Ausnahmen sind in begründeten Einzelfällen bis zu einem gewissen Ausmaß möglich. 6/22

2. Ferienwohnung

a. Der Erwerb einer Ferienwohnung oder einer Wohneinheit in einem Aparthotel (neue oder sanierte Hotels mit in sich abgeschlossenen Wohnungseinheiten) kann an Orten bewilligt werden, die nach dem betreffenden kantonalen Entwicklungskonzept einer spezifischen Förderung des Fremdenverkehrs bedürfen, wenn der Kanton diesen Tatbestand vorsieht und wenn der Erwerber über keine andere Ferienwohnung, Zweitwohnung oder einen Aparthotel-Anteil in der Schweiz verfügt. Die Gemeinden haben allerdings das Recht, den Erwerb auch dann zu verbieten, wenn ein kantonaler Bewilligungstatbestand vorliegt. 6/23

b. Die Anzahl solcher Bewilligungen ist gesamtschweizerisch und pro Kanton einer jährlichen Höchstgrenze unterworfen. Für 1995/96 beträgt die gesamtschweizerische Höchstzahl für Ferienwohnungen und Wohneinheiten in Aparthotels 1420 pro Jahr. Die höchsten kantonalen Kontingente sind für die Kantone Wallis (310), Graubünden (270), Ticino (180), Vaud (160) und Bern (125) festgesetzt worden. Die anderen Kantone dürfen nur zwischen 5 und 50 Bewilligungen pro Zweijahresperiode erteilen; keinerlei Kontingente sind den Kantonen Basel, Genève und Zürich zugeteilt. Nicht gebrauchte Kontingentseinheiten werden auf das folgende Jahr übertragen und können danach vom Bund anderern Kantonen zugewiesen werden. 6/24

6/25   *c.* Die maximale Nettowohnfläche von Ferienwohnungen oder Wohneinheiten darf 100 m² nicht übersteigen.

6/26   *d.* Bei Aparthotels ist zudem vorgeschrieben, daß der Betriebsinhaber selber Eigentümer einer bestimmten Anzahl solcher Wohneinheiten ist, die hotelmäßige Bewirtschaftung der Wohneinheiten gewährleistet und Hoteleinrichtungen mit angemessenen Dienstleistungen zur Verfügung stellt. Bezüglich des zeitlichen Rahmens der (Eigen- bzw. Fremd-) Nutzung bestehen Auflagen.

3. Zweitwohnung

6/27   Der Erwerb einer Zweitwohnung ohne Anrechnung auf das gesamtschweizerische oder kantonale Kontingent kann aufgrund eines kantonalen Bewilligungstatbestandes gestattet werden, wenn der Erwerber zum Erwerbsort außergewöhnlich enge, schutzwürdige Beziehungen unterhält und fortführt, und er in der Schweiz nicht bereits über eine andere Ferienwohnung, Zweitwohnung oder einen Aparthotel-Anteil verfügt. Die Nettowohnfläche der Zweitwohnung darf 100² nicht übersteigen.

4. Notlage

6/28   Das Bundesrecht erlaubt den Erwerb von Grundeigentum zur persönlichen Nutzung, wenn der schweizerische oder ausländische Veräußerer verkaufen muß, weil er sich in einer wirtschaftlichen Notlage befindet und diese nur durch die Veräußerung des Grundstückes an eine Person im Ausland behoben werden kann.

B. Erwerb zu geschäftlichem Gebrauch

6/29   *a.* Der Erwerb von Grundstücken (Bauland oder bestehende Gebäude) kann aufgrund des Bundesrechtes bewilligt werden, wenn das Grundstück dem Erwerber als ständige Betriebsstätte seines Handels-, Fabrikations- oder eines anderen kaufmännischer Art geführten Gewerbes, Handwerksbetriebes oder freien Berufes dient. Voraussetzungen sind, daß

6/30   *aa.* der Erwerber den Betrieb selber tatsächlich leitet. In konzernmäßig verbundenen Gesellschaften heißt dies in der Praxis, daß die schweizerische Tochtergesellschaft und die ausländische Muttergesellschaft in einem einheitlichen Umfeld, in der gleichen Branche tätig sein müssen;

6/31   *bb.* der Erwerb in der Regel der sofortigen Einrichtung oder Erweiterung der Betriebsstätte dient. Angemessene Baulandreserven oder Raumreserven können aber ebenfalls erworben werden, sofern aufgrund bisheriger Entwicklung und ausreichend präziser Planung feststeht, daß diese Reserven in naher Zukunft für die betrieblichen Bedürfnisse benötigt werden. Welchen Umfang eine angemessene Reserve im Einzelfall haben darf, läßt sich nicht generell bestimmen. Die Grenze dürfte bei einem Drittel (in besonderen Fällen höher) des zu erwerbenden Grundstückes bzw. Gebäudes liegen;

cc. das Grundstück (das Gebäude) als Betriebsstätte selbst genutzt, also z.B. nicht an Dritte vermietet wird. Für Reserveraum ist bis zur Eigennutzung durch den Erwerber eine Vermietung zulässig. 6/32

b. Der Erwerb einer beherrschenden Stellung in einer Gesellschaft, welche eine Betriebsstätte unterhält, durch Personen im Ausland ist ebenfalls bewilligungspflichtig, sofern der tatsächliche Wert der Grundstücke mehr als ein Drittel der Aktiven umfaßt. Maßstab ist der Verkehrswert. Eine beherrschende Stellung liegt auf jeden Fall vor, wenn die Person im Ausland die Verwaltung oder Geschäftsführung entscheidend beeinflussen kann. Das Gesetz stellt verschiedene Vermutungen auf, nach welchen eine beherrschende Stellung angenommen wird (Besitz von mehr als einem Drittel des Aktienkapitals, Stimmkraft von mehr als einem Drittel, Darlehensgewährung). Entscheidend sind aber nicht einzelne juristische oder wirtschaftliche Kriterien, sondern die Gesamtheit der Umstände. 6/33

c. Der Erwerb von Wohneigentum zusammen mit Grundstücken für eine Betriebsstätte ist in der Regel ausgeschlossen. Bewilligungen zum Betriebsstättenerwerb schließen Wohnungen nur ein, falls bestimmtes Personal aus betrieblichen Gründen (Bedienung, Überwachung, Sicherheit) dauernd im Betrieb anwesend sein muß. Ausgeschlossen ist nach zu Zeit herrschender Praxis insbesondere der Erwerb von Wohnungen für ausländisches Kaderpersonal, auch wenn dieses im Rahmen internationaler Austausch- und Karrierepläne den Einsatzort häufig wechselt. 6/34

d. Das Gesetz gestattet nicht den Erwerb durch Ausländer von Grundstücken, die hauptsächlich der landwirtschaftlichen oder der übrigen pflanzlichen und tierischen Urproduktion dienen. 6/35

C. Besondere Tatbestände

1. Erbschaft

Ein Erbe, der nicht von der Bewilligungspflicht befreit ist und welcher keinen der beschriebenen Bewilligungsgründe erfüllt, kann ein Grundstück durch Erbschaft mit der Auflage erwerben, dieses innerhalb von zwei Jahren wieder zu veräußern. 6/36

2. Sozialer Wohnungsbau

6/37 *a.* Das kantonale Recht kann vorsehen, daß zur Förderung des Baues preisgünstiger Wohnungen Erwerbsbewilligungen erteilt werden. Das zuständige kantonale Recht definiert den sozialen Wohnungsbau und bestimmt die Ortschaften, welche unter Wohnungsnot leiden.

6/38 *b.* Von dieser Bestimmung haben bisher nur die Kantone Freiburg, Genève, Graubünden, Ticino und Vaud Gebrauch gemacht.

3. Personalvorsorgeeinrichtungen

6/39 *a.* Der Erwerb durch die Personalvorsorgeeinrichtung ausländisch beherrschter Unternehmen ist zulässig.

6/40 *b.* Der Erwerb ist zulässig zu betrieblichen Zwecken aber auch zur bloßen Kapitalanlage. Vorbehalten bleibt (wie auch für die Personalvorsorgeeinrichtungen schweizerisch beherrschter Unternehmen) die stiftungsaufsichtsrechlichen Einschränkungen.

4. Ausländische Versicherungsgesellschaften

6/41 Der Erwerb von Grundstücken ist zulässig, wenn das Grundstück einer ausländischen Versicherungsgesellschaft als Kapitalanlage im Rahmen der technisch notwendigen Rückstellungen für das Schweizer Geschäft dient. Er ist nur zulässig im Rahmen allgemein anerkannter Anlagegrundsätze. Die Versicherungsaufsichtsbehörde wacht darüber, daß der Wert aller von der ausländischen Versicherung in der Schweiz erworbenen Grundstücke die als notwendig erachteten Rückstellungen für das Schweizer Geschäft nicht übersteigt.

5. Gemeinnützige Institutionen

6/42 Der Erwerb eines spezifischen Grundstückes zu ausschließlich gemeinnützigen Zwecken kann ausländischen Erwerbern bewilligt werden, die wegen Gemeinnützigkeit von der Direkten Bundessteuer befreit sind, und unter dem Vorbehalt, daß das Grundstück direkt gemeinnützig verwendet wird.

6. Pfandversicherung

6/43 *a.* Ausländer dürfen den Erwerb von Grundstücken finanzieren und sich entsprechende (Grund-)Pfandrechte einräumen lassen. Sie bedürfen dafür keiner Bewilligung, solange die Modalitäten der Finanzierung dem Geldgeber nicht eine eigentümerähnliche Stellung verschaffen (die Finanzierung also den geschäftsüblichen Rahmen nicht überschreitet, bzw. kein besonderes Abhängigkeitsverhältnis begründet). Eine solche Abhängigkeit wird vor allem angenommen, wenn der Ausländer Restfinanzierungen hinter Schweizern übernimmt. Eine Finanzierung bis zu zwei Dritteln des Verkehrswertes (entsprechend der sogenannten 1. Hypothek) ist in der Regel problemlos.

b. Ist die ausländische oder ausländisch beherrschte Gläubigerin eine Bank oder Versicherungsgesellschaft, darf sie die sich aus der Pfandhaftung ergebende Stellung nutzen und – mit allen anderen teilnahmeberechtigten Dritten – an einer Zwangsversteigerung teilnehmen. Allerdings muß sie das so erworbene Grundstück innerhalb von zwei Jahren wieder veräußern. Eine langfristige Kapitalanlage ist also auch auf diesem Wege nicht möglich. 6/44

D. Bedingungen und Auflagen

1. Grundsatz

Bewilligungen werden stets mit Bedingungen und Auflagen verknüpft, welche sicherstellen, daß das Grundstück zu dem vom Erwerber geltend gemachten Zweck verwendet wird. 6/45

2. Bauland

Die Bewilligung zum Erwerb von Bauland wird mit der Verpflichtung verbunden, den Bau innerhalb einer bestimmten Frist zu beginnen und für alle relevanten Änderungen der Baupläne die Einwilligung einzuholen. 6/46

3. Ferienwohnungen

Ferienwohnungen dürfen zeitweilig, aber nie ganzjährlich an Dritte vermietet werden. 6/47

4. Betriebsstätte

Die Bewilligung zum Erwerb von Grundstücken als Betriebsstätte wird in der Regel mit der Auflage verbunden, das Grundstück während zehn Jahren nicht zu veräußern. 6/48

5. Wegfall

Entfällt die seinerzeitige Bewilligungsvoraussetzung und kann der bewilligungsfreie Tatbestand nicht (wieder) hergestellt werden, setzt die zuständige Behörde eine in der Regel auf zwei Jahre bemessene Veräußerungsfrist an. 6/49

V. Zwingende Verweigerungsgründe

6/50 Eine Bewilligung zum Grundstückerewerb wird auf jeden Fall verweigert, wenn

a. das Grundstück als Kapitalanlage dienen soll. Ausgenommen sind einzig die vom Gesetz selber vorgesehenen Bewilligungsgründe zur Kapitalanlage (Personalvorsorgestiftungen, ausländische Versicherungsgesellschaften). Als Kapitalanlage gilt auch der Erwerb eines größeren Grundstückes, als der Verwendungszweck erfordert,

6/51 *b.* der gesuchstellende Erwerber versucht hat, das Gesetz zu umgehen,

6/52 *c.* der Erwerber, sein Ehegatte oder seine Kinder unter 20 Jahren, die für ein solches gleichartiges Grundstück eine Bewilligung verlangen, bereits eine Zweitwohnung oder eine Ferienwohnung oder eine Wohneinheit in einem Aparthotel besitzen,

6/53 *d.* das Grundstück in der Nähe einer wichtigen militärischen Anlage liegt und der Erwerb die militärische Sicherheit gefährden könnte,

6/54 *e.* der Erwerb eines Grundstückes durch einen Ausländer staatspolitischen Interessen widerspräche (z. B. Erwerb von Denkmälern von nationaler Bedeutung, Erwerb von Grundstücken im Zusammenhang mit der Veräußerung schweizerischer Schlüsselindustrien, etwa im Hinblick auf die kriegswirtschaftliche Vorsorge).

VI. Verfahrensfragen

A. Bewilligungsverfahren

6/55 *a.* Über Gesuche um Erteilung einer Erwerbsbewilligung wird von einer unteren kantonalen Behörde entschieden. Auf dem Beschwerdeweg erfolgt eine Überprüfung auch durch eine obere kantonale Behörde und das Bundesamt für Justiz. Beschwerdeberechtigt sind der Erwerber, der Veräußerer, andere Personen mit schutzwürdigem Interesse, die kantonale und eidgenössische Beschwerdeinstanz selbst und die Gemeinde, in der das betreffende Grundstück liegt.

6/56 *b.* Die Registerbehörden (Handelsregisterämter und Grundbuchämter) weisen Geschäfte, deren Bewilligungspflicht nicht ohne weiteres zu verneinen ist, an die Bewilligungsbehörden und schieben die beantragte Eintragung bis zu deren Entscheid auf.

6/57 *c.* Die Bewilligungsverfahren sind von der Offizialmaxime beherrscht. Die Behörden ermitteln den Tatbestand von Amtes wegen.

6/58 *d.* Die Verwaltungs- und die Gerichtsbehörden sind zu gegenseitiger Amtshilfe verpflichtet. Dies bedeutet, daß Fremdenpolizeibehörden, Steuerbehörden, Baupolizeibehörden, u. a. mit den Registerbehörden und den Bewilligungsbehörden zusammenarbeiten müssen. Behörden und Beamte, welche in amtlicher Funktion von Zuwiderhandlungen Kenntnis erhalten, sind zur Anzeige verpflichtet. Diese Anzeigepflicht erfaßt seit der letzten Gesetzesrevision insbesondere auch die Steuerbehörden.

B. Vollzugssicherungen und Sanktionen

1. Verwaltungsrecht

a. Eine Bewilligung wird von Amts wegen widerrufen, wenn der Erwerber sie durch unrichtige Angaben erschlichen hat oder wenn er eine Auflage trotz Mahnung nicht einhält. 6/59

b. Möglich sind auch Sanktionen nach den Bestimmungen des Fremdenpolizeirechtes (z.B. Entzug der Aufenthaltsbewilligung, Wegweisung). 6/60

c. Falls Bedingungen oder Auflagen nicht mehr erfüllt sind, wird dem Erwerber eine in der Regel auf zwei Jahre bemessene Veräußerungsfrist angesetzt. 6/61

2. Zivilrecht

a. Bewilligungsbedürftige Rechtsgeschäfte bleiben ohne rechtskräftige Bewilligung zivilrechtlich unwirksam und werden mit rechtskräftiger Verweigerung der Bewilligung nichtig. Unwirksamkeit und Nichtigkeit sind von Amts wegen zu beachten. 6/62

b. Die beschwerdeberechtigte kantonale Behörde oder, wenn diese nicht handelt, das Eidgenössische Justiz- und Polizeidepartement klagt auf Wiederherstellung des ursprünglichen Zustandes oder auf Auflösung einer juristischen Person im Falle von Zuwiderhandlungen. Wird eine juristische Person, welche zum Zwecke der Umgehung der Bewilligungsvorschriften gegründet wurde, vom Richter aufgelöst, verfällt ihr Vermögen dem Staat. 6/63

3. Strafrecht

Wer vorsätzlich ein mangels Bewilligung nichtiges Geschäft vollzieht, wird mit Gefängnis oder mit Buße bis Fr. 100 000 bestraft. Handelt der Täter gewerbsmäßig, so ist die Strafe Gefängnis nicht unter sechs Monaten. 6/64

VII. Verhältnis zu Staatsverträgen

a. Die hier dargestellte Regelung beruht auf internem Recht. Verschiedene Staatsverträge über Freundschaft, Niederlassung, Aufenthalt 6/65 und Handel, welche die Schweiz vor allem um die letzte Jahrhundertwende mit verschiedenen Ländern abgeschlossen hat, sehen mehr oder weniger ausdrücklich (in der Form der Inländerbehandlung bzw. der Meistbegünstigung) vor, daß Ausländer das Recht zum freien und ungehinderten Erwerb von Grundbesitz haben.

6/66   *b.* Diese Verträge sind nie formell außer Kraft gesetzt worden; in der Rechtspraxis werden sie aber weitgehend vernachlässigt. Die diesbezüglichen Ausführungen im Kapitel 3 (Rz 205 ff.) über die Aufenthaltsbewilligung gelten auch hier analog.

7. Kapitel: Internationales Privatrecht

In Abweichung von der klassischen Terminologie stellen wir unter diesem Titel die ausländerrechtlich relevanten international orientierten Bestimmungen des Privatrechts dar, die nicht an anderer Stelle in diesem Buch erörtert werden.

a. Das schweizerische IPR knüpft bezüglich Rechtsanwendung, Zuständigkeit und Anerkennung ausländischer Entscheidungen an den Wohnsitz bzw. gewöhnlichen Aufenthalt an, enthält aber doch eine Vielzahl von (oft alternativen oder subsidiären) abstrakt-allgemeinen Bezügen zur Heimat einer Person (so vor allem bezüglich Namen, Eheschließung, Ehescheidung, Ehewirkungen, Ehegüterrecht, Kindschaftsrecht, Erbrecht). Bestimmungen, die spezifisch auf Ausländer bzw. nur auf Schweizer Anwendung finden, sind relativ selten. Sie betreffen, je unter bestimmten Voraussetzungen: 7/1

aa. Die Zuständigkeit zur Namensänderung eines Schweizers ohne Wohnsitz in der Schweiz; 7/2

bb. die Zuständigkeit zur Eheschließung von ausländischen Brautleuten ohne Wohnsitz in der Schweiz; 7/3

cc. die Rechtsanwendung bei der Eheschließung zwischen Ausländern in der Schweiz; 7/4

dd. die Anerkennung einer im Ausland geschlossenen Ehe eines schweizerischen Eheteils oder von zwei in der Schweiz wohnhaften Ehegatten; 7/5

ee. die Zuständigkeit zum Erlaß von Maßnahmen betreffend die ehelichen Pflichten, wenn die Ehegatten weder Wohnsitz noch gewöhnlichen Aufenthalt in der Schweiz haben, jedoch mindestens ein Ehegatte Schweizer Bürger ist; 7/6

ff. die Zuständigkeit zur Ehescheidung, wenn der Kläger Schweizer Bürger ist, oder wenn ein Ehegatte Schweizer Bürger ist, und kein Ehegatte Wohnsitz in der Schweiz hat; 7/7

gg. das auf die Ehescheidung anwendbare Recht, wenn beide Ehegatten dieselbe ausländische Staatsangehörigkeit besitzen; 7/8

hh. die Zuständigkeit für Feststellung bzw. Anfechtung des Kindesverhältnisses und für Klagen aus dem Kindesverhältnis; 7/9

ii. die Zuständigkeit zur Adoption; 7/10

kk. die Nachlaßzuständigkeit betreffend einen Schweizer mit letztem Wohnsitz im Ausland oder betreffend einen Ausländer mit letztem Wohnsitz im Ausland für in der Schweiz gelegenes Nachlaßvermögen; 7/11

ll. die gewillkürte Unterstellung des Nachlasses durch einen Ausländer unter sein Heimatrecht. 7/12

b. Auch die bilateralen und multilateralen IPR-Staatsverträge der 7/13

Schweiz enthalten bezüglich Zuständigkeit, Rechtsanwendung und Anerkennung ausländischer Entscheide Bezüge zur Heimat einer Person.

7/14   *c.* Entsprechend den Bestimmungen der Genfer Abkommen über Bestimmungen auf dem Gebiet des internationalen Wechsel- bzw. Checkprivatrechts ist (entgegen der allgemeinen Regel, die Ortsform vorsieht) eine Wechsel- bzw. Checkerklärung, die ein Schweizer im Ausland abgegeben hat, in der Schweiz gegenüber einem anderen Schweizer auch gültig, wenn sie nur den Formerfordernissen des schweizerischen Rechtes genügt.

7/15   *d.* Die Voraussetzungen zur Aufnahme von Pflegekindern, besonders im Hinblick auf die Adoption sind strenger, wenn das Kind ausländischer Nationalität ist, besonders wenn es bisher im Ausland gelebt hat.

8. Kapitel: Gesellschaftsrecht

1. Gesellschaftsanteile, Mitgliedschaft

a. Bezüglich der Mitgliedschaft in Vereinen und bezüglich des Erwerbs von Anteilen und des Eigentums an Anteilen schweizerischer Personen- und Kapitalgesellschaften (einfache Gesellschaft, Kollektiv-, Kommandit-, Aktiengesellschaft, Kommanditaktiengesellschaft, GmbH und Genossenschaft) bestehen keine gesetzlichen Nationalitätsvorschriften. Ausländer können Vereinsmitglieder sein und Gesellschaftsanteile erwerben und zu Eigentum halten.   8/1

b. Ausnahmen bestehen vor allem bezüglich der Unternehmen mit Grundeigentum (Rz 6/8 f.) und bestimmter regulierter Industrien (Banken Rz 9/2), Transport,-, Energie- und Medienunternehmen (Rz 19/9 ff., 23, 29, 40; Rz 20/5, 8, 14; Rz 21/8 f., 11)   8/2

c. Gesellschaftsvertrag bzw. Statuten können die Mitgliedschaft bzw. den Erwerb von und das Eigentum an Anteilen Beschränkungen und Bedingungen unterwerfen (Vinkulierung); dazu gehören namentlich auch Nationalitätsvorschriften, die verhindert sollen, daß eine Gesellschaft ihren schweizerischen Charakter, ihre schweizerische Beherrschung verliert. Bei der Aktiengesellschaft und Kommanditaktiengesellschaft sind solche statutarischen Erwerbsbeschränkungen (technisch gesehen die Beschränkung der Eintragung des Erwerbers im Aktienbuch) nur bezüglich von Namenaktien zulässig. Bei börsenkotierten Namenaktien kann die Eintragung des Erwerbers u. a. dann abgelehnt werden, wenn die Gesellschaft sonst daran gehindert sein könnte, durch Bundesrecht geforderte Nachweise über die (in- rsp. ausländische) Zusammensetzung des Aktionariates zu erbringen. Bei nicht-börsenkotierten Namenaktien ist die Einschränkung des Rechtes zur Eintragungsverweigerung etwas weniger restriktiv. Sind börsenkotierte Namenaktien durch Erbgang, Erbteilung oder eheliches Güterrecht erworben worden, kann die Eintragung des Erwerbers nicht abgelehnt werden; sind nicht-börsenkotierte Namenaktien durch Erbgang, Erbteilung, eheliches Güterrecht oder Zwangsvollstreckung erworben worden, kann die Eintragung des Erwerbers nur abgelehnt werden, wenn ihm die Gesellschaft die Übernahme der Aktien zum wirklichen Wert anbietet.   8/3

d. Im Handelsregister wird die Nationalität eingetragen: der Kollektivgesellschafter, der Gesellschafter der Kommanditgesellschaft, der unbeschränkt haftende Gesellschafter der Kommanditaktiengesellschaft und der Gesellschaft der GmbH.   8/4

2. Verwaltung

8/5 *a.* Keine gesetzlichen Nationalitätsvorschriften bestehen bezüglich der Verwaltung von Stiftungen und Vereinen (Stiftungsrat, Vorstand), und der Geschäftsführung (mit oder ohne Vertretungsmacht) von einfachen Gesellschaften, Kollektiv-, Kommanditgesellschaften und GmbH. Bei der Kommanditaktiengesellschaft ist die Frage umstritten.

8/6 Gesellschaftsvertrag bzw. Statuten können Nationalitätsbestimmungen enthalten.

8/7 *b.* Gesetzliche Nationalitätsvorschriften bestehen hinsichtlich der Verwaltung der Aktiengesellschaften und Genossenschaften:

8/8 *aa.* Die Mehrheit der Mitglieder des Verwaltungsrates muß aus Schweizer Bürgern (mit Wohnsitz in der Schweiz) bestehen. Bei Holding-Aktiengesellschaften kann der Bundesrat eine Ausnahme bewilligen, wenn die Mehrheit der Beteiligungen ausländische Unternehmen sind. Liegt die Verwaltung der Aktiengesellschaft in den Händen einer einzigen Person, muß diese Schweizer Bürger (mit Wohnsitz in der Schweiz) sein.

8/9 *bb.* Bezüglich der einzelnen Funktionen im Verwaltungsrat (z.B. Präsident, Vizepräsident, Delegierter) bestehen – im Rahmen dieser Mehrheitsregeln – keine gesetzlichen Nationalitätsvorschriften.

8/10 Diese Nationalitätsvorschriften sind solange nicht anwendbar, als sich der Sitz einer schweizerischen Aktiengesellschaft oder Genossenschaft gestützt auf die Krisenfall-Schutzgesetzgebung im Ausland befindet.

8/11 *c.* Im Handelsregister wird die Nationalität eingetragen: der Mitglieder des Verwaltungsrates der Aktiengesellschaft und Kommanditaktiengesellschaft, der Genossenschaft und der Geschäftsführer der GmbH und der übrigen zur Vertretung der Aktiengesellschaft und der Genossenschaft berufenen Personen.

8/12 *d.* Bezüglich der Vertretungsbefugnis bestehen keine gesetzlichen Nationalitätsvorschriften, jedoch muß mindestens ein zur (Allein-)Vertretung der Gesellschaft befugtes Mitglied des Verwaltungsrates in der Schweiz wohnen.

8/13 *e.* Entspricht die Zusammensetzung des Verwaltungsrates der Aktiengesellschaft oder die Regelung der Vertretung nicht mehr den gesetzlichen (z.B. Nationalitäts-)Erfordernissen, setzt der Handelregisterführer Frist an; bei deren unbenütztem Ablauf trägt er die Auflösung der Gesellschaft ein, die jedoch widerrufen werden kann, wenn der gesetzliche Zustand innert drei Monaten wieder hergestellt wird.

3. Kontrollstelle (Buchprüfung)

8/14 *a.* Bezüglich der Kontrolle (Buchprüfung) bestehen grundsätzlich keine gesetzlichen Nationalitätsvorschriften.

b. Ausnahmen bestehen bei Hochseeschiffahrt- und Rohrleitungsunternehmen (Rz 19/20, 20/6). 8/15

4. Liquidation

Bezüglich der Liquidation bestehen keine gesetzlichen Nationalitätsvorschriften, jedoch muß mindestens ein zur (Allein-)Vertretung der Gesellschafter befugter Liquidator in der Schweiz wohnen. 8/16

9. Kapitel: Bankwesen

1. Betriebsbewilligung

9/1 *a. aa.* Vor der Aufnahme der Geschäftstätigkeit und dem Eintrag ins Handelsregister bedarf eine Bank einer Bewilligung der Eidgenössischen Bankenkommission (EBK)

9/2 *bb.* Eine Zusatzbewilligung ist erforderlich zur Errichtung einer Bank nach schweizerischem Recht, auf die ein beherrschender ausländischer Einfluss besteht, und zur Errichtung eines Sitzes, einer Zweigniederlassung oder Agentur einer ausländischen oder ausländisch beherrschten Bank, und die Bestellung eines ständigen Vertreters einer ausländischen Bank.

9/3 *cc.* Einer solchen Zusatzbewilligung bedürfen auch Banken, die nach ihrer Gründung ausländisch beherrscht werden; eine neue Zusatzbewilligung ist nötig, wenn bei einer ausländisch beherrschten Bank Ausländer mit qualifizierten Beteiligungen wechseln.

9/4 *b. aa.* Als Ausländer im Sinne dieser Bestimmungen gelten natürliche Personen, die weder das Schweizer Bürgerrecht noch eine Niederlassungsbewilligung in der Schweiz besitzen, und juristische Personen und Personengesellschaften mit Sitz im Ausland, oder die – wenn sie den Sitz im Inland haben – von Ausländern beherrscht werden.

9/5 *bb.* Bei der Beurteilung der Beherrschung ist auf die wirtschaftliche Endbegünstigung abzustellen (Beispiel: Eine Bank mit Sitz in der Schweiz, an der ein Schweizer als Treuhänder für einen Ausländer im Ausland eine Beteiligung hält, gilt im Umfang dieser Beteiligung als unter ausländischem Einfluß. Eine Bank mit Sitz in der Schweiz, an der ein Ausländer als Treuhänder für einen Schweizer eine Beteiligung hält, gilt im Umfang dieser Beteiligung als unter schweizerischem Einfluß. Eine von einem anglo-amerikanischen oder liechtensteinischen Trust (by agreement) gehaltene Schweizer Bank gilt als ausländisch beherrscht, wenn die Trustees oder Beneficiaries i.S. der obigen Definition Ausländer sind). Bei von juristischen Personen und Personengesellschaften gehaltenen Beteiligungen wird dieser Bezug auf den wirtschaftlich Endbegünstigten nur vorgenommen, wenn sie ihren Sitz in der Schweiz haben, da nach der Legaldefinition die ausländische Einflußnahme stets vorliegt, wenn eine juristische Person oder Personengesellschaft ihren Sitz im Ausland hat (Beispiel: Eine von einem Schweizer mit Wohnsitz in der Schweiz kontrollierte ausländische Holdinggesellschaft hält einer Beteiligung an einer Schweizer Bank; diese Beteiligung gilt als unter ausländischem Einfluß stehend, da die Holdinggesellschaft ihren Sitz im Ausland hat).

c. aa. Eine nach schweizerischem Recht organisierte Bank gilt als ausländisch beherrscht, wenn Ausländer mit qualifizierten Beteiligungen direkt oder indirekt mit mehr als der Hälfte der Stimmen an ihr beteiligt sind oder auf sie in anderer Weise (z.B. durch Leihkapital) einen beherrschenden Einfluss ausüben. Eine Beteiligung gilt als „qualifiziert" ab mindestens 10 % des Kapitals oder der Stimmen. 9/6

bb. Eine Beherrschung durch eine Mehrzahl von Gesellschaften ist dann anzunehmen, wenn diese ihr gemeinsames Handeln vertraglich festgelegt oder faktisch institutionalisiert haben, oder wenn ein gemeinsamer Einfluß auch nur schon möglich ist. Nach der Praxis der Eidgenössischen Bankenkommission besteht ein beherrschender ausländischer Einfluss dann, wenn der schweizerische Einfluss eine ausländische Beherrschung nicht ausschließt. Deshalb gilt eine schweizerische Bank trotz zahlenmäßiger ausländischer Mehrheit dann nicht als ausländisch beherrscht, wenn die ausländische Mehrheit lediglich auf Streubesitz beruht (was praktisch kaum je der Fall ist). Umgekehrt kann eine Bank mit Sitz in der Schweiz als ausländisch beherrscht betrachtet werden, wenn ein Ausländer z.B. nur 45 % hält, 55 % in schweizerischem Besitz stehen, aber dieser Besitz Streubesitz ist. 9/7

d. Die bei ausländischer Beherrschung nötige Zusatzbewilligung erfordert: 9/8

aa. die Gewährleistung des Gegenrechtes durch die Staaten, in denen Ausländer mit qualifizierten Beteiligungen ihren Wohnsitz oder Sitz haben. Das Gegenrecht gilt insbesondere als gewährleistet, wenn Personen mit Wohnsitz oder Sitz in der Schweiz im betreffenden ausländischen Staat Banken (eigene Gesellschaften oder Sitze, Zweigniederlassungen oder Agenturen schweizerischer Banken) eröffnen können, und wenn diese Banken im betreffenden ausländischen Staat in der Ausübung ihrer Geschäftstätigkeit nicht wesentlich einschränkenderen Bestimmungen unterliegen, als ausländische Banken in der Schweiz. Im Falle ständiger Vertreter einer ausländischen Bank in der Schweiz gilt das Gegenrecht als gewährleistet, wenn schweizerische Banken im betreffenden ausländischen Staat ständige Vertretungen mit gleichen Funktionen eröffnen können. Dabei wird nicht auf die theoretische Rechtslage abgestellt, sondern auf die Handhabung durch die dortigen Behörden. Nach der Beurteilung der Eidgenössischen Bankenkommission erfüllen zur Zeit (z.T. jedoch mit Einschränkungen) folgende Staaten die Gegenrechtsvoraussetzungen: die EU-Mitglieder (wobei die Frage des Gegenrechts bezüglich Griechenland, Irland und Portugal bisher nicht zu entscheiden war), Hong Kong, Israel, Japan, Kanada, Neuseeland, Norwegen, Südafrika, Südkorea, Türkei, und die US-Bundesstaaten California, Colorado, Connecticut, Florida, Illinois, Indiana, Massachussetss, Michigan, New York, Ohio, Pennsylvania, Texas und Wisconsin.

9/9 **bb.** Die Bank darf keine Firma verwenden, die auf einen schweizerischen Charakter der Bank hinweist oder darauf schließen läßt. Zulässig ist – aber nur in Klammern gesetzt – z.B. der Zusatz (Schweiz), um bei international tätigen Bankengruppen die jeweilige Ländergesellschaft zu kennzeichnen. Nicht zulässig ist die adjektivische Verwendung des Wortes (z.B. „schweizerisch"), die Verwendung in anderer Umschreibung (z.B. „in der Schweiz") oder die Verwendung eines Begriffes, der einen schweizerischen Bezug vermittelt (z.B. „Eigerbank", „Banque du Cervin").

9/10 **cc.** Wenn eine nach schweizerischem Recht organisierte ausländisch beherrschte Bank Teil einer im Finanzbereich tätigen Gruppe ist, kann die Bewilligung überdies von der Voraussetzung abhängig gemacht werden, dass sie einer angemessenen konsolidierten Aufsicht durch ausländische Aufsichtsbehörden untersteht und über deren Zustimmung zur Geschäftstätigkeit verfügt.

9/11 **e.** Hinsichtlich aller Tatsachen, die auf eine ausländische Beherrschung der Bank oder auf einen Wechsel der die beherrschenden Personen schließen lassen, sind gegenüber der Eidgenössischen Bankenkommission meldepflichtig: die Mitglieder der Verwaltung und Geschäftsführung der Bank, aber auch, wer den ausländischen Einfluss ausübt.

9/12 **f.** Internationale Verpflichtungen der Schweiz (z.B. im Rahmen von Konventionen wie GATT und WTO rsp. in bilateralen Staatsverträgen) haben Vorrang. Der staatsvertragliche Verzicht auf die Geltendmachung der Erfordernisse für die Zusatzbewilligungen gilt nicht, falls die ausländische Beherrschung nicht durch Personen in einem Vertragsstaat erfolgt, sondern diese Personen ihrerseits direkt oder indirekt von Staatsangehörigen aus einem Drittstaat oder von juristischen Personen mit Sitz in einem Drittstaat beherrscht werden.

2. Bankkonto, Devisen- und Kapitaltransaktionen

9/13 **a. aa.** Die Eröffnung eines Bankkontos, Bankheftes, Wertschriftendepots, die Miete eines Schrankfaches, die Vornahme von Bankkassageschäften und aller bankmäßigen Transaktionen einschließlich Devisen- und Kapitalexport oder -import sind schweizerischerseits unabhängig von der Nationalität des Bankkunden zulässig, d.h. sie können auch von Ausländern vorgenommen werden.

Es ist anzunehmen, dass 1996 oder 1997 ein Bundeserlass in Kraft tritt, der – unter diesbezüglicher Aufhebung des Bankgeheimnisses – die Nachforschung nach bei Schweizer Banken und allenfalls weiteren Vermögensträgern (z.B. Versicherungsgesellschaften) deponierten Vermögenswerten von Opfern des Holocaust und nach sog. „Nazi-Raubgut" erleichtern und intensivieren soll.

bb. Die bank- und strafrechtlichen Bestimmungen zum Schutz des Bankgeheimnisses und die strafrechtlichen Bestimmungen gegen die Geldwäscherei gelten ohne Rücksicht auf die Nationalität des Bankkunden. 9/14

b. Im Falle von kurzfristigen, aussergewöhnlichen Kapitalabflüssen und zur Überwachung der Entwicklung der Schweizerfranken-Märkte können Bundesrat und Nationalbank Massnahmen erlassen, insbesondere Melde- und Bewilligungspflichten für bestimmte Kapitaltransaktionen einführen. Zur Zeit unterliegen keine solchen Transaktionen der Bewilligungspflicht, jedoch dürfen Schweizerfranken-Anleihen nur unter Federführung einer Bank mit Sitz in der Schweiz oder Liechtenstein (eingeschlossen Zweigniederlassungen ausländischer Banken) begeben werden, und besteht diesbezüglich gegenüber der Schweizerischen Nationalbank eine Meldepflicht. 9/15

c. Die „Vereinbarung über die Standesregeln zur Sorgfaltspflicht der Banken (VSB)" vom 1. Juli 1992 zwischen der Schweizerischen Bankiervereinigung und den angeschlossenen Banken ist unabhängig von der Nationalität des (potentiellen) Bankkunden anwendbar. Wirtschaftlich gesehen richtet sie sich vorwiegend gegen den Zufluß unerwünschter Gelder von Ausländern, weshalb sie hier skizziert sei: 9/16

aa. Die Sorgfaltspflicht-Vereinbarung verpflichtet die Banken, Gelder nicht anonym entgegenzunehmen, sondern den wirtschaftlichen Berechtigten festzustellen. Bei natürlichen Personen bedingt dies eine Identitätsprüfung; juristische Personen haben sich durch einen Handelsregisterauszug oder ein gleichwertiges Zertifikat auszuweisen. Sitzgesellschaften (einschließlich Anstalten, Trusts, Stiftungen etc.) müssen zudem über ihre internen Beherrschungsverhältnisse Auskunft geben. 9/17

bb. Die Führung eines Bankkontos unter einer Nummer (sogenanntes „Nummernkonto") ist nach wie vor zulässig, da es sich dabei nur um eine intern-organisatorische Form der Kontobezeichnung handelt und die Identität des Kunden der Bankleitung bekannt ist. 9/18

cc. Die Sorgfaltspflicht-Vereinbarung verbietet den Banken die aktive Beihilfe zur Kapitalflucht, z.B. durch organisierten Empfang von Kunden im Ausland außerhalb der Räumlichkeiten der Bank zur Entgegennahme von Geldern oder durch aktive Zusammenarbeit mit Personen und Gesellschaften, welche die Kapitalflucht für Dritte organisieren oder unterstützen. 9/19

dd. Schließlich verbietet die Sorgfaltspflicht-Vereinbarung den Banken die aktive Beihilfe zur Steuerhinterziehung, z.B. durch die Abgabe unvollständiger oder in anderer Weise irreführender Bescheinigungen. 9/20

3. Schweizerische Nationalbank

9/21 *a.* Natürliche Personen werden als Aktionär der Schweizerischen Nationalbank nur zugelassen, wenn sie Schweizer Bürger sind.

9/22 *b.* Die Mitglieder aller Bankbehörden sowie alle Beamten und Angestellten der Schweizerischen Nationalbank müssen Schweizer Bürger mit Wohnsitz in der Schweiz sein.

10. Kapitel: Zivilprozeßrecht

Sonderregeln der schweizerischen Zivilprozeßordnung bei Auslandsbezug betreffen in der Regel den auswärtigen Wohnsitz. Ausnahmebestimmungen betreffend die ausländische Nationalität sind in zwei Bereichen anzutreffen: 10/1

1. Gerichtsstand

a. Das „Lugano-Übereinkommen" enthält zwar einzelne Bestimmungen, die auf „Inländer" verweisen, aber konsequent nur in dem Sinne, dass die Nationalität kein massgebliches Kriterium sein soll. Im Anwendungsbereich dieses Übereinkommens sind deshalb auf die Nationalität der Prozessparteien Bezug nehmende Bestimmungen der Zivilprozessordnungen nicht anwendbar. 10/2

b. Ausserhalb des Geltungsbereichs dieses Übereinkommens ist nach der Zivilprozessordnung der Kantone Schwyz und Zürich eine vertraglich vereinbarte Zuständigkeit nur beachtlich, wenn eine genügend enge Beziehung des Sachverhaltes oder der Parteien zum Gerichtsort bestehen; das ist der Fall, wenn eine Partei zwar im Ausland wohnt, aber Schweizer Bürger ist. 10/3

c. Die Zivilprozeßordnung des Kantons Graubünden sieht (passiv) den Gerichtsstand des bündnerischen Heimatortes vor für obligationsrechtliche Ansprüche gegen einen Bündner ohne schweizerischen Wohnsitz oder Aufenthalt. 10/4

2. Prozeßkaution, unentgeltliche Prozeßführung (Armenrecht)

a. Auf Grund der neuesten Rechtsprechung des Bundesgerichtes besteht der Anspruch auf unentgeltliche Rechtspflege von Bundesrechts wegen unabhängig vom Wohnsitz, der Nationalität und des eventuellen Gegenrechtes. Da die Tragweite dieser neuen Rechtsprechung noch unklar ist, sei auch die bisher geltende Rechtslage dargestellt. 10/5

b. Alle Staatsangehörigen von Ländern, die Mitglied der Haager Übereinkunft betreffend Zivilprozessrecht von 1905 oder von 1954 sind, alle Flüchtlinge und Staatenlosen, und – aufgrund besonderer staatsvertraglicher Vereinbarungen – die Bürger von Belgien, Grossbritannien, Iran und der Türkei sind von der Kautionspflicht befreit und haben wie Inländer Anspruch auf unentgeltliche Prozeßführung. Das Abkommen mit Grossbritannien gilt auch für Australien, die Bahamas, Dominica, Fidschi, Kenia, die Republik Nauru, Neuseeland, Swasiland, Tanganyika (Tansania), Tonga und Uganda. 10/6

10/7   *c.* Ausserhalb des Geltungsbereich der Staatsverträge sehen die Zivilprozessordnungen der Kantone Genève und Vaud vor, dass der ausländische, nicht im Kanton wohnhafte Kläger (in Genève auch der Intervenient) zur Leistung einer Prozesskaution verpflichtet werden kann.

10/8   *d.* Ausserhalb des Geltungsbereichs der Staatsverträge sehen die Zivilprozessordnungen der Kantone Appenzell Innerrhoden, Bern, Jura, Nidwalden, Schaffhausen und Thurgau vor, dass Ausländer nur Anspruch auf unentgeltliche Prozessführung haben, wenn ihr Heimatstaat Gegenrecht hält. In Graubünden haben Ausländer, die keinen Wohnsitz in der Schweiz haben und im Kanton an einem nicht zwingenden Gerichtsstand klagen keinen Anspruch auf unentgeltliche Prozessführung. Mit der unentgeltlichen Prozessführung ist in allen Kantonen nebst dem Erlass der Kautionspflicht und der Kostenbefreiung auch die Bestellung eines unentgeltlichen Rechtsvertreters verbunden (in Appenzell Innerrhoden und Nidwalden als blosse Kann-Vorschrift.).

11. Kapitel: Zwangsvollstreckung

Das Zwangsvollstreckungsrecht des Bundes enthält keine Nationalitätsvorschriften. Der sogenannte „Ausländerarrest" ist in Wirklichkeit nicht bei ausländischer Nationalität des Schuldners sondern bei ausländischem Wohnsitz (auch des Schweizer Schuldners) möglich.   11/1

12. Kapitel: Strafrecht

I. Bürgerliches Strafrecht

1. Geltungsbereich, Zuständigkeit, Tatbestände

12/1   *a.* Das schweizerische bürgerliche Strafgesetzbuch ist anwendbar, wenn ein in- oder ausländischer Täter in der Schweiz ein Delikt begeht.

12/2   *b.* Ein Ausländer wird in der Schweiz nicht mehr verfolgt bzw. bestraft, wenn er wegen einer in der Schweiz begangenen Tat im Ausland endgültig freigesprochen wurde oder die im Ausland ausgesprochene Strafe vollzogen, erlassen oder verjährt ist. Hat er die Strafe im Ausland nicht oder nur teilweise verbüßt, wird in der Schweiz die Strafe bzw. der Rest vollzogen.

12/3   *c.* Ein in- oder ausländischer Täter, der im Ausland ein Delikt gegen einen Schweizer Bürger oder eine schweizerisch beherrschte juristische Person mit Sitz in der Schweiz begeht, ist dem schweizerischen Strafgesetzbuch und der schweizerischen Strafgerichtsbarkeit unterworfen, wenn die Tat auch im ausländischen Begehungsort strafbar ist und der Täter an die Schweiz ausgeliefert wird oder sich sonst hier aufhält und nicht an das Ausland ausgeliefert wird. Ist das Recht am Begehungsort für den Täter günstiger, wird dieses angewendet. Der Täter wird für dieses Delikt in der Schweiz nicht mehr verfolgt bzw. bestraft, wenn die Strafe, zu der er im Ausland verurteilt wurde, erlassen oder verjährt ist. Hat der Täter die Strafe im Ausland nicht oder nur teilweise verbüßt wird in der Schweiz die Strafe bzw. der Rest vollzogen.

Eine Spezialregel gilt im Rahmen des Atomgesetzes: Ein Schweizer, der im Ausland ein Verbrechen oder Vergehen nach dem schweizerischen Atomgesetz begeht, ist strafbar, auch wenn die Tat am Begehungsort nicht unter Strafe gestellt ist.

Eine weitere Spezialregel gilt im Rahmen des Betäubungsmittelgesetzes: Ist die Tat auch am ausländischen Begehungsort strafbar und verlangt der ausländische Tatortstaat die (an sich zulässige) Auslieferung eines ausländischen Täters nicht, ist der Schweizer Richter zur Beurteilung nach schweizerischem Recht zuständig.

12/4   *d.* Auf Ersuchen der zuständigen ausländischen Behörde kann die Schweiz auch Verfahren gegen Kinder und Jugendliche übernehmen, die eine strafbare Handlung im Ausland begangen haben, sofern sie Schweizer sind oder in der Schweiz Wohnsitz haben oder sich dauernd in der Schweiz aufhalten.

12/5   *e.* Die Straftatbestände des bürgerlichen Strafgesetzbuches sind ohne Rücksicht auf die Staatsangehörigkeit definiert. Ausgenommen sind (indirekt) die strafbaren Handlungen gegen die Amtspflicht, weil und soweit Beamte Schweizer Bürger sein müssen.

Der Tatbestand der Gewalt und Drohung gegen Behörden und Beamte schützt grundsätzlich nur schweizerische Behörden und Beamte. Aufgrund staatsvertraglicher Vereinbarung sind diesen jedoch die im schweizerischen Grenzgebiet tätigen Zoll- und Grenzschutzbeamten der Nachbarländer gleichgestellt. 12/6

f. Eine besondere Regelung gilt auch im Bereich der radioelektrischen Übertragungen: Erstellt, betreibt oder benützt ein Schweizer ohne in- oder ausländische Konzession außerhalb nationaler Hoheitsgebiete eine Sendeeinrichtung für radioelektrische öffentliche Zeichen-, Bild- oder Lautübertragungen, die in Vertragsstaaten des europäischen Übereinkommens zur Verhütung solcher Sendungen empfangen werden sollen oder können, so wird er mit Gefängnis bis zu einem Jahr oder mit Buße bestraft. Ein Schweizer ist als Anstifter oder Gehilfe auch strafbar, wenn der Haupttäter Ausländer ist. Der gleichen Strafandrohung untersteht jedermann, der in der Schweiz, auf einem schweizerischen Seeschiff oder Luftfahrzeug, beim Erstellen, Betreiben oder Benützen einer solchen Sendeeinrichtung mitwirkt, insbesondere dort eine Übertragung bestellt. Ein Ausländer wird in der Schweiz nur vor Gericht gestellt, wenn er sich hier befindet und nicht an das Ausland ausgeliefert wird. 12/7

Wer vorsätzlich außerhalb nationaler Hoheitsgebiete ohne in- oder ausländische Konzession eine Sendeeinrichtung betreibt und dadurch Sendungen beeinträchtigt, die der Sicherung des See- und Luftverkehrs oder sonst der Sicherheit von Menschen dienen, wird mit Gefängnis bestraft. Ein Ausländer wird in der Schweiz nur vor Gericht gestellt, wenn er sich hier befindet und nicht an das Ausland ausgeliefert wird. 12/8

2. Strafen, Vollzug

a. Die Nebenstrafe der Landesverweisung kann nur gegen Personen ausgesprochen werden, die nur Ausländer sind. 12/9

b. Der Ort des Straf- oder Maßnahmevollzugs kann unterschiedlich geregelt werden bei Schweizer Bürgern und Ausländern. 12/10

c. Ausländische Strafurteile können in der Schweiz unter bestimmten Voraussetzungen vollstreckbar sein, gegen Schweizer Bürger aber in jedem Falle nur, wenn der Urteilsstaat das Übereinkommen über die Überstellung verurteilter Personen ratifiziert hat. 12/11

3. Unterstützung

Ein inhaftierter Ausländer hat das Recht, mit einem Konsularbeamten seines Heimatstaates in der Schweiz zu sprechen und zu korrespondieren. 12/12

II. Militärstrafrecht

1. Geltungsbereich, Zuständigkeit, Tatbestände

12/13   *a.* Das Militärstrafrecht kann allgemein auch auf Ausländer anwendbar sein (z.B. auf ausländische Zivilpersonen, die sich im aktiven Dienst oder im Kriegszustand gewisser Delikte schuldig machen; internierte ausländische Militärpersonen; ausländische Zivilpersonen, die an bestimmten rein militärischen Delikten z.B. als Anstifter mitbeteiligt sind).

12/14   *b.* Gewisse Straftatbestände können jedoch nur von einem Schweizer (als Haupttäter) begangen werden: jene, die eine militärische Stellung voraussetzen (z.B. Mißbrauch der Befehlsgewalt) und jene, die nach der ausdrücklichen Formulierung nur von einem Schweizer Bürger begangen werden können (z.B. Waffenhilfe gegen die Schweiz).

12/15   *c.* Im Umfang der Anwendbarkeit des Militärstrafgerichts gilt (auch für einen Ausländer) die Unterstellung unter die schweizerische Militärgerichtsbarkeit.

12/16   *d.* Für Strafverfahren, die in Kriegszeiten gegen Ausländer durchgeführt werden, sind (soweit vom schweizerischen Militärstrafgesetzbuch abweichend) die Bestimmungen der einschlägigen Genfer Abkommen anwendbar.

2. Strafen

12/17   *a.* Die Nebenstrafe des Landesverweisung kann nur gegen Personen ausgesprochen werden, die nur Ausländer sind.

12/18   *b.* Bei Verbrechen und Vergehen von Ausländern, die keine Treuepflicht gegenüber der Schweiz verletzen, ist der Richter nicht an die Strafmindestmaße des Gesetzes gebunden.

12/19   *c.* Solange die Strafe nicht verjährt ist, kann ein im Ausland ansässiger, in der Schweiz in Abwesenheit Verurteilter die Aufhebung des Abwesenheitsurteils und die Neubeurteilung im ordentlichen Verfahren verlangen, wenn es ihm aus wichtigen Gründen nicht möglich ist, in die Schweiz zu kommen. Diese Wohltat wird nur Schweizer Bürgern zugestanden.

13. Kapitel: Internationale Rechtshilfe

I. Strafsachen

1. Grundsätze

a. Die Schweiz gewährt Rechtshilfe in Strafsachen grundsätzlich ohne Rücksicht auf die Nationalität von Angeschuldigten oder Opfern. 13/1

b. Rechtshilfeersuchen wird in der Regel nur entsprochen, wenn der ersuchende Staat Gegenrecht hält. Nicht erforderlich ist die Zusicherung des Gegenrechts (unter anderem) dann, wenn die Ausführung eines Rechtshilfeersuchens den Ermittlungen in einer gegen einen Schweizer Bürger gerichteten Tat dient. 13/2

Die Rechtshilfe gegenüber den USA kann verweigert werden, wenn sie die Souveränität, die Sicherheit oder die nationalen Interessen der Schweiz gefährdet. Ob eine solche Gefährdung vorliegt, entscheidet eine besondere Kommission. Ausländer können diese Kommission nur anrufen, wenn sie im Besitz einer gültigen Aufenthaltsbewilligung sind. 13/3

2. Verfahren

a. Im schweizerischen Verfahren wenden die schweizerischen Behörden in der Regel nur schweizerisches Verfahrensrecht an. 13/4

b. Im Verhältnis zu den USA kann bei einer rechtshilfeweisen Einvernahme in der Schweiz amerikanisches Verfahrensrecht angewendet werden, wenn die zu befragende Person die Staatsangehörigkeit der USA besitzt und nicht zugleich Schweizer Bürger ist. Sind die Einzuvernehmenden (auch) Schweizer Bürger oder nicht-amerikanische Ausländer ist die Anwendung amerikanischen Verfahrensrechts nur zulässig, falls bestimmte, abschließend aufgeführte Voraussetzungen erfüllt sind. 13/5

Ausnahmsweise bewilligte Einvernahmen nach amerikanischem Recht (d.h. durch Privatpersonen bzw. Prozeßbeteiligte) werden obligatorisch durch Beamte einer schweizerischen Strafverfolgungsbehörde überwacht, falls Personen befragt werden, die nicht amerikanische Staatsbürger sind. Amerikanische Staatsbürger können eine solche Überwachung verlangen. 13/6

3. Meldepflichten

a. Die Schweiz benachrichtigt die Vertragsstaaten des Europäischen Übereinkommens über Rechtshilfe in Strafsachen von allen ihre Staatsangehörigen betreffenden Verurteilungen; die Benachrichtigung entfällt, wenn der Verurteilte zugleich Schweizer Bürge ist. 13/7

13/8   b. Die Schweiz erstattet Meldung auch betreffend die Verfolgung und Verurteilung von Straftaten gegen völkerrechtlich geschützte Personen einschließlich Diplomaten.

13/9   c. Schließlich meldet die Schweiz entsprechend den Bestimmungen des internationalen Abkommens gegen die Geiselnahme jede Haft oder andere Maßnahme
   aa. dem Staat, dem die natürliche oder juristische Person angehört, die Ziel der Nötigung war;
   bb. dem Staat, dem die Geisel angehört oder in dessen Hoheitsgebiet die Geisel ihren gewöhnlichen Aufenthalt hat;
   cc. dem Staat, dem der Verdächtige angehört oder, wenn er staatenlos ist, in dessen Hoheitsgebiet er seinen gewöhnlichen Aufenthalt hat.

4. Zeugeneinvernahme

Besondere Bestimmungen gelten im Verhältnis zu den USA:

13/10   a. Die Schweiz behält sich vor, Vorladungen zum Erscheinen als Zeuge in den USA nicht zuzustellen, falls der Zeuge sich in einem Strafverfahren, worauf sich das Ersuchen bezieht, zu verantworten hat.

13/11   b. Leistet eine andere Person als ein Staatsangehöriger der USA einer Vorladung zum Erscheinen als Zeuge keine Folge, so darf diese Person weder Nachteilen zivil- oder strafrechtlicher Art noch anderen Sanktionen oder sonstigem Zwang unterworfen werden.

5. Auslieferung

13/12   a. Außer mit schriftlicher Zustimmung des Betroffenen liefert die Schweiz Schweizer Bürger (auch wenn sie zugleich Angehörige des betreffenden ausländischen Staates sind) zur strafrechtlichen Verfolgung bzw. zum Vollzug von Strafen und Maßnahmen nicht aus und erlaubt mit Bezug auf Schweizer Bürger auch den Transit aus dem Ausland durch die Schweiz in das Ausland nicht.

13/13   b. Wann der Betreffende das Schweizer Bürgerrecht erworben hat, ist unerheblich; das Aus- bzw. Durchlieferungsverbot gilt auch, wenn das Schweizer Bürgerrecht erst nach Begehung der Tat erworben wurde. Unerheblich ist auch, auf welcher Rechtsgrundlage der Betreffende das Schweizer Bürgerrecht erworben hat (Abstammung, Einbürgerung, Eheschließung).

13/14   c. Ein Ausländer hat keinen Anspruch darauf, zur Strafuntersuchung bzw. zum Strafvollzug an seinen Heimatstaat ausgeliefert zu werden. Stehen Strafuntersuchungen bzw. Vollzugsmaßnahmen in mehreren ausländischen Staaten an, liefert die Schweiz vielmehr an den Staat aus, der die Weiterauslieferung an die andern betroffenen Staaten gewährleistet.

d. Schweizer Bürger, die nicht ausgeliefert werden, unterliegen der Strafverfolgung durch schweizerische Behörden, wobei dann ausschließlich schweizerisches Recht angewendet wird.

e. Die Schweizer Behörden können die Strafverfolgung eines Ausländers übernehmen, wenn er seinen gewöhnlichen Aufenthalt in der Schweiz hat, oder wenn sich die Auslieferung nicht rechtfertigen läßt, aber dennoch ein Auslieferungsdelikt vorliegt, oder wenn sich die Auslieferung nicht rechtfertigen läßt und die Übernahme der Verfolgung im Hinblick auf die persönlichen Verhältnisse und die soziale Wiedereingliederung des Ausländers angezeigt erscheint.

6. Frauen- und Kinderhandel

Im Rahmen der internationalen Bestrebungen zur Bekämpfung des Frauen- und Kinderhandels hat sich die Schweiz verpflichtet, auch Aussagen von Frauen und Mädchen fremder Nationalität entgegenzunehmen und deren Heimschaffung zu ermöglichen.

II. Kriegsverbrechen

1. Die Schweiz arbeitet mit den Internationalen Gerichten (sog. „UNO-Tribunalen") zusammen, die vom Sicherheitsrat der Vereinigten Nationen zur Verfolgung von Personen geschaffen wurden, die mutmasslich für schwerwiegende Verletzungen des humanitären Völkerrechts in Ex-Jugoslawien und Ruanda verantwortlich sind.

2. Dabei gelten vom ordentlichen Strafrecht abweichende Grundsätze:

a. Ein Schweizer kann dem betroffenen Internationalen Gericht zum Zweck der Strafverfolgung überstellt werden, sofern dieses zusichert, ihn nach Abschluß des Verfahrens wieder der Schweiz zu überstellen.

b. Der rechtskräftige und vollstreckbare Entscheid eines Internationalen Gerichts gegen einen schweizerischen Staatsangehörigen wird in der Schweiz vollstreckt, wenn der Verurteilte dies verlangt.

III. Zivilsachen

Die Schweiz gewährt Rechtshilfe in Zivilsachen ohne Rücksicht auf die Nationalität der beteiligten Prozeßparteien.

14. Kapitel: Bildung, Kultur, Jugendförderung

14/1 Die Bereiche Bildung, Kultur und Jugendförderung sind überwiegend im Kompetenzbereich der Kantone, doch hat sich der Bund, unter Vorbehalt der verfassungsmäßigen Kompetenzen der Kantone, durch Staatsverträge vor allem im Bereich der höheren Bildung vermehrt in diesen Gebieten engagiert. Im Bereich des betreffenden Bundesrechtes bestehen nur wenige auf die Nationalität Bezug nehmende Sondervorschriften.

1. Abschnitt: Bildung

I. Maturität

14/2 Grundsätzlich bestehen bezüglich der Erlangung des Maturitätszeugnisses in der Schweiz keine Nationalitätsvorschriften.

14/3 *a:* Ein von einem Schweizer im Ausland erworbenes offizielles Maturitätszeugnis wird vom Bund (unter Vorbehalt einer obligatorischen Zusatzprüfung in Schweizer Geschichte und Geographie und etwaiger weiterer Zusatzprüfungen) anerkannt. Im Ausnahmefall kann auch ein von einem Ausländer im Ausland erworbenes Maturitätszeugnis anerkannt werden.

14/4 *b.* Unter Vorbehalt spezifischer kantonaler Regelungen werden Maturitätszeugnisse aus Ländern des Europarates in der Schweiz grundsätzlich anerkannt.

II. Höhere Fachschulen, Berufsbildung

14/5 *a.* Die Zahl der ausländischen Schüler an der Schweizerischen Ingenieurschule für Landwirtschaft soll normalerweise 10% der vorhandenen Studienplätze nicht übersteigen.

14/6 *b.* Der Bund kann Kantonen und Institutionen Beiträge gewähren für die Weiterbildung (u. a.) speziell von Ausländern.

III. Hochschule

A. Studium

a. Der Bund fördert alle Massnahmen, die dazu beitragen, daß alle Schweizer und niedergelassenen Ausländer, welche die Immatrikulationsvoraussetzungen erfüllen, das Studium ihrer Wahl an einer schweizerischen Hochschule beginnen und abschliessen können. 14/7

b. Sofern Zulassungsbeschränkungen an schweizerischen Hochschulen angeordnet werden müssen, dürfen die Kantone Schweizer und Liechtensteiner bevorzugen. Generell können Ausländer bezüglich der Studien-Zulassung den Gleichheitsgrundsatz der Bundesverfassung nicht geltend machen. 14/8

c. Abgesehen vom Erfordernis eines (falls ausländisch: anerkennungsfähigen) Maturitätszeugnisses gibt es keine Nationalitätsvorschriften für die Zulassung zum Studium an den Eidgenössischen Technischen Hochschulen (ETH) Zürich und Lausanne, wobei Maturitätszeugnisse aus Liechtenstein und aus Mitgliedländern von EU und EFTA bevorzugt behandelt werden. Ausländische Studenten ohne Niederlassungs- oder Aufenthaltsbewilligung zahlen an den ETH einen Schulgeldzuschlag von Fr. 100,- pro Semester. 14/9

d. Im Rahmen des Erasmus-Programms erhalten Schweizer Studenten im Ausland und ausländische Studenten in der Schweiz besondere Unterstützung. 14/10

e. Pro Jahr werden 4 Schweizer Studenten zum Studium am Europäischen Hochschulinstitut zugelassen. 14/11

B. Prüfungen, Anerkennung von Diplomen, Stipendien

1. Prüfungszulassung

a. Bezüglich der Prüfungszulassung bestehen keine von der Zulassung zum Studium abweichenden Nationalitäts-Vorschriften. 14/12

b. Besondere Regeln gelten bezüglich der Zulassung zu den Medizinalprüfungen:

aa. Ausländer werden zu den eidgenössischen Medizinalprüfungen für Ärzte, Zahnärzte, Tierärzte und Apotheker zugelassen, wenn mit ihrem Heimatstaat Gegenrecht vereinbart wurde, oder wenn sie einen bundesrechtlich anerkannten Maturitätsausweis besitzen und mit den Eltern in der Schweiz Wohnsitz haben, oder wenn sie als Flüchtling anerkannt sind, oder, in außerordentlichen Fällen, wenn sie besonders enge Beziehungen zur Schweiz haben. 14/13

14/14 *bb.* Unter besonderen Umständen können Ausländer von eidgenössischen Medizinprüfungen befreit werden.

14/15 *cc.* Eingebürgerten Schweizern kann die Prüfung ganz oder teilweise erlassen werden, wenn sie vor der Einbürgerung gleichwertige Ausweise erworben haben.

2. Anerkennung von Diplomen

14/16 *a.* Die Anerkennung ausländischer Hochschuldiplome ist grundsätzlich kantonal geregelt.

14/17 *b* Jedoch werden, unter Vorbehalt spezifischer kantonaler Regelungen (und eventuell der Ablegung einer Sprach-Prüfung in einer schweizerischen Amtssprache) Hochschulzeugnisse und akademische Grade aus Vertragsstaaten des Europäischen Abkommens gesamtschweizerisch anerkannt, und berechtigten Ausländer, wie Schweizer Bürger, zur Erlangung weiterer akademischer Grade, einschließlich des Doktorgrades.

14/18 *c.* Mit Österreich ist Gegenseitigkeit besonders vereinbart.

3. Stipendien

14/19 *a.* Stipendien sind grundsätzlich kantonal geregelt. Der Bund gewährt den Kantonen Beiträge an deren Aufwendungen für Stipendien; er kann direkt Stipendien ausrichten an ausländische Studierende an schweizerischen Hochschulen.

14/20 *b.* Begünstigte verschiedener vom Bund verwalteter Legate können nur Schweizer Bürger sein (Kern'sche Stiftung, Châtelain-Fonds, Gleyre-Stiftung) oder nur Schweizer Bürger und deutsche Staatsangehörige (Berset-Müller Stiftung).

14/21 *c.* Stipendien und Darlehen zum Studium an den ETH sind nicht an das Schweizer Bürgerrecht geknüpft, doch werden Stipendien für Nachdiplomstudien in der Regel nur Schweizern und niedergelassenen Ausländern gewährt.

14/22 *d.* Ein einem Schweizer Studenten gewährtes Stipendium zum Studium an einer Schweizer Hochschule soll unter gewissen Bedingungen fortgezahlt werden, wenn er zum Studium in einem Vertragsstaat des Europäischen Hochschul-Übereinkommens zugelassen wird.

IV. Schweizerschulen im Ausland

14/23 Eine Schule im Ausland wird als bundessubventionsberechtigte „Schweizerschule" u. a. dann anerkannt, wenn die Mehrheit der Hauptlehrer und die Schulleitung Schweizer Bürger sind und Schweizer Schüler mindestens einen gesetzlich bestimmten Teil der Schülerschaft ausmachen (Wobei als Schweizer Schüler auch Kinder gelten, die das

Schweizer Bürgerrecht nicht besitzen, deren Mutter aber das Schweizer Bürgerrecht besitzt oder besaß).

V. Schweizerisches Institut für Rechtsvergleichung

Bezüglich der Beschäftigung von Ausländern ist das Institut den Verwaltungen und Betrieben des Bundes gleichgestellt.   14/24

2. Abschnitt: Kultur

1. Kunstförderung

a. Im Rahmen der eidgenössischen Förderung von Kunst und angewandter Kunst kann der Bund   14/25
aa. Werke schweizerischer Künstler kaufen oder bestellen;
bb. begabten jüngeren Schweizer Künstlern Stipendien erteilen;
cc. nationale Kunstausstellungen durchführen, an denen Schweizer Künstler ausstellen können sowie ausländische Künstler, die seit wenigstens fünf Jahren Wohnsitz in der Schweiz haben und deren Heimatstaat den dort ansässigen Schweizer Künstlern analoge Vergünstigungen gewährt;
dd. Schweizer Künstlern die kollektive Teilnahme an auswärtigen Kunstausstellungen erleichtern;
ee. Öffentliche monumentale Kunstwerke bei Schweizer Künstlern bestellen;
ff. Schweizer Künstlern, Gewerbetreibenden und Industriellen die kollektive Teilnahme an bedeutenden Ausstellungen im Ausland durch Beiträge erleichtern und begabten Schweizer Gestaltern Studienstipendien ausrichten;
gg. jungen ausländischen Kunstschaffenden eine Weiterbildung ermöglichen.

b. Die Stiftung Pro Helvetia vergibt Werkaufträge nur an schweizerische oder in der Schweiz niedergelassene ausländische Schriftsteller und Tonkünstler.   14/26

2. Filmförderung

a. Der Bund kann schweizerischen Filmschaffenden Stipendien ausrichten. Er kann Beiträge an die Herstellung von und Qualitätsprämien für Schweizer Filme ausrichten. Als Schweizer Film gilt ein Film, der soweit wie möglich in der Schweiz und mehrheitlich durch Filmautoren und weitere Filmschaffende mit Schweizer Bürgerrecht oder mit dau-   14/27 erndem Wohnsitz in der Schweiz hergestellt ist. Die Produktionsfirma eines Schweizer Films muss ein Unternehmen mit Sitz in der Schweiz sein, an dessen Eigen- und Fremdkapital und an dessen Leitung mehrheitlich Personen mit Schweizer Bürgerrecht oder mit dauerndem Wohnsitz in der Schweiz beteiligt sind.

14/28 *b.* Unter gewissen Voraussetzungen gelten schweizerisch-deutsche, -französische, -kanadische, -italienische und -österreichische Koproduktionen als „Inländisch" und werden bevorzugt behandelt.

3. Abschnitt: Jugendförderung

14/29 *a.* Der Bund fördert die ausserschulische Jugendarbeit in gesamtschweizerischem Interesse. Als besonders förderungswürdig kann die Teilnahme von Ausländern in der privaten Trägerschaft angesehen werden.

14/30 *b.* Teilnehmer von subventionierten „Jugend- und Sport" -Programmen können Schweizer, Liechtensteiner und in der Schweiz wohnhafte Ausländer zwischen 14 und 20 Jahren sein; Leiter können nur Schweizer, Liechtensteiner und Ausländer mit Niederlassungsbewilligung sein. Ausnahmsweise kann die eidgenössische Turn- und Sportschule für Ausländer ohne Niederlassungsbewilligung eine Ausnahme gestatten.

15. Kapitel: Sozialversicherung, Fürsorge, Gesundheitswesen

I. Staatsverträge, Bundesrecht

a. Die Sozialversicherung von rund 95% der Ausländer in der Schweiz ist durch Staatsverträge geregelt. Deren Darstellung ist hier wegen ihres Umfanges ausgeschlossen. Bei den AHV-Ausgleichskassen können Merkblätter zu den einzelnen Sozialversicherungsabkommen bezogen werden. 15/1

b. Die nachfolgenden Ausführungen erläutern die Grundsätze außerhalb dieser Staatsverträge. 15/2

c. Im Bereich von Fürsorge und Gesundheitswesen besteht überwiegende Kompetenz der Kantone. Im Bereich der Sozialversicherung besteht eine (ergänzende) Kompetenz der Kantone. Die nachfolgenden Ausführungen beschränken sich im wesentlichen auf die Darstellung des Bundesrechtes. 15/3

II. Alters- und Hinterlassenenversicherung (AHV)

A. Beitragspflicht und Versicherungspflicht

1. Arbeitnehmer

a. Versicherungspflichtig ist, wer in der Schweiz 15/4
aa. eine Erwerbstätigkeit ausübt, inbegriffen auch ausländische Grenzgänger und Saisonniers, aber ausgenommen kurzfristige Tätigkeiten (Stagiaires für max. sechs Monate, Künstler, Artisten, Experten für max. drei Monate), oder
bb. seinen zivilrechtlichen Wohnsitz hat. 15/5
b. Arbeitnehmer, welche für einen Arbeitgeber mit Sitz oder Wohnsitz in der Schweiz vorübergehend im Ausland tätig sind und vom Schweizer Arbeitgeber entlöhnt werden, sind der Versicherungspflicht nur unterstellt, wenn sie Schweizer Bürger sind. 15/6
c. In der Schweiz, nicht versichert sind Ausländer mit besonderen steuerlichen Vergünstigungen (Pauschalbesteuerung nach Bundessteuerrecht). 15/7
d. Personen, welche einer ausländischen staatlichen Alters- und Hinterlassenenversicherung angehören, sind nicht beitragspflichtig und nicht versichert, sofern ihr Einbezug in die schweizerische Versicherung eine unzumutbare Doppelbelastung zur Folge hätte. 15/8

15/9   *e.* Personen mit Wohnsitz im Ausland können sich der freiwilligen Versicherung nur anschließen, wenn sie (auch) Schweizer Bürger sind.

15/10   *f.* Personen ohne Schweizer Bürgerrecht, die auf schweizerischen Hochseeschiffen arbeiten, sind der AHV nur obligatorisch unterstellt, falls ein Staatsvertrag dies vorsieht.

2. Arbeitgeber

15/11   Ausländische oder ausländisch beherrschte Arbeitgeber mit Sitz oder Wohnsitz in der Schweiz sind der Beitragspflicht unterworfen, wenn sie an obligatorisch versicherte Personen Arbeitsentgelt ausrichten. Ausgenommen sind ausländische Staaten, internationale Organisationen und Ausländer mit diplomatischen Vorrechten als Arbeitgeber, wobei aber auch diese für nichtdiplomatisches Personal (z. B. private Hausangestellte) Beiträge entrichten müssen.

B. Rückvergütung der AHV-Beiträge

15/12   *a.* Ausländer, mit deren Heimatstaat keine zwischenstaatliche Vereinbarung besteht, sowie ihre Hinterlassenen können die der Alters- und Hinterlassenenversicherung entrichteten Beiträge (ohne Zins) zurückfordern, sofern diese während mindestens eines vollen Jahres geleistet worden sind und keinen Rentenanspruch begründen. Maßgebend ist die Staatsangehörigkeit im Zeitpunkt der Rückforderung. Weitere Voraussetzungen sind, dass der Versicherte aller Voraussicht nach endgültig aus der Versicherung ausgeschieden ist und er selber sowie sein Ehegatte oder seine noch nicht 25-jährigen Kinder seit mindestens einem Jahr nicht mehr in der Schweiz gewohnt haben. Eine Rückvergütung kann verweigert werden, wenn ein ausländischer Staatsangehöriger seinen Pflichten gegenüber dem öffentlichen Gemeinwesen nicht nachgekommen ist.

15/13   *b.* Keine Rückvergütung ist möglich, wenn mit dem Heimatstaat des Versicherten ein Sozialversicherungsabkommen besteht, da dieses den Ausländer dem Schweizer gleichgestellt und nach dem ersten Beitragsjahr einen Rentenanspruch einräumt.

C. Anspruch auf Versicherungsleistungen

15/14   *a.* Einen Anspruch auf ordentliche Altersrente haben Schweizer Bürger nach einem, Ausländer und ihre nicht das Schweizer Bürgerrecht besitzenden Hinterbliebenen nach zehn vollen Beitragsjahren. Ausländische Rentenbezieher müssen zudem Wohnsitz in der Schweiz haben. Für Ausländer, mit deren Wohnsitzstaat ein Sozialversicherungsabkommen besteht, beträgt die Mindestbeitragsdauer ein Jahr und es besteht in der Regel keine Wohnsitzpflicht in der Schweiz.

15. Kapitel: Sozialversicherung, Fürsorge, Gesundheitswesen

b. Flüchtlinge sind den Schweizer Bürgern gleichgestellt. 15/15

c. Anspruch auf außerordentliche Renten haben Ausländer und Doppelbürger, deren ausländisches Bürgerrecht das schweizerische überwiegt, nur gestützt auf Sozialversicherungsabkommen. 15/16

Anspruchsberechtigt sind jedoch Flüchtlinge und Staatenlose nach mindestens fünfjährigem ununterbrochenem Aufenthalt in der Schweiz. 15/17

d. Ausländer haben Anspruch auf Ergänzungsleistungen, falls sie seit mindestens 15 Jahren (Flüchtlinge und Staatenlose seit mindestens fünf Jahren) ununterbrochen Aufenthalt in der Schweiz haben. 15/18

D. Organisation der Kasse

Die Mitglieder des Kassenvorstandes und der AHV-Kassenleiter müssen Schweizer Bürger sein. 15/19

III. Invalidenversicherung (IV)

1. Beitragspflicht und Versicherungspflicht

Die Regeln der AHV sind entsprechend anwendbar. 15/20

2. Anspruchsberechtigung

a. Auf ordentliche IV-Renten, auf Eingliederungsmaßnahmen und auf Hilflosenentschädigungen besteht für Ausländer nur ein Anspruch, wenn sie bei Eintritt der Invalidität während mindestens zehn Jahren Beiträge geleistet haben oder während 15 Jahren ununterbrochenen Wohnsitz in der Schweiz hatten. Im Zeitpunkt des Anspruchs muß der Wohnsitz in der Schweiz fortbestehen. Vorbehalten sind auch hier Staatsverträge (vgl. Rz 15/14). 15/21

b. Flüchtlinge und Staatenlose sind den Schweizer Bürgern gleichgestellt. 15/22

c. Auf außerordentliche Renten haben Ausländer in der Regel nur Anspruch, wenn sie Flüchtlinge oder Staatenlose sind und wenn sie seit mindestens fünf Jahren in der Schweiz wohnen oder wenn mit ihrem Heimatstaat ein Sozialversicherungsabkommen besteht. 15/23

d. Auf Ergänzungsleistungen sind die Regeln zur AHV anwendbar. 15/24

e. Für im Ausland wohnhafte Angehörige hat der Ausländer mit Wohnsitz in der Schweiz keinen Anspruch auf Versicherungsleistungen, falls nicht ein Staatsvertrag besteht. 15/25

3. Organisation

Der Leiter und der Stellvertreter von Regionalstellen müssen Schweizer Bürger sein. 15/26

IV. Berufliche Vorsorge

1. Beitragspflicht und Versicherungspflicht

15/27 Es gelten Regeln der AHV, d. h. Versicherungspflicht und Beitragspflicht sind grundsätzlich unabhängig von der Nationalität. Versicherungspflichtige Arbeitnehmer können sich befreien lassen, wenn sie nicht oder voraussichtlich nicht dauernd in der Schweiz tätig und im Ausland genügend versichert sind.

2. Anspruchsberechtigung

15/28 Die Anspruchsberechtigung ist unabhängig von der Nationalität.

V. Unfallversicherung

1. Versicherungspflicht

15/29 *a.* Soweit eine Versicherungspflicht besteht, ist sie unabhängig von der Nationalität.

15/30 *b.* Arbeitnehmer von Arbeitgebern mit Sitz oder Wohnsitz in der Schweiz, welche in der Schweiz angestellt werden, bleiben auch dann versichert, wenn sie vorübergehend im Ausland tätig sind.

Arbeitnehmer von Arbeitgebern mit Sitz oder Wohnsitz im Ausland, welche in der Schweiz angestellt werden, sind versicherungspflichtig. Sie bleiben auch dann versichert, wenn sie vorübergehend im Ausland tätig sind. Werden sie im Ausland angestellt und in die Schweiz entsandt, sind sie für das erste Jahr nicht versichert.

2. Anspruchsberechtigung

15/31 Ausländer sind Schweizern gleichgestellt.

VI. Krankenversicherung

1. Versicherte Personen

15/32 *a.* Die anerkannten und subventionierten Krankenkassen sind rechtlich verpflichtet, Schweizer Bürger und Ausländer aufzunehmen.

15/33 *b.* Der Versicherungspflicht unterstehen Personen mit Wohnsitz in der Schweiz und

15/34 – Ausländer mit einer Aufenthaltsbewilligung, die länger als drei Monate gültig ist,

– unselbständig erwerbende Ausländer, deren Aufenthaltsbewilligung weniger als drei Monate gültig ist, sofern sie für die Behandlung in der Schweiz nicht über einen gleichwertigen Versicherungsschutz verfügen,
– Ausländer, die ein Asylgesuch in der Schweiz gestellt haben,
– Ausländer, für welche die vorläufige Aufnahme nach Art. 14a ANAG verfügt worden ist.

Grenzgänger, die in der Schweiz eine Erwerbstätigkeit ausüben, sowie ihre Familienangehörigen (Ehepartner, Kinder bis zum 18. Altersjahr, resp. wenn in Ausbildung begriffen, bis zum 25. Altersjahr), die im Ausland nicht eine krankenversicherungspflichtige Erwerbstätigkeit ausüben, werden auf eigenes Gesuch der schweizerischen Versicherung unterstellt. 15/35

2. Versicherungsleistungen

Die Kassen erbringen für Schweizer und Ausländer gleiche Leistungen; zu beachten ist allerdings, daß Ausländer bzw. Versicherte mit Wohnsitz im Ausland in Spitälern und psychiatrischen Kliniken oft höhere Taxen bezahlen. 15/36

VII. Arbeitslosenversicherung (AlV) und Insolvenzentschädigung

1. Versicherungspflicht und Beitragspflicht

Die Regeln der AHV sind entsprechend anwendbar. 15/37

2. Anspruchsberechtigung

a. Ausländer müssen die auch für Schweizer Bürger geltenden Kriterien erfüllen und überdies im Besitze einer Niederlassungs- oder Arbeitsbewilligung (Ausweis B oder Saisonbewilligung) sein. 15/38

b. Bei Ganzarbeitslosigkeit von Grenzgängern erbringt der Wohnsitzstaat die Versicherungsleistungen. 15/39

c. Zum Teil besteht gemäß kantonalem Recht eine Arbeitslosenhilfe, welche über den Anspruch gemäß Bundes-Arbeitslosenversicherung hinausgeht. Für den Kanton Zürich gilt dabei, daß der Empfänger, welcher Ausländer und weder mit einer Schweizerin verheiratet noch anerkannter Flüchtling oder Staatenloser ist, die Niederlassungsbewilligung oder seit mindestens einem Jahr die Jahresaufenthaltsbewilligung besitzen muß. 15/40

VIII. Erwerbsersatzordnung (EO)

15/41 *a.* Die Beitragspflicht richtet sich grundsätzlich nach den Regeln der AHV.

15/42 *b.* Versichert ist der Erwerbsausfall infolge Leistung von schweizerischem Militärdienst oder Zivilschutzdienst. Soweit Ausländer Dienst leisten (vgl. v. a. Rz 16/7–9) sind sie Schweizern gleichgestellt.

XI. Militärversicherung

15/43 Anspruch auf Leistungen dieser staatlichen Versicherung für Heilungskosten und Erwerbsausfall von bei dienstlichem Anlaß erkrankten oder verunfallten Personen haben alle Militär- oder Zivilschutz-Dienst Leistenden. Eine Begrenzung der Nationalität ergibt sich aus den Vorschriften über die Dienstpflicht.

X. Allgemeine Fürsorge

1. Örtliche Zuständigkeit

15/44 Zuständig ist derjenige Kanton, welcher dem Ausländer die Aufenthaltsbewilligung ausgestellt hat, in dringenden Fällen bzw. bis zum Vollzug der Wegweisung oder Ausweisung der Aufenthaltskanton.

2. Anspruch und Umfang

15/45 *a.* Das kantonale Recht bestimmt, ob und wie weit ein Anspruch auf Leistungen besteht und ob Anspruch auf Leistungen und deren Umfang von der Nationalität abhängen.

15/46 *b.* Der Bund unterstützt Schweizer im Ausland. Leistungen an Ausländer im Ausland sind – im Gegensatz zu den Sozialversicherungsansprüchen – nicht vorgesehen.

15/47 *c.* Betreffend Asylbewerber und anerkannte Flüchtlinge vgl. oben Rz 5/22, 28.

XI. Weitere Leistungen

1. Familienzulagen in der Landwirtschaft

15/48 Ausländische landwirtschaftliche Arbeitnehmer haben Anspruch auf Familienzulagen, wenn und solange sie sich mit ihrer Familie in der

Schweiz aufhalten. Für im Ausland wohnhafte Kinder besteht ein Anspruch, falls weder der Arbeitnehmer noch sein Ehegatte aufgrund der anwendbaren ausländischen Gesetzgebung einen Anspruch haben, und falls ihr Heimatstaat Gegenrecht hält.

2. *Kinderzulagen*

Die kantonalen Rechte sehen oft reduzierte Kinderzulagen oder veränderte Altersgrenzen vor für Ausländer, deren Kinder im Ausland wohnen. Im Kanton Genève haben nur Arbeitnehmer aus europäischen Staaten Anspruch auf Kinderzulagen für Kinder im Ausland. Ausländische Arbeitnehmer, welche mit ihren Kindern in der Schweiz wohnen, sind den schweizerischen Arbeitnehmern gleichgestellt. 15/49

3. *Kriegshilfe*

Die Schweiz hat eine außerordentliche Hilfe jenen Schweizer Bürgern gewährt, die infolge des Krieges von 1939–1945 oder wegen damit in Zusammenhang stehenden politischen oder wirtschaftlichen Maßnahmen ausländischer Behörden ganz oder teilweise ihre Existenz verloren haben. Diese Hilfe wird nicht gewährt an Doppelbürger, bei denen das ausländische Bürgerrecht vorherrscht oder an Schweizer, die die schweizerischen öffentlichen Interessen in schwerwiegender Weise geschädigt haben. Hilfe kann auch geleistet werden an Schweizer Bürger, die Opfer nationalsozialistischer Verfolgung waren. Auch diese Hilfe kann Doppelbürgern verweigert werden, deren Schweizer Bürgerrecht nicht vorherrscht. 15/50

XII. Wohnbauförderung

Bund und Kantone fördern den Bau bzw. Erwerb von Wohnhäusern (z.B. durch Maßnahmen der Bauforschung, Erschließungskostenbeiträge, Zinsverbilligungen, Darlehen, direkte Beiträge an die Erstellungskosten). Für einzelne diese Maßnahmen spielt die Nationalität des Empfängers der Leistung eine Rolle: 15/51

a. Direkte Bundeshilfe an die Erschließung oder den Erwerb von Wohnungen und Hauseigentum (z.B. in der Form von Vorschüssen, Zuschüssen, Verbürgung von Darlehen) wird nur volljährigen Schweizer Bürgern oder Ausländern mit Niederlassungsbewilligung gewährt. 15/52

b. Mit staatlichen Darlehen verbilligte Wohnungen dürfen z.B. im Kanton Zürich grundsätzlich nur an Ausländer mit Niederlassungsbewilligung, die seit mindestens 2 Jahren im Kanton Wohnsitz haben, vermietet werden, es sei denn, die Ehefrau sei Schweizer Bürgerin oder 15/53 der Ausländer arbeite in einem lebensnotwendigen öffentlichen Betrieb oder er sei anerkannter Flüchtling.

15/54 Deraratige kantonale Vorschriften haben indirekte Rückwirkungen auf die bundesrechtliche Anspruchsberechtigung. Mietzinsverbilligungen werden vom Bund nur gewährt, wenn der Kanton eine mindestens doppelt so hohe Leistung zusätzlich erbringt. Wo der Kanton seine Leistung von der Erteilung der Niederlassungsbewilligung abhängig macht, entfällt somit die Bundesleistung für nicht niedergelassene Ausländer.

XIII. Spitaltaxen

15/55 Alle kantonalen Rechte sehen vor, daß Ausländer (zumindest wenn sie in einem anderen Kanton oder im Ausland Wohnsitz haben) höhere Taxen zahlen als Kantonsangehörige oder auswärtige Schweizer.

XIV. Opferhilfe

15/56 Die Opfer einer in der Schweiz begangenen Straftat können Entschädigungen oder Genugtuung erhalten. Wurde die Straftat im Ausland begangen besteht ein Anspruch des Opfers nur, fall es ein Schweizer Bürger mit Wohnsitz in der Schweiz ist und die vom ausländischen Staat entrichtete Leistung ungenügend ist.

16. Kapitel: Friedenserhaltung, Sicherheit

I. Schutzgedanke

In allen Bereichen der Landesverteidigung (militärische Verteidigung, wirtschaftliche Vorsorge, Zivilschutz) und der Inland-Katastrophenhilfe erstreckt sich der Schutzgedanke von Verfassung und Gesetz auf das Land, seine Unabhängigkeit und Institutionen, die Wohnbevölkerung ohne Rücksicht auf die Nationalität, und die in der Schweiz befindlichen Kulturgüter ohne Rücksicht auf Herkunft und Eigentum. 16/1

II. Dienstleistungen

1. Armee

a. Jede Art des freiwilligen oder obligatorischen Militärdienstes (inkl. Jugendvorkurse, Militärjustiz, Hilfsdienst, Rotkreuzdienst, Militärischer Frauendienst) ist auf Schweizer Bürger beschränkt. 16/2

b. Von besonderem Interesse für Ausländer, die das Schweizer Bürgerrecht erwerben, sind die Altersgrenzen der militärischen Dienstleistung: Wer am Ende des Jahres, in dem er das 25. Altersjahr vollendet, noch nicht ausgehoben ist, und am Ende des Jahres, in dem er das 27. Altersjahr vollendet hat, die Rekrutenschule noch nicht bestanden hat, ist weder dienst- noch hilfsdienstpflichtig. Er steht aber dem Zivilschutz zur Verfügung. 16/3

c. Schweizer mit Wohnsitz im Ausland sind in Friedenszeiten von der Aushebung und Militärdienstpflicht befreit; der Bundesrat kann Ausnahmen vorsehen, insbesondere für Auslandschweizer in den Nachbarländern. Auslandschweizer können freiwillig die Aushebung bestehen und Ausbildungsdienste leisten. Ein Schweizer, der mehr als 6 Jahre ununterbrochen im Ausland gewohnt hat, und der von der Armee nicht benötigt wird, wird bei der Rückkehr in die Schweiz nur auf Gesuch hin in die Armee eingeteilt. 16/4

d. Schweizer Doppelbürger, die im Staat ihres andern Bürgerrechtes ihre militärischen Pflichten erfüllt oder Ersatzleistungen erbracht haben, sind in der Schweiz nicht militärdienstpflichtig; der Bundesrat kann Ausnahmen vorsehen. Aufgrund von Staatsverträgen bestehen besondere Regelungen mit Frankreich, Italien, Kolumbien und den USA. 16/5

2. Zivilschutz

16/6   *a.* Schutzdienstpflichtig sind nur Schweizer Männer.

16/7   *b.* Im Aktivdienst kann der Bundesrat ausländische Männer mit Wohnsitz in der Schweiz der Schutzdienstpflicht unterstellen, wenn dies nicht durch Staatsverträge ausgeschlossen ist.

16/8   *c.* Freiwillig können in der Schweiz niedergelassene Ausländer und Ausländerinnen Schutzdienst leisten.

3. Friedenserhaltende Aktionen, „Gute Dienste"

16/9   Soweit nicht für einzelne Aktionen Ausnahmen angebracht sind, soll Personal für friedenserhaltende Aktionen und „Gute Dienste" im Ausland das Schweizer Bürgerrecht besitzen.

III. Andere Beiträge

16/10   Alle übringen Leistungs- und Duldungspflichten für Armee und Zivilschutz sind unabhängig von der Staatsangehörigkeit (z.B. Beherbergung und Verpflegung der Truppe, Überlassung von Grundstücken für Übungen, Schutzraumerstellung, Entrümpelung, Unbrauchbarmachung).

IV. Verschiedene Bestimmungen

16/11   *a.* Zur Reparatur an Hand- und Faustfeuerwaffen schweizerischer Ordonnanz sind, wenn die übrigen Voraussetzungen erfüllt sind, ausländische Büchsenmacher in einer schweizerischen Werkstätte nur berechtigt, wenn sie die Niederlassungsbewilligung besitzen.

16/12   *b.* Das Eidgenössische Militärdepartement kann auch ausländischen Haltern mit Wohnsitz in der Schweiz Beiträge zum Erwerb fabrikneuer, armeetauglicher Motorfahrzeuge mit Standort und Immatrikulation in der Schweiz ausrichten.

16/13   *c.* Auch in Friedenszeiten ist es nicht erlaubt, in militärischen Angelegenheiten direkt zu verkehren mit ausländischen Militärpersonen, Amts- oder Kommandostellen, militärischen Vereinigungen, Vertretungen in der Schweiz und mit schweizerischen Vertretungen im Ausland.

16/14   *d.* Halter von Pflichtlagern für Güter der wirtschaftlichen Kriegsvorsorge können auch ausländische natürliche Personen mit Wohnsitz in der Schweiz oder ausländisch kontrollierte juristische Personen mit Sitz in der Schweiz sein.

e. Der Bund übernimmt zur Sicherung ausreichender Transportmöglichkeiten für den Fall einer Gefährdung der Zufuhren die Bürgschaft für Darlehen zur Finanzierung von Hochseeschiffen, wenn diese im Seeschiffahrtsregister eingetragen werden können, d.h. unter anderem also auch wenn die diesbezüglichen Nationalitätsvorschriften eingehalten sind, und kann schweizerischen Seeleuten Beiträge an die Kosten der Weiterausbildung leisten. 16/15

f. In Kriegs- und Krisenlagen können schweizerische juristische Personen unter Auflagen und Bedingungen ohne Verlust ihrer Identität ihren Sitz ins Ausland verlegen. Bezüglich der Staatsangehörigkeit der Mitglieder der Verwaltung und Geschäftsführung gelten die Bestimmungen des Obligationenrechtes solange nicht, als sich der Sitz einer solchen Gesellschaft im Ausland befindet. 16/16

g. Türkischen, jugoslawischen und srilankischen Staatsangehörigen, die nicht zugleich Schweizer sind, ist es untersagt, Schußwaffen in der Schweiz oder von der Schweiz aus zu erwerben, in der Öffentlichkeit zu tragen, oder mit sich zu führen. 16/17

h. Ausländer mit Wohnsitz in der Schweiz können mit Bewilligung der zuständigen kantonalen Behörde zum Schießen der Bundesübungen zugelassen werden, hiefür eine Leihwaffe beanspruchen und Munition kaufen, haben sonst aber keine Anspruch auf die Bundesleistungen. 16/18

17. Kapitel: Steuern, Gebühren

1. Abschnitt: Steuern

I. (Doppel-) Besteuerungsabkommen

17/1   Die Schweiz hat mit einer Vielzahl von Staaten und internationalen Organisationen allgemeine oder spezifische Teilbereiche betreffende (Doppel-) Besteuerungsabkommen abgeschlossen, die mehrheitlich auf einer territorialen Abgrenzung (Sitz/Wohnsitz) beruhen, zum Teil aber auch auf die Nationalität abstellende Ausscheidungsregeln enthalten. Auf deren Darstellung wird hier wegen des ausserordentlichen Umfanges dieser Abkommen, und weil sie leicht greifbar und in vielfältigen Publikationen behandelt sind, verzichtet.

II. Internes Recht

A. Einkommen, Vermögen

1. Grundsatz

17/2   *a.* Einkommens- und Vermögenssteuern werden in der Schweiz grundsätzlich ohne Rücksicht auf die Staatsangehörigkeit des Steuerpflichtigen veranlagt, mit Ausnahmen in Teilbereichen.

17/3   *b.* Das ab 1. 1. 1993 geltende Steuerharmonisierungsgesetz verpflichtet die Kantone, ihre Steuergesetzgebung bis am 31. 12. 2000 bestimmten einheitlichen Grundsätzen anzupassen; ausländerrechtlich relevant sind namentlich die Bestimmungen über die Pauschalierung (Aufwandbesteuerung, Rz 17/8) und die Lohn-Quellensteuer (Rz 17/10).

2. Öffentlich-rechtlicher Arbeitgeber

17/4   Schweizer Bürger unterliegen der Bundeseinkommenssteuer, wenn sie am ausländischen Wohnsitz mit Rücksicht auf ein Arbeitsverhältnis mit dem Bund oder einem andern öffentlich-rechtlichen Arbeitgeber von der ausländischen Einkommenssteuerpflicht ganz oder teilweise befreit sind.

3. Steuerbefreiung

Angehörige ausländischer diplomatischer Missionen und internationaler Organisationen in der Schweiz können aufgrund zwischenstaatlicher Vereinbarung oder völkerrechtlicher Übung in der Schweiz Steuerfreiheit geniessen, in der Regel aber nur, wenn sie nicht Schweizer Bürger sind. 17/5

4. Steuerfälligkeit

Die Bundeseinkommensteuer wird, abgesehen von den unabhängig von der Nationalität des Steuerpflichtigen geregelten Terminen, im Falle eines ausländischen Steuerpflichtigen auch dann fällig, wenn er seinen inländischen Geschäftsbetrieb, seinen inländischen Grundbesitz oder seine durch inländische Grundstücke gesicherten Forderungen aufgibt. 17/6

5. Pauschalierung (Aufwandbesteuerung)

a. Die Kantone sind ermächtigt, Steuerpflichtigen, die erstmals oder nach mindestens zehnjähriger Auslandsabwesenheit in der Schweiz Wohnsitz oder Aufenthalt nehmen und hier keinerlei Erwerbstätigkeit nachgehen, eine Steuererleichterung im Sinne einer Steuerpauschalierung zu gewähren. Nicht in der Schweiz geborenen Ausländern darf diese Steuererleichterung unbefristet gewährt werden, allen anderen Steuerpflichtigen nur für den Rest des Kalenderjahres ihres Zuzuges und für das Folgejahr (siehe aber Rz 17/3). 17/7

b. Voraussetzung für die Pauschalierung der Bundeseinkommensteuer ist, dass eine natürliche Person die erstmals oder nach zehnjähriger Landesabwesenheit in der Schweiz steuerrechtlichen Wohnsitz oder Aufenthalt nimmt, in der Schweiz keine Erwerbstätigkeit ausübt. Ist der Steuerpflichtige Ausländer gilt diese Möglichkeit unbefristet, ist er Schweizer gilt sie bis zum Ende der laufenden Steuerperiode. 17/8

c. Im Umfang der Pauschalierung der schweizerischen Einkommensteuer kann die pauschale Steueranrechnung ausländischer Quellensteuern an die schweizerische Einkommensteuer nicht verlangt werden. 17/9

6. Lohn- Quellensteuer

a. Bund

aa. Ausländische Arbeitnehmer ohne Niederlassungsbewilligung mit steuerrechtlichem Wohnsitz oder Aufenthalt in der Schweiz werden für ihr Einkommen aus unselbständiger Erwerbstätigkeit und Ersatzeinkommen (inkl. Versicherungsleistungen) einer vom Arbeitgeber einzubehaltenden Quellensteuer unterworfen. Der Quellensteuer nicht unterworfene Einkünfte werden ordentlich besteuert. Übersteigt das der Quellensteuer unterworfene Einkommen ein von der Eidgenössischen 17/10

Finanzverwaltung festgelegtes Minimum, wird nachträglich eine ordentliche Veranlagung durchgeführt und die bereits bezahlte Quellensteuer zinslos angerechnet.

17/11 *bb.* Besitzt der mit ihm in rechtlich und tatsächlich ungetrennter Ehe lebende Ehegatte das Schweizer Bürgerrecht oder die Niederlassungsbewilligung, erfolgt die Besteuerung im ordentlichen Verfahren.

17/12 *cc.* Erhält ein der Lohnquellensteuer unterliegender Arbeitnehmer die Niederlassungsbewilligung oder ehelicht er eine Person mit Schweizer Bürgerrecht oder Niederlassungsbewilligung erfolgt ein Wechsel zur ordentlichen Besteuerung; die Scheidung oder rechtliche oder tatsächliche Trennung von einem Ehepartner mit Schweizer Bürgerrecht oder Niederlassungsbewilligung löst wieder die Besteuerung an der Quelle aus.

17/13 *dd.* Erhält der an sich quellensteuerpflichtige Arbeitnehmer sein Salär (oder Ersatzeinkommen) von einem Arbeitgeber im Ausland wird er im ordentlichen Verfahren besteuert.

ee. Die Bundes-Lohnquellensteuer wird vom Kanton erhoben, in dem der Arbeitnehmer bei Fälligkeit der steuerbaren Leistung seinen steuerrechtlichen Wohnsitz oder Aufenthalt hat.

b. Kantone

17/14 Das Steuerrecht einer Mehrheit von Kantonen sieht ähnliche Regelungen vor, sei es als definitive Lohnsteuer, sei es als Vorabzug zur Sicherung der später im definitiven Verfahren zu veranlagenden Steuer (siehe aber Rz 17/3).

B. Militärpflichtersatz

17/15 Die Militärpflichtersatzabgabe ist von Ausländern nicht geschuldet. Allerdings könnte ein Ausländer als Erbe des Pflichtigen für die von diesem nicht bezahlte Ersatzabgabe haftbar werden.

2. Abschnitt: Gebühren

17/16 Gebühren verschiedenster Art (z.B. Immatrikulationsgebühren, Spitaltaxen, Jagdpatentgebühren) werden traditionell für Schweizer und Ausländer in verschiedener Höhe erhoben. Sie alle hier darzustellen würde den Rahmen dieses Werkes sprengen. Das Gleichheitsgebot der Bundesverfassung erlaubt u.E. eine solche Differenzierung nur, wo die Staatsangehörigkeit (bezogen auf den fraglichen Tatbestand) ein sachliches und relevantes Kriterium darstellt.

18. Kapitel: Landwirtschaft

1. Grundstückerwerb

Der Erwerb landwirtschaftlicher Grundstücke durch Ausländer ist nur als Nebenbetrieb im Sinne eines anderen nach kaufmännischer Art geführten Gewerbes zulässig. 18/1

2. Käsehandel

Natürliche Personen können nur Mitglieder des Dachverbandes des schweizerischen Käsegroßhandels (Schweizerische Käseunion) werden, wenn sie Schweizer Bürger sind, juristische Personen, wenn ihr Sitz in der Schweiz ist und sich ihr Kapital mehrheitlich in schweizerischen Händen befindet. 18/2

3. Viehandel

Wer mit Vieh (Pferden, Maultieren, Eseln, Rindvieh, Schafen, Ziegen, Schweinen) handeln will, bedarf eines Viehhandelspatentes. Dieses wird nur Schweizer Bürgern mit Wohnsitz in der Schweiz erteilt. (Das Gesetz behält staatsvertragliche Vereinbarungen ausdrücklich vor, solche sind aber nicht abgeschlossen worden). 18/3

19. Kapitel: Verkehr

I. Straßenverkehr

19/1 *a.* Betriebsmitarbeiter der in der Schweiz niedergelassenen Unternehmen für fahrplanmäßigen Personentransport, deren Fahrzeuge größtenteils auf Schweizergebiet verkehren, müssen Schweizer Bürger sein.

19/2 *b.* Im Ausland wohnhafte ausländische Geschädigte eines Strassenverkehrsunfalls können von der Anspruchsberechtigung gegenüber dem speziellen nationalen Versicherungsfonds ausgeschlossen werden, wenn ihr ausländischer Heimat- oder Wohnsitzstaat schweizerische Geschädigte schlechter stellt als inländische.

19/3 *c.* Im übrigen enthalten die Bestimmungen des schweizerischen Straßenverkehrsrechtes mit Auslandbezug Wohnsitz- bzw. Sitzerfordernisse, aber keine Nationalitätsvorschriften.

II. Eisenbahn

19/4 *a.* Die Mehrheit der Mitglieder der Verwaltung einer Gesellschaft, die in der Schweiz eine Eisenbahn baut bzw. betreibt, muß aus in der Schweiz wohnhaften Schweizer Bürgern bestehen. Das ständige Personal soll aus Schweizer Bürgern bestehen.

19/5 *b.* Ausländische Unternehmungen, die in der Schweiz eine Bahn betreiben, haben einen in der Schweiz wohnhaften ständigen Vertreter zu bezeichnen.

III. Schiffahrt

A. Binnenschiffahrt

19/6 Bezüglich der Eintragung in das Schiffsregister und der Führung der Schweizer Flagge auf Binnenschiffen gelten gewisse Wohnsitz- bzw. Sitzerfordernisse, aber keine Nationalitätsvorschriften.

B. Hochseeschiffahrt

19/7 Hochseeschiffe („Seeschiffe") für die gewerbsmäßige Beförderung von Personen oder Gütern oder zu einer sonstigen gewerbsmäßigen Tätigkeit auf See dürfen die Schweizer Flagge nur führen (müssen sie aber exklusiv führen), wenn sie als schweizerische Seeschiffe im Register der schweizerischen Seeschiffe (Registerhafen Basel) eingetragen sind. Diese Eintragung unterliegt strengen Nationalitätsvorschriften. Bezüglich aller dieser Bestimmungen gelten Doppelbürger nur als Schweizer Bürger, wenn sie in der Schweiz Wohnsitz haben. Anwälte, die Parteien in Zivil- oder Strafverfahren vertreten, müssen Schweizer Bürger sein.

1. Eigentum

a. Natürliche Personen
Schweizer Bürger mit Wohnsitz in der Schweiz müssen sein
aa. der Inhaber einer Einzelfirma 19/8
bb. drei Viertel der Gesellschafter oder sonstigen Teilhaber einer Kollektiv- oder Kommanditgesellschaft oder einer Gesellschaft mit beschränkter Haftung, die über drei Viertel der Kapital- und Kommanditeinlagen oder des Stammkapitals verfügen 19/9
cc. die Aktionäre einer Aktiengesellschaft oder Kommanditaktiengesellschaft, die über die Mehrheit des Aktienkapitals, sowie über zwei Drittel der Stimmen verfügen 19/10
dd. zwei Drittel der Genossenschafter einer Genossenschaft, die zugleich über zwei Drittel des durch Anteilscheine geschaffenen Genossenschaftskapitals verfügen. 19/11

b. Juristische Personen
Handelsgesellschaften oder iuristische Personen, die als Gesellschafter, Kommanditäre, Aktionäre, Genossenschafter oder sonstige Teilhaber am Unternehmen des schweizerischen Schiffseigentümers beteiligt oder als Nutznießer oder in anderer Weise daran berechtigt sind, müssen hinsichtlich ihrer Gesellschafter, Kommanditäre, Aktionäre, Genossenschafter oder Mitglieder und der mit der Verwaltung beauftragten Personen, sowie in Bezug auf ihr Gesellschaftskapital unzweifelhaft schweizerisch sein. Zudem bestehen restriktive Sitzbestimmungen. 19/12

2. Reeder

Auch wenn er nicht Eigentümer des Seeschiffes ist, gelten für den Reeder die für den Eigentümer geltenden Nationalität- und Wohnsitzerfordernisse. 19/13

3. Geschäftsführung

Zwei Drittel der Mitglieder der Verwaltung und Geschäftsführung einer Aktiengesellschaft, einer Kommanditaktiengesellschaft, einer Gesellschaft mit beschränkter Haftung, oder einer Genossenschaft müssen Schweizer Bürger sein. 19/14

19/15 Das Schweizerische Schiffahrtsamt kann, wenn es für die Erhaltung der schweizerischen Eigenart des Unternehmens erforderlich ist, verlangen, dass auch andere leitende Personen in der Schweiz wohnhafte Schweizer Bürger sind.

4. Besatzung

19/16 Schweizerische Fähigkeitsausweise für Kapitäne und Besatzungsmitglieder werden ihre Befähigung nachweisenden Schweizer Bürgern ausgestellt, ausländischen Staatsangehörigen an Bord schweizerischer Seeschiffe dann, wenn sie sie für die Ausübung ihrer Tätigkeit an Bord nachweislich benötigen.

19/17 Der Bundesrat kann Vorschriften erlassen über die Mindestzahl von Kapitänen und Seeleuten schweizerischer Staatsangehörigkeit an Bord schweizerischer Seeschiffe.

19/18 Der Bund kann schweizerischen Kapitänen und Seeleuten Beiträge an die Kosten der beruflichen Weiterbildung leisten.

5. Finanzierung

19/19 Besondere Vorschriften gelten auch bezüglich der Finanzierung schweizerischer Seeschiffe. So müssen z. B. die eigenen Mittel des Schiffseigentümers mindestens 20% des Buchwertes jedes Schiffes entsprechen (wobei für jedes neu einzutragende Schiff der Erwerbspreis als erster Buchwert gilt). Vermindern sich die eigenen Mittel infolge von Verlusten, dürfen sie in den nächsten 5 (in Ausnahmefällen 7) Geschäftsjahren nicht unter 8% des Buchwertes sinken. Für den Erwerb von Seeschiffen kann eine Unterschreitung der 20%-Schwelle gestattet werden, wenn die begründete Aussicht besteht, dass in den nächsten 5 Jahren die eigenen Mittel wieder 20% des Buchwertes erreichen; die eigenen Mittel dürfen jedoch 8% des Buchwertes nicht unterschreiten. Die Herkunft der in ein Seeschiff investierten Mittel muss vollständig nachgewiesen werden. Unter bestimmten Voraussetzungen (die namentlich die schweizerische Beherrschung sicherstellen sollen) kann ein schweizerisches Seeschiff auch völlig fremdfinanziert werden.

6. Buchprüfung

19/20 Bezüglich der Qualifikation und Unabhängigkeit der Revisionsstelle einer Schiffseigentümer-Gesellschaft bestehen besondere Bestimmungen. Die Revisionsstelle hat u. a. zu prüfen, ob ein ausländischer Einfluss verdeckt oder verheimlicht wird.

C. Yachten zur See

a. Eine Yacht zur See wird im schweizerischen Yachtregister eingetragen und führt (nur) die Schweizer Flagge, wenn der Eigentümer 19/21

aa. ein Schweizer Bürger ist (ein Doppelbürger gilt nicht als Schweizer Bürger, wenn er im Staat seines anderen Bürgerrechts wohnt); 19/22

bb. ein Verein mit Sitz und Handelsregistereintrag in der Schweiz ist, der die Förderung der Sport- und Vergnügungsschiffahrt bezweckt und schweizerisch beherrscht ist. Diese Voraussetzung ist erfüllt, wenn alle Mitglieder des Vorstandes und anderer Vereinsorgane und zwei Drittel aller Vereinsmitglieder in der Schweiz wohnhafte Schweizer Bürger sind, und kein maßgeblicher Einfluß von ausländischen Vereinsmitgliedern ausgeht. 19/23

b. Der Eigentümer muß schriftlich erklären, daß er keine ausländischen Einflüsse auf die Yacht „verdeckt oder verheimlicht". Die Bezeichnung eines Ausländers als Schiffsführer ist nur zulässig, wenn dies keiner Umgehung der Vorschriften über die Staatsangehörigkeit gleichkommt. 19/24

D. Rheinschiffahrt

Als Rheinschiffe gelten Schiffe, die unterhalb Rheinfeldens auf dem Rhein, seinen Nebenflüssen und Seitenkanälen gewerbsmäßig Personen und Güter befördern. Rheinschiffe dürfen die schweizerische Flagge nur führen, wenn sie im schweizerischen Schiffsregister eingetragen sind. Diese Eintragung unterliegt Bundesvorschriften, die z.T. auf Staatsverträgen beruhen. Grundgedanke dieser Bestimmungen ist das Erfordernis einer echten Verbindung des Schiffseigentümers zur Schweiz. 19/25

1. Eigentum

Das Eigentum an einem Rheinschiff muß mehrheitlich bei natürlichen oder juristischen Personen liegen, die besonderen Nationalitäts- und Wohnsitzvorschriften entsprechen: 19/26

a. Eine natürliche Person (bzw. der Inhaber einer Einzelfirma), der ein Rheinschiff zu mehr als der Hälfte gehört, bzw. die Mehrheit der Eigentümer muß in der Schweiz Wohnsitz haben und Bürger der Schweiz oder eines ihr gleichgestellten Staates sein (d.h. Bürger eines Vertragsstaates der revidierten Rheinschiffahrtsakte – Belgien, Bundesrepublik Deutschland, Frankreich, Großbritannien, Niederlande – oder Bürger eines Mitgliedstaates der EU, der für die Führung seiner Flagge auf dem Rhein gleichwertige Vorschriften anwendet). 19/27

b. Liegt das Schiffseigentum bei einer Kollektiv- oder Kommanditgesellschaft müssen mindestens zwei Drittel der Gesellschafter, die mit 19/28 mindestens zwei Dritteln am Kapital der Gesellschaft beteiligt sind, Bürger der Schweiz oder eines ihr gleichgestellten Staates (mit entsprechendem Wohnsitz) sein.

19/29   *c.* Am Grund-, Stamm- oder Genossenschaftskapital der Schiffseigentümer-AG, -Kommandit-AG, -GmbH oder -Genossenschaft müssen Bürger der Schweiz oder eines ihr gleichgestellten Staates mit Wohnsitz in der Schweiz oder in einem ihr gleichgestellten Staat zu mindestens zwei Dritteln kapital-und stimmenmäßig beteiligt sein.

19/30   *d.* Zwei Drittel der Mitglieder des Schiffseigentümervereins müssen Bürger (mit entsprechendem Wohnsitz) der Schweiz oder eines ihr gleichgestellten Staates sein.

2. Betriebsorganisation

19/31   *a.* Gehört das Rheinschiff einer Unternehmung (Einzelfirma, Handelsgesellschaft, juristische Person) oder deren Zweigniederlassung, muß diese wirtschaftlich und geschäftlich selbständig sein, über eine für den Betrieb, die Ausrüstung und die Bemannung des Schiffes zweckmäßig ausgebaute Betriebsorganisation in der Schweiz verfügen, in der Schweiz den Mittelpunkt ihrer geschäftlichen Tätigkeit besitzen und von dort aus den Betrieb des Schiffes leiten.

19/32   *b.* Werden die betrieblichen Aufgaben vom Schiffsführer oder einem Mitglied der Schiffsbesatzung an Bord besorgt (Partikulierschiffer), so muß der Eigentümer des Schiffes seinen Wohnsitz in der Schweiz haben und Bürger der Schweiz oder eines ihr gleichgestellten Staates sein. Bei Mit- oder Gesamteigentum müssen alle Eigentümer ihren Wohnsitz in der Schweiz haben und Bürger der Schweiz oder eines ihr gleichgestellten Staates sein.

3. Reeder

19/33   Der Binnenreeder eines Rheinschiffes, der nicht Eigentümer ist, muß entweder Wohnsitz bzw. Sitz in der Schweiz haben und die Voraussetzungen erfüllen, die für den Eigentümer gelten, oder Wohnsitz bzw. Sitz in einem gleichgestellten Staat haben und die Voraussetzungen erfüllen, die dieser Staat für Binnenreeder vorschreibt.

4. Geschäftsführung

19/34   *a.* Alle Mitglieder des Vorstandes und anderer exekutiver Organe des Vereins und alle Mitglieder des Stiftungsrates einer Schiffseigentümerstiftung müssen Bürger der Schweiz oder eines ihr gleichgestellten Staates (mit entsprechendem Wohnsitz) sein.

19/35   *b.* Zwei Drittel der Geschäftsführer des Schiffahrtsunternehmens müssen Bürger der Schweiz oder eines ihr gleichgestellten Staates sein (weitergehende Nationalitätsvorschriften des schweizerischen Obligationenrechts bleiben vorbehalten). Die Geschäftsführer müssen mehrheitlich in der Schweiz Wohnsitz haben.

IV. Luftfahrt

Das schweizerische Luftfahrtrecht ist weitgehend von zwischenstaatlichen Vereinbarungen geprägt. Nationalitätsaspekte sind, mit abnehmender Tendenz, in den nachstehenden Bereichen zu beachten. 19/36

A. Schweizerische Luftfahrzeuge

Ein Luftfahrzeug wird in das schweizerische Luftfahrzeugregister eingetragen, wenn es Eigentum ist von
   a. Schweizer Bürgern 19/37
   b. Ausländern, die auf Grund zwischenstaatlicher Vereinbarungen namentlich hinsichtlich der Beteiligung am Kapital und an der Geschäftsführung schweizerischer Luftverkehrsunternehmen Schweizer Bürgern gleichgestellt sind, und die Wohnsitz in der Schweiz haben und eine Bewilligung besitzen, längere Zeit in der Schweiz zu bleiben 19/38
   c. Ausländern, die in der Schweiz Wohnsitz haben und eine Bewilligung besitzen, längere Zeit in der Schweiz zu bleiben, und die das Luftfahrzeug in der Regel von der Schweiz aus benützen 19/39
   d. Handelsgesellschaften oder Genossenschaften, die ihren Sitz in der Schweiz haben und in der Schweiz im Handelsregister eingetragen sind 19/40
   e. Vereinen, die nach schweizerischem Recht errichtet sind, sofern zwei Drittel ihrer Mitglieder und ihres Vorstandes sowie ihr Präsident in der Schweiz Wohnsitz haben und Schweizer Bürger oder Ausländer sind, die auf Grund zwischenstaatlicher Vereinbarungen Schweizer Bürgern gleichgestellt sind. 19/41

Treuhandschaftlich begründete Verfügungsrechte gelten dabei nicht als Eigentum. 19/42

B. Konzession und Bewilligung

1. Allgemeines

   a. Die gewerbsmässige Beförderung von Personen und Gütern bedarf im Linienverkehr einer Konzession, im Nichtlinienverkehr einer Bewilligung. 19/43
   b. Die innerschweizerische Personen- und Güterbeförderung ist grundsätzlich schweizerischen Unternehmungen vorbehalten. 19/44

2. Linienverkehr

a. Einem schweizerischen Unternehmen kann eine Linienverkehrs-Konzession verliehen werden, wenn, nebst andern Voraussetzungen,

19/45   aa. im Fall einer Handelsgesellschaft oder Genossenschaft mindestens drei Fünftel des Kapitals im Eigentum von Schweizern oder schweizerisch beherrschten Handelsgesellschaften oder Genossenschaften stehen, und die Verwaltung und die Geschäftsleitung zu mindestens zwei Dritteln aus Schweizern besteht,

19/46   bb. im Fall einer Aktiengesellschaft zudem mindestens drei Fünftel des Aktienkapitals aus Namenaktien bestehen und im Eigentum von Schweizern oder schweizerisch beherrschten Handelsgesellschaften oder Genossenschaften stehen

19/47   cc. das in der Schweiz beschäftigte Personal sich aus Schweizer Bürgern oder aus Ausländern zusammensetzt, die auf Grund zwischenstaatlicher Vereinbarungen Schweizer Bürgern gleichgestellt sind.

19/48   b. Ein so konzessioniertes Unternehmen hat zur Sicherung einer inländischen Mehrheit an seinem Gesellschaftskapital ein Kaufrecht an börsenkotierten Kapitalanteilen, die von Ausländern erworben worden sind; dieses Kaufrecht kann innert 10 Tagen nach Anmeldung des Erwerbers beim Unternehmen ausgeübt werden, wenn der ausländische Anteil am Gesellschaftskapital 40% erreicht hat.

19/49   c. Die Nationalitätsvorbehalte gemäss lit. a. aa. und bb. und lit. b. gelten nicht, wenn Ausländer oder ausländische Gesellschaften Schweizer Bürgern oder schweizerischen Gesellschaften auf Grund zwischenstaatlicher Vereinbarungen gleichgestellt sind

3. Nichtlinienverkehr

19/50   a. Einem schweizerischen Unternehmen kann eine allgemeine Bewilligung zur Durchführung gewerbsmässiger Flüge im Nichtlinienverkehr erteilt werden, wenn es (u. a.) die Voraussetzungen gemäss Rz 45 und 46 oben erfüllt.

19/51   b. Eine allgemeine Bewilligung an ein ausländisches Unternehmen kann verweigert werden, wenn sie wesentliche schweizerische Interessen gefährden würde oder wenn schweizerische Unternehmen im Heimatstaat des ausländischen Unternehmens kein Gegenrecht geniessen.

C. Verschiedene Bestimmungen

a. Ausländer, die in der Schweiz Flugzeug-Ersatzteillager einrichten und daran dingliche Rechte nach ausländischem Recht bestellen wollen, zu deren Anerkennung die Schweiz nach zwischenstaatlicher Vereinbarung verpflichtet ist, müssen dies dem Bundesamt für Zivilluftfahrt anzeigen. Die am Ersatzteillager anzubringende Aufschrift muß in allen Fällen auch den schweizerischen Vorschriften entsprechen. 19/52

b. Die für die Ausübung bestimmter Funktionen bzw. Tätigkeiten (z.B. Führung des Flugzeuges, Bedienung der Bordradiotelefonie) erforderliche persönliche Bewilligung setzt das Schweizer Bürgerrecht nicht voraus. 19/53

c. Träger ausländischer Ausweise für Landungen im Gebirge dürfen solche Landungen in der Schweiz erst ausführen, nachdem ihre Eignung von einem Schweizer Fluglehrer geprüft worden ist. 19/54

d. Das Bundesamt für Zivilluftfahrt kann die Ausbildung ausländischen Luftpersonals in der Schweiz untersagen, wenn schwerwiegende aussenpolitische Bedenken bestehen. 19/55

e. Ausländer, die sich erstmals um einen Flugsicherungsausweis bewerben, haben neben einem Auszug aus dem Schweizerischen Zentralstrafregister auch ein entsprechendes Zeugnis ihres Heimatstaates vorzulegen. 19/56

f. Sind bei einem Flugunfall im Ausland Schweizer Bürger getötet worden, dann das Büro für Flugunfalluntersuchungen Sachverständige entsenden. 19/57

V. Pauschalreisen

Der Veranstalter oder Vermittler von Pauschalreisen muss Angehörige der Staaten von EFTA und EU über Pass- und Visumserfordernisse, insbesondere über die Fristen für die Erlangung dieser Dokumente informieren, Angehörige anderer Länder nur, wenn sie dies unverzüglich verlangen. 19/58

20. Kapitel: Energie

1. Wasserkraft

20/1 Die Konzession zur Nutzung von Wasser öffentlicher Gewässer (Wasserrecht) wird nur verliehen an
20/2 *a.* natürliche Personen und Personengemeinschaften, wenn alle Beteiligten Schweizer Bürger sind,
20/3 *b.* juristische Personen, deren Verwaltung zu mindestens zwei Dritteln aus Schweizer Bürgern besteht.
20/4 Die Konzessionäre und bei juristischen Personen die qualifizierenden Mitglieder der Verwaltung müssen während der ganzen Dauer der Konzession Wohnsitz bzw. Sitz in der Schweiz haben.

2. Schürfrechte

20/5 Die Aufsuchung und Ausbeutung von Erdöl, Erdgas, Asphalt und anderen festen und flüssigen Bitumina ist kantonal geregelt. Gestützt auf ein interkantonales Konkordat wird eine solche Konzession in den Kantonen Aargau, Appenzell-Außerrhoden, Appenzell-Innerrhoden, Glarus, Schaffhausen, Schwyz, St. Gallen, Thurgau, Zürich, Zug nur einer Aktiengesellschaft erteilt, deren Kapital sich dauernd zu drei Vierteln in schweizerischem Eigentum befindet.

3. Internationale Rohrleitungen

20/6 *a.* Die Konzession für Bau und Betrieb einer die schweizerische Landesgrenze kreuzenden Rohrleitungsanlage wird (abgesehen von öffentlichen Trägern) nur verliehen an
20/7 *aa.* natürliche Personen, wenn sie Schweizer Bürger sind und Wohnsitz in der Schweiz haben, oder an
20/8 *bb.* juristische Personen, wenn sie den Sitz in der Schweiz haben und „wenn zuverlässig festgestellt werden kann", daß sie „eindeutig weder kapitalmäßig noch in anderer Weise durch ausländische Interessen einseitig beherrscht werden".
20/9 Aktien solcher Gesellschaften müssen auf den Namen lauten.
20/10 *b.* Geschäftsführung und Betriebsleitung des Konzessionärs müssen in der Schweiz ansässig sein. Ausländer und im Ausland wohnhafte Schweizer Bürger dürfen den Konzessionär nur gemeinsam mit einem in der Schweiz wohnhaften Schweizer Bürger vertreten.
20/11 *c.* Jährlich muß durch einen besonderen Revisionsbericht einer Revisionsstelle, die selber nicht ausländisch beherrscht sein darf, bestätigt

werden, daß diese Nationalitätsvorschriften erfüllt sind und „kein unzulässiger ausländischer Einfluß verdeckt oder verheimlicht wird".

4. *Atomenergie*

Erstellung und Betrieb einer Atomanlage bedürfen (außer den Bewilligungen nach kantonalem öffentlichem Baurecht) drei Typen von Bewilligungen: Rahmenbewilligung, nukleare Baubewilligung (ev. aufgespalten in höchstens drei Teilbaubewilligungen) und Betriebsbewilligung (ev. aufgeteilt in eine Inbetriebnahme- und eine Betriebsbewilligung). Nur bezüglich der Rahmenbewilligung gelten Nationalitätsvorschriften. Die Rahmenbewilligung wird nur erteilt an 20/12

a. natürliche Personen, wenn sie Schweizer Bürger sind und Wohnsitz in der Schweiz haben, 20/13

b. juristische Personen, wenn sie schweizerisch beherrscht sind und den Sitz in der Schweiz haben. Der Bundesrat kann zudem verlangen, daß mindestens zwei Drittel der Mitglieder der Verwaltung Schweizer Bürger mit Wohnsitz in der Schweiz sind. 20/14

21. Kapitel: Medien, Fernmeldewesen

1. Medien-Korrespondenten

21/1 a. Ausländische Journalisten benötigen zur Tätigkeit in der Schweiz eine Arbeitsbewilligung, sobald die Dauer der Tätigkeit die bewilligungsfreie Zeit übersteigt.

21/2 b. Schweizerische und ausländische Vertreter ausländischer Medien können durch das Eidgenössische Departement für auswärtige Angelegenheiten akkreditiert werden. Für diese bestehen spezielle Regelungen.

21/3 Nur die im Bundeshaus akkreditierten Pressevertreter haben regelmäßig Zutritt zu den Pressetribünen des Nationalrats und des Ständerates, zu den im Parlamentsgebäude stattfindenden oder von der Bundesverwaltung sonst veranstalteten Pressekonferenzen und geniessen die Arbeitserleichterungen seitens der Informationsdienste der Bundesversammlung, der Departemente der Bundesverwaltung, der Schweizerischen Bundesbahnen (SBB) und der Post-, Telefon- und Telegraphenbetriebe (PTT).

21/4 c. Sind die Voraussetzungen zur Akkreditierung nicht erfüllt, kann die Arbeitsbewilligung aufgrund der allgemeinen Bestimmungen erteilt werden, die im 3. Kapitel erläutert wurden.

2. Beschwerdeinstanz für Radio und Fernsehen

21/5 Mitglieder der unabhängigen Beschwerdeinstanz für Radio und Fernsehen und Mitglieder des Sekretariats dieser Beschwerdeinstanz müssen Schweizer Bürger sein. Mit Zustimmung des Bundesrates kann ausnahmsweise auf das Erfordernis des Schweizer Bürgerrechts verzichtet werden. Zur Beschwerde berechtigt sind Schweizer und Ausländer mit Niederlassungsbewilligung oder Aufenthaltsbewilligung.

3. Funkkonzession

21/6 a. Bezüglich der Konzessionen, die von der Monopolbehörde (PTT) für Funkbetrieb, den Betrieb von Kabelnetzen und von Umsetzern überhaupt an private Träger vergeben werden, gelten in der Regel Wohnsitz- bzw. Sitzerfordernisse. Echte Nationalitätsvorschriften gelten nur bezüglich der

21/7 aa. Amateurfunkkonzession: Sie wird einem Ausländer mit Wohnsitz in der Schweiz nur erteilt, wenn er anerkannter Flüchtling ist, oder wenn sein Heimatstaat Gegenrecht hält.

bb. Bewilligung für Lokalrundfunk-Versuche: Sie wird nur Schweizer 21/8
Bürgern oder schweizerisch beherrschten juristischen Personen mit
Wohnsitz bzw. Sitz im Verbreitungsgebiet erteilt.

cc. Satellitenrundfunkkonzession: Sie wird – wenn die andern Voraus- 21/9
setzungen erfüllt sind – nur einer juristischen Person mit Sitz in der
Schweiz verliehen, die nach dem Kapital mindestens zur Hälfte und
nach den Stimmen mindestens zu zwei Dritteln schweizerisch beherrscht ist. Wird ausschließlich ein Programm für internationales Publikum veranstaltet, kann der Bundesrat diese Nationalitätsanforderung
lockern.

b. Für die besonderen Strafbestimmungen siehe Rz 12/7. 21/10

4. Radio und Fernsehen

Zur Veranstaltung von Radio- und Fernsehprogrammen braucht es 21/11
eine Konzession. Die Konzession setzt voraus, daß der Bewerber eine
natürliche Person mit Schweizer Bürgerrecht und Wohnsitz in der
Schweiz ist oder eine juristische Person mit Sitz in der Schweiz, die
wirtschaftlich und personell schweizerisch beherrscht ist.

Der Bundesrat kann vorsehen, daß eine Konzession auch einer ausländischen natürlichen Person mit Wohnsitz in der Schweiz oder einer
ausländisch beherrschten juristischen Person mit Sitz in der Schweiz erteilt werden kann. Er kann, soweit keine internationalen Verpflichtungen entgegenstehen, die Erteilung einer solchen Konzession vom Gegenrecht abhängig machen. Schweizerische Beherrschung besteht, wenn
mindestens die Hälfte des Aktien-, Stamm- oder Gesellschaftskapitals
im Eigentum von schweizerischen natürlichen oder juristischen Personen steht, diese Personen über mehr als die Hälfte der Stimmen in der
Generalversammlung oder Gesellschafterversammlung verfügen und
mehr als die Hälfte der Mitglieder der Verwaltung im Besitz des
Schweizer Bürgerrechts ist: Aktien müssen auf den Namen lauten und
vinkuliert sein.

5. Telefon, Telegraf

Für ihre Verpflichtungen gegenüber der PTT (Telefon, Telegraf) müs- 21/12
sen Sicherheit leisten:

a. Ausländer ohne Niederlassungsbewilligung (ausgenommen Flüchtlinge);

b. ausländische Mitglieder des dienstlichen Hauspersonals diplomatischer oder konsularischer Vertretungen sowie ausländische private
Hausangestellte von Mitgliedern diplomatischer und konsularischer
Vertretungen;

c. Unternehmungen, deren persönlich haftende Gesellschafter in der
Schweiz keine Niederlassungsbewilligung haben.

6. Postverkehr

21/13 *a.* Der Versand von Kulturzeitschriften und wissenschaftlichen Periodika unterliegt einem ermäßigten Tarif, wenn sie (u. a.) eine schweizerische Trägerschaft aufweisen.

21/14 *b.* Für Zeitungen gelten reduzierte Posttarife, wenn sie in der Schweiz hergestellt und herausgegeben werden. Im Ausland hergestellte Publikationen können bei schweizerischen Poststellen aufgegeben werden.

21/15 *c.* Eine Konzession für die gewerbsmäßige internationale Beförderung von regalpflichtigen Sendungen wird Unternehmen erteilt, die ihren Geschäftssitz in der Schweiz haben.

22. Kapitel: Investitionsrisikogarantie, Exportrisikogarantie, Wirtschaftssanktionen

1. Investitionsrisikogarantie

a. Der Bund kann die Vornahme von Investitionen im Ausland, vorwiegend in Entwicklungsländern, durch Garantien gegen besondere Risiken schützen. Gedeckt werden können Beteiligungs- oder Leihkapitalien und deren Erträge. 22/1

b. Die Garantie wird nur gewährt

aa. natürlichen Personen (Investoren) mit Schweizer Bürgerrecht und Wohnsitz in der Schweiz; 22/2

bb. juristischen Personen oder vermögensfähigen Personengesellschaften ohne juristische Persönlichkeit, die schweizerisch beherrscht sind und ihren Sitz in der Schweiz haben; 22/3

cc. ausnahmsweise einem Investor, der nur eines dieser vorgeschriebenen Erfordernisse erfüllt, aber zur schweizerischen Wirtschaft in enger Beziehung steht. 22/4

Die Garantie kann mit Bewilligung des Garanten unter Umständen auch an einen Ausländer abgetreten werden, welcher die Nationalitätserfordernisse nicht erfüllt.

2. Exportrisikogarantie

Zur Sicherung von Arbeitsplätzen in der Schweiz kann der Bund mit der Übernahme von Exportaufträgen verbundene Risiken abdecken. Die Garantienehmer müssen im schweizerischen Handelsregister eingetragen sein, über eine einheimische Produktionsstätte verfügen und die Lieferungen müssen vorwiegend schweizerischen Ursprungs sein. Eigentliche Nationalitätsbestimmungen fehlen. 22/5

3. Wirtschaftssanktionen

Die Schweiz erläßt (meist im Rahmen von UNO-Sanktionen) oft sehr kurzfristig Vorschriften betreffend Wirtschaftssanktionen, die beschränkte Zeit wirksam sind. Bei Redaktionsschluß waren folgende Vorschriften in Kraft: 22/6

a. Irak: Handel und Zahlungsverkehr mit irakischen natürlichen und juristischen Personen unterliegen Einschränkungen. 22/7

b. Libyen: Die Durchführung von Unterhaltsarbeiten an Luftfahrzeugen, die im Eigentum des Libyschen Staates, libyscher Staatsangehöriger oder Firmen stehen, ist in der Schweiz, sowie Firmen mit schweizerischem Unterhaltsbetriebsausweis untersagt. 22/8

22/9   Der Abschluß neuer Versicherungen für solche Luftfahrzeuge ist untersagt.
22/10 Die Lieferung von Rüstungsgütern ist untersagt, der Zahlungsverkehr mit libyschen Privatpersonen und mit dem libyschen Staat unterliegt Einschränkungen.
22/11   c. Die Maßnahmen betreffend Luft- und Strassenverkehr, Handel und Dienstleistungen, Einreisesperre etc. gegenüber (dem ehemaligen) Jugoslawien (Serbien und Montenegro) sind bis auf weiteres sistiert.

23. Kapitel: Immaterialgüterrecht

1. Allgemeines

a. Der Erwerb von Rechten an Werken der Literatur und Kunst, an künstlerischen Darbietungen (Urheber- bzw. Leistungsschutzrechte), an Marken, Erfindungen (Patentrechte), Mustern und Modellen, Topographien von Halbleitererzeugnissen sowie an Pflanzensorten (Sortenschutzgesetz) steht mit den nachfolgend erwähnten Ausnahmen Ausländern ebenso offen wie Schweizern. 23/1

b. Der Grundsatz der Gleichstellung der Ausländer mit den Schweizern ist in der Pariser Verbandsübereinkunft zum Schutz des gewerblichen Eigentums vom 20. März 1883, revidiert zuletzt in Stockholm am 14. Juli 1967, enthalten. Dieser internationalen Konvention gehören die meisten Staaten an. Die Angehörigen jedes Mitgliedstaates genießen im Gebiet jedes anderen Vertragsstaates dieselben Vorteile wie die Angehörigen jenes Staates (Grundsatz der Inländerbehandlung). Vorbehalten sind Bestimmungen der Vertragsstaaten über das gerichtliche und das Verwaltungsverfahren und die Zuständigkeit sowie über die Wahl des Wohnsitzes oder die Bestellung eines Vertreters. Dieselben Vorteile können Ausländer beanspruchen, die nicht Angehörige eines Vertragsstaates sind, aber in einem solchen ihren Wohnsitz oder eine gewerbliche oder Handelsniederlassung haben. 23/2

c. Am 1. Januar 1995 ist für die Schweiz zudem als Teil des GATT/WTO-Übereinkommens das sogenannte TRIPs-Abkommen (Agreement on Trade-Related Aspects of Intellectual Property Rights) in Kraft getreten. Damit wurden vor allem die existierenden immaterialgüterrechtlichen multilateralen Staatsverträge über ihre bisherigen räumlichen Geltungsbereiche hinaus fast weltweit erstreckt. Inhaltlich sieht das TRIPs-Abkommen den schon in der Pariser Verbandsübereinkunft enthaltenen Grundsatz der Inländerbehandlung (generelle Gleichbehandlung von Inländern und Ausländern) vor und bestimmt zudem, daß jeder Ausländer in der Schweiz Anspruch auf die gleichen Vergünstigungen hat, wie sie den am meisten begünstigten Mitgliedern anderer Staaten gewährt werden (Prinzip der Meistbegünstigung/generelle Gleichbehandlung aller Ausländer. 23/3

d. Unter den bilateralen Abkommen der Schweiz gewährt das Übereinkommen zwischen der Schweiz und dem Deutschen Reich betreffend den gegenseitigen Patent-, Muster- und Markenschutz vom 13. April 1982 mit Abänderungsvertrag vom 26. Mai 1902 Personen deutscher Staatsangehörigkeit besondere Vorteile bezüglich des Gebrauchs der Er- 23/4 findungen, Muster bzw. Modelle und Marken in der Schweiz. Soweit die schweizerische Gesetzgebung zur Aufrechterhaltung der Rechte an diesen Immaterialgütern deren Gebrauch vorschreibt, gilt dieses Erfordernis zugunsten von Deutschen auch als durch den Gebrauch in Deutschland erfüllt.

2. Urheber- und Leistungsschutzrechte

23/5   a. Anders noch als die inzwischen aufgehobene Regelung aus dem Jahre 1922, gewährt nunmehr das seit 1. Juli 1993 neu in Kraft stehende Urheberrechtsgesetz Schutz für alle Urheber, und zwar unabhängig vom Ort der Veröffentlichung ihrer Werke und unabhängig von ihrer jeweiligen Staatsangehörigkeit. Gleiches gilt auch für die Leistungsschutzrechte der ausübenden Künstler (Interpretenschutz), die Schutzrechte von Herstellern von Ton- und Tonbildträgern sowie die Leistungsschutzrechte von Sendeunternehmen. Kurz: Inländer und Ausländer werden gleich behandelt.

23/6   b. Eine Ausnahme vom vorerwähnten Grundsatz ist jedoch zu beachten: Danach haben ausländische Künstler – sofern sie ihren gewöhnlichen Aufenthalt nicht in der Schweiz haben – keinen Anspruch auf Vergütung für die Sendung bzw. Weitersendung oder Aufführung von Ton- oder Tonbildträgern, welche ihre Darbietungen enthalten. Ein Anspruch besteht in diesen Fällen nur dann, wenn der Heimatstaat den schweizerischen Staatsangehörigen ein entsprechendes Recht gewährt (Gegenrechtsvorbehalt).

3. Markenrecht

23/7   Das neue Markenschutzgesetz, welches am 1. April 1993 in Kraft gesetzt wurde, ist im Vergleich zum alten Recht wesentlich liberaler:

23/8   a. Jede Person (Inländer wie Ausländer) kann eine Marke hinterlegen. Damit hat der Gesetzgeber nunmehr hinsichtlich der Eintragungsberechtigung auf jegliche Gegenrechtsvorbehalte verzichtet, weshalb neu auch ausländische öffentliche Verwaltungen und ausländische Vereinigungen (bzgl. Kolektivmarken) Marken hinterlegen können, ohne dass auch ihr jeweiliger Sitzstaat Schweizern die gleichen Rechte einräumt. Entsprechendes gilt für Herkunftsangaben.

23/9   b. Wer ein mit einer Marke gekennzeichnete Ware oder Dienstleistung auf einer offiziellen oder offiziell anerkannten Ausstellung in einem Mitgliedstaat der Pariser Verbandsübereinkunft vorstellt, kann für die Hinterlegung in der Schweiz das Datum des Eröffnungstages der Ausstellung beanspruchen, sofern die Marke innerhalb von sechs Monaten nach diesem Zeitpunkt hinterlegt wird. Diese Ausstellungspriorität kann von jedermann in Anspruch genommen werden, unabhängig davon, ob der Anmelder Angehöriger eines Verbandslandes der Pariser Übereinkunft ist oder nicht.

c. Ausländer, welche die Vorteile der Pariser Verbandsübereinkunft beanspruchen können, genießen für ihre in der Schweiz allgemein bekannten Marken Schutz. 23/10

4. Erfindungspatente

a. Schweizer können sich auf die Bestimmungen der Pariser Verbandsübereinkunft zum Schutz des gewerblichen Eigentums berufen, wenn jene günstiger sind als das nationale Patentgesetz. Dies führt dazu, daß Ausländer aus Staaten, welche nicht der Pariser Verbandsübereinkunft angehören, in Ausnahmefällen schlechter gestellt sein können als Inländer. (u. U. kommt hier aber eine Berufung auf Art. 4 des TRIPs-Abkommens in Betracht). 23/11

b. Internationale Patentanmeldungen können von Ausländern nur dann über das schweizerische Bundesamt für geistiges Eigentum vorgenommen werden, wenn der Anmelder seinen Sitz oder Wohnsitz in der Schweiz hat. Internationale Patentanmeldungen mit Gültigkeit für die Schweiz können von andern als Angehörigen eines Mitgliedstaates des Vertrages über die internationale Zusammenarbeit auf dem Gebiet des Patentwesens (PCT) vorgenommen werden, wenn sie Sitz oder Wohnsitz in einem Vertragsstaat haben. 23/12

5. Pflanzenzüchtungen (Sortenschutzgesetz)

Ausländer können Rechte aus dem Sortenschutzgesetz nur geltend machen, wenn sie einem anderen Mitgliedstaat des internationalen Verbandes zum Schutz von Pflanzenzüchtungen oder einem Staat, welcher der Schweiz Gegenrecht hält, angehören oder in einem solchen Wohnsitz haben und wenn der betreffende Staat die Sorten gleicher Art schützt oder wenn die Sorte zu bestimmten im Abkommen genannten Arten gehört. 23/13

6. Schutz öffentlicher Wappen

Im Ausland niedergelassene Ausländer dürfen schweizerische Hoheitszeichen wie Wappen, das Schweizer Kreuz oder ähnliche Zeichen nicht auf Geschäftsschildern, Anzeigen, Prospekten oder Geschäftspapieren anbringen, ebenso nicht die Wappen von Bezirken, Kreisen oder Gemeinden oder nationale Bild- oder Wortzeichen (z. B. „Helvetia"). 23/14

7. Schutz von Topographien von Halbleitererzeugnissen

Ausländische Hersteller von Topographien sind in der Schweiz geschützt, sofern sie ihren gewöhnlichen Aufenthalt oder ihre geschäftli- 23/15 che Niederlassung in der Schweiz haben oder – wenn dies nicht zutrifft – sofern die erste Verbreitung der Topographien in der Schweiz erfolgte. Vorbehalten sind günstigere Bestimmung in völkerrechtlichen Verträgen sowie Fälle, in denen der Herkunftsstaat schweizerischen Herstellern Gegenrecht gewährt.

Rechtsquellen

Rechtsquellen zum Vorwort 2

Rz 5:	SR 443.11 Art. 1 Abs. 2
Rz: 7:	SR 823.23

Rechtsquellen zum 1. Kapitel

Rz 1–44:	SR 101 Art. 44
	SR 141.0
Rz 45:	SR 143.12
	SR 143.2
	SR 143.3

Rechtsquellen zum 2. Kapitel

Rz 1:	SR 101 Art. 2; Art. 5
	SR 170.31 Ziff. 2
	SR 171.13 Art. 5
	SR 171.14 Art. 2; Art. 3
Rz 3–12:	SR 101 Art. 4; Art. 31 f; Art. 49, Art. 56 ff
Rz 13:	SR 126
Rz 14:	Verbalnoten des Eidg. Departementes für auswärtige Angelegenheiten vom 14. April 1989 und vom 3. Oktober 1994, nicht publiziert, an die akkreditierten diplomatischen Vertretungen in der Schweiz
Rz 15:	SR 101 Art. 43 Abs. 2; Art. 74 Abs. 1; Art. 120; Art. 121 Abs. 1, 5, 6
Rz 16:	SR 101 Art. 72 Abs. 1; Art. 75; Art. 96 Abs. 1; Art. 108 Abs. 1
	SR 161.1 Art. 16 f
Rz 18 ff:	Kt. Jura: Loi sur les droits politiques vom 26. 10. 1978 (161.1), Art. 3 und 6
	Kt. Neuchâtel: Loi sur les droits politiques vom 17. 10. 1984 (141), Art. 3
Rz 22:	Kt. Glarus: Gemeindegesetz vom 3. 5. 1992 (E/2), Art. 33 Abs. 4
Rz 23:	Kt. Thurgau: Gesetz über das Stimm- und Wahlrecht vom 15. 3. 1995, § 2
	Kt. Appenzell Ausserrhoden: Verfassung vom 30. 4. 1995 (111.1), Art. 105

Rechtsquellen zum 3. Kapitel

Rz 2:	SR 142.211 Art. 1; Art. 2 Abs. 1
Rz 3–5:	Die Rechtsquellen sind größtenteils nicht publiziert
Rz 6:	SR 0.142.103
	SR 0.142.115.142
Rz 7:	SR 818.125.1
	SR 818.125.11
Rz 8–9:	SR 142.20 Art. 2 Abs. 1
Rz 10:	SR 142.20 Art. 2
Rz 11:	SR 0.131.334.9 Art. 6
	SR 0.814.285.1 Art. 2, 6, 10
Rz 12:	SR 142.20 Art. 1
Rz 13:	SR 142.20 Art. 2 Abs. 1
Rz 14:	SR 823.21 Art. 38
Rz 15:	SR 823.21 Art. 39 Abs. 1 lit. a.
Rz 16:	SR 823.21 Art. 39 Abs. 1 lit. b.
Rz 17:	SR 823.21 Art. 39 Abs. 1 lit. c
Rz 18:	SR 823.21 Art. 39 Abs. 1 lit. d
Rz 19:	SR 823.21 Art. 38 Abs. 1
Rz 23:	SR 823.21 Art. 31
Rz 24:	SR 823.21 Art. 32
Rz 25:	SR 823.21 Art. 33
Rz 26:	SR 823.21 Art. 34
Rz 27:	SR 211.222.338 Art. 8 b)
	SR 823.21 Art. 35
Rz 28:	SR 823.21 Art. 31 lit. e; Art. 32 lit. e; Art. 33 lit. c; Art. 34 lit. e
Rz 30:	SR 823.21 Art. 51; Art. 41
Rz 31:	SR 823.21 Art. 51; Art. 52
Rz 32:	SR 823.21 Art. 29 Abs. 1

Rz 33:	SR 142.241	Rz 80:	SR 823.21 Art. 15 Abs. 2 lit. e
Rz 34:	SR 142.20 Art. 5 Abs. 1		
Rz 35:	SR 0.631.112.136 Art. 16 ff	Rz 81:	SR 823.21 Art. 15 Abs. 2 lit. f
Rz 37:	SR 823.21 Art. 6 Abs. 1	Rz 82:	SR 823.21 Art. 15 Abs. 2 lit. g
Rz 38:	SR 823.21 Art. 6 Abs. 2 lit. a	Rz 83:	SR 823.21 Art. 15 Abs. 2 lit. h
Rz 39:	SR 823.21 Art. 6 Abs. 2 lit. b	Rz 84:	SR 823.21 Art. 15 Abs. 2 lit. i
Rz 40:	SR 823.21 Art. 6 Abs. 2 lit. c	Rz 85:	SR 823.21 Art. 15 Abs. 2 lit. k
Rz 41:	SR 142.20 Art. 3 Abs. 3	Rz 86:	SR 823.21 Art. 15 Abs. 2 lit. l
Rz 42:	SR 142.261 Art. 1		
Rz 43:	SR 142.20 Art. 2 Abs. 1		
Rz 45:	SR 142.201 Art. 2 Abs. 4, 6	Rz 87:	SR 823.21 Art. 15 Abs. 3
Rz 46:	SR 142.201 Art. 2 Abs. 5; Art. 3 Abs. 8	Rz 88:	SR 823.21 Art. 15 Abs. 4
		Rz 89:	SR 823.21 Art. 15 Abs. 4 lit. a
Rz 47:	SR 142.201 Art. 2 Abs. 8		
Rz 48, 49:	SR 823.21 Art. 12; Anhänge	Rz 90:	SR 823.21 Art. 15 Abs. 4 lit. b
Rz 51:	SR 823.21 Art. 7 Abs. 5 bis; Art. 3 Abs. 1 lit. c	Rz 91:	SR 823.21 Art. 15 Abs. 4 lit. c
Rz 52:	SR 823.21 Art. 13 lit. b	Rz 92:	SR 823.21 Anhang 1
Rz 53:	SR 823.21 Art. 13 lit. c	Rz 93:	SR 823.21 Art. 14
Rz 54:	SR 823.21 Art. 13 lit. d	Rz 94:	Zürich GS 823.21 § 3
Rz 55:	SR 823.21 Art. 3 Abs. 1 lit. a; Art. 13 lit. e SR 0.142.115.142 SR 0.142.115.142.1 SR 0.631.112.514 Art. 33	Rz 96:	Zürich GS 823.21 § 7 lit. e
		Rz 97:	Zürich GS 823.21 § 7 lit. a
		Rz 98:	Zürich GS 823.21 § 7 lit. b
		Rz 99:	Zürich GS 823.21 § 7 lit. c
		Rz 100:	Zürich GS 923.21 § 7 lit. d
Rz 56:	SR 823.21 Art. 3 Abs. 1 lit. b; lit. d; Art. 13 lit. g	Rz 101:	Zürich GS 823.21 § 4; § 5
		Rz 102:	Zürich GS 823.21 § 7 lit. f
Rz 57:	SR 823.21 Art. 13 lit. h	Rz 103:	Zürich GS 823.21 § 7 lit. g
Rz 58:	SR 823.21 Art. 13 lit. i	Rz 104:	SR 823.21 Art. 20; Art. 21
Rz 59:	SR 823.21 Art. 13 lit. k	Rz 105:	SR 823.21 Art. 21 Abs. 2
Rz 60:	SR 823.21 Art. 13 lit. l	Rz 106:	SR 823.21 Art. 21 Abs. 2 lit. b, lit. c, lit. g, lit. h
Rz 61:	SR 823.21 Art. 13 lit. m		
Rz 62:	SR 823.21 Art. 13 lit. n, o	Rz 107:	SR 823.21 Art. 21 Abs. 3 lit. a
Rz 63:	SR 823.21 Art. 23		
Rz 64:	SR 823.21 Art. 4 lit. f	Rz 108:	SR 823.21 Art. 21 Abs. 3 lit. b
Rz 65:	SR 823.21 Art. 13 lit. f		
Rz 69:	SR 823.21 Art. 7	Rz: 109:	SR 823.21 Art. 21 Abs. 3 lit. b
Rz 70:	SR 823.21 Art. 8		
Rz 74:	SR 823.21 Art. 14; Art. 15	Rz 110:	SR 823.21 Art. 21 Abs. 3 lit. c
Rz 75:	SR 823.21 Art. 15 Abs. 2		
Rz 76:	SR 823.21 Art. 15 Abs. 2 lit. a	Rz 111:	SR 823.21 Anhang 3
		Rz 113:	SR 823.21 Art. 20 Abs. 1 lit. a
Rz 77:	SR 823.21 Art. 15 Abs. 2 lit. b	Rz 114:	SR 823.21 Art. 20 Abs. 1 lit. b
Rz 78:	SR 823.21 Art. 15 Abs. 2 lit. c	Rz 115:	SR 823.21 Art. 20 Abs. 1 lit. c
Rz 79:	SR 823.21 Art. 15 Abs. 2 lit. d	Rz 116:	SR 823.21 Anhang 3

Rz 117:	SR 823.21 Art. 22	Rz 124:	SR 823.21 Art. 16 Abs. 1, 6
Rz 118:	SR 0.142.111.367 (Bundesrepublik Deutschland)	Rz 125:	SR 823.21 Art. 18; Art. 19; Anhang 2
		Rz 126 ff:	SR 823.21 Art. 28
	SR 0.142.111.637 (Oesterreich)	Rz 129:	SR 823.21 Art. 38
		RZ 130:	SR 823.21 Art. 8 Abs. 3
	SR 0.142.111.727 (Belgien)	Rz 131:	SR 823.21 Art. 23
		Rz 133:	SR 823.21 Art. 23. Abs. 2
	SR 0.142.112.147 (AS 1995 IV 3954) (Bulgarien)	Rz 134 f:	SR 823.21 Art. 23 Abs. 3
		Rz 136:	SR 823.21 Art. 8 Abs. 4
		Rz 139:	SR 142.20 Art. 5 Abs. 1
	SR 0.142.113.147 (Dänemark)	Rz 140:	SR 142.20 Art. 6 SR 142.201 Art. 10; Art. 11
	SR 0.142.113.327 (Spanien)		
		Rz 141:	SR 823.21 Art. 25 Abs. 1
	SR 0.142.113.457 (Finnland)	Rz 143:	SR 823.21 Art. 25 Abs. 4
		Rz 144:	SR 823.21 Art. 25 Abs. 3
	SR 0.142.113.497 (Frankreich)	Rz 145:	SR 823.21 Art. 25 Abs. 5
		Rz 146:	SR 823.21 Art. 25 Abs. 2
	SR 0.142.114.187 (Ungarn)	Rz 149:	SR 823.21 Art. 26 Abs. 1
		Rz 151:	SR 823.21 Art. 27
	SR 0.142.114.417 (Irland)	Rz 153:	SR 823.21 Art. 29 Abs. 1, Abs. 6
	SR 0.142.114.544 (Italien)	Rz 154 ff:	SR 823.21 Art. 29 Abs. 2
	SR 0.142.115.187 (Luxemburg)	Rz 158:	SR 823.21 Art. 29 Abs. 3
		Rz 159:	SR 823.21 Art. 29 Abs. 4
	SR 0.142.115.677 (Monaco)	Rz 160:	SR 823.21 Art. 29 Abs. 1
		Rz 161 ff:	SR 823.21 Art. 30 Abs. 1
	SR 0.142.115.987 (Norwegen)	Rz 164:	SR 823.21 Art. 30 Abs. 2
		Rz 165:	SR 823.21 Art. 51
	SR 0.142.116.147 (Neuseeland)	Rz 166:	SR 823.21 Art. 42; Art. 43
		Rz 167:	SR 823.21 Art. 51; Art. 52
	SR 0.142.116.367 (Niederlande)	Rz 168:	SR 142.241
		Rz 169:	SR 142.20 Art. 9 Abs. 1 lit. a
	SR 0.142.116.497 (Polen)		
		Rz 170:	SR 142.201 Art. 10 Abs. 4
	SR 0.142.116.547 (Portugal)	Rz 171:	SR 823.21 Art. 13 lit. i
		Rz 173:	SR 0.518.51 Art. 35
	SR 0.142.116.657 (Russland)	Rz 174:	SR 142.20 Art. 9 Abs. 2
		Rz 175:	SR 142.20 Art. 12
	SR 0.142.116.907 (Slowakische Republik)	Rz 176:	SR 142.20 Art. 10 SR 142.201 Art. 16
	SR 0.142.117.147 (Schweden)	Rz 177:	SR 101 Art. 70
		Rz 178:	SR 311.0 Art. 55
	Die Abkommen mit Australien, Grossbritannien, Kanada und den USA sind nicht publiziert.	Rz 180:	SR 142.212 Art. 1
		Rz 182:	SR 142.20 Art. 6
		Rz 183:	SR 142.201 Art. 11 Abs. 5 SR 0.142.111.631.1 Art. 1
		Rz 184:	SR 0.142.111.364 (Bundesrepublik Deutschland) SR 0.142.111.723 (Belgien)
Rz 119:	SR 0.142.111.367 Art. 5 Abs. 1		
Rz 121:	SR 823.21 Art. 25 Abs. 5		
Rz 123:	SR 823.21 Art. 16		

	SR 0.142.113.141.1 Art. 1 (Dänemark)	Rz 5:	SR 172.221.104.4
	SR 0.142.113.328.1 (Spanien)	Rz 6:	SR 211.112.1 Art.11 Abs. 1
	SR 0.142.113.491 Art. 6 (Frankreich)	Rz 7:	SR 172.221.101 Art. 42 SR 172.221.102 Art. 37 SR 172.221.104 Art. 49 bis
	SR 0.142.113.722 (Griechenland)	Rz 8:	SR 172.221.17 Art. 12
	SR 0.142.114.541.1 Art. 1 (Italien)	Rz 9:	SR 172.221.17 Art. 17 Abs. 1
	SR 0.142.115.142 Art. 6 (Liechtenstein)	Rz 10:	SR 101 Art. 108 Abs. 1 SR 173.110 Art. 2 Abs. 1; Art. 29 Abs. 2, 3
	SR 0.142.116.364 (Niederlande)		SR 173.31 Art. 3 Abs. 1 SR 312.0 Art. 4 Abs. 3
	SR 0.142.116.546 (Portugal)		SR 322.1 Art. 2; Art. 3; Art. 99 Abs. 1
	SR.142.31 Art. 28 (Flüchtlinge)	Rz 11:	SR 173.110 Art. 29 Abs. 2, 3
Rz 187:	SR 142.20 Art. 7 Abs. 1; Art. 17 Abs. 2	Rz 13:	SR 312.0 Art. 35 Abs. 3, 4 SR 322.1 Art. 2; Art. 3; Art. 99 Abs. 1
RZ 190:	SR 142.20 Art. 6	Rz 14:	SR 313.0 Art. 32 Abs. 2, 3
	SR 142.201 Art. 11 Abs. 3	Rz 18:	SR 211.221.36 Art. 5 Abs. 1 lit. a
Rz 191:	SR 142.20 Art. 9 Abs. 3		
Rz 192:	SR 142.20 Art. 9 Abs. 4	Rz 22:	SR 823.11 Art. 3 Abs. 2 lit. a; Art. 13 Abs. 2 lit. a
Rz 193:	SR 172.021 SR 173.110		
Rz 195:	SR 173.110 Art. 100 lit. b	Rz 24:	SR 935.311 Art. 6 Abs. 1 lit. c; Abs. 4
Rz 196:	SR 101 Art. 4	Rz 25:	SR 941.311 Art. 21 Abs. 1, Abs. 1bis; Art. 29
	SR 173.110 Art. 84 Abs. 1 lit. a; Art. 86 Abs. 2; Art. 87		
Rz 197:	SR 142.20 Art. 23 Abs. 1	Rz 28:	SR 943.1 Art. 4 Abs. 2 lit. a; Art. 5 Abs. 1, Abs. 3
Rz 198:	SR 142.20 Art. 23 Abs. 1		SR 943.11 Art. 7 Abs. 3
Rz 199:	SR 142.20 Art. 23 Abs. 2	Rz 29:	SR 211.432.261 Art. 1
Rz 200:	SR 142.20 Art. 23 Abs. 4	Rz 35:	SR 823.11 Art. 12 Abs. 2; Art. 13
Rz 201:	SR 142.20 Art. 23 Abs. 5		
Rz 202:	SR 142.20 Art. 13	Rz 41:	SR 172.056.1 Art. 4 SR 172.056.11 Art. 33
Rz 208:	SR 0.632.31 Art. 16 Abs. 1, Abs. 5 f		
Rz 209:	SR 142.215		
Rz 210:	SR 172.213.61 Art. 2 lit. d SR 142.315		

Rechtsquellen zum 4. Kapitel

Rechtsquellen zum 5. Kapitel

Rz 2:	SR 172.221.10 Art. 1; Art. 2; Art. 55 Abs. 1, 2 SR 172.221.111
Rz 3:	SR 172.221.103 Art. 2 Abs. 1bis; Art. 4 Abs.4bis; Art. 94 Abs. 1 lit. e
Rz 4:	SR 172.221.104 Art. 2; Art. 6; Art. 77 Abs. 2

Rz 3:	SR 0.142.30 SR 0.142.301 SR 0.142.305 SR 0.142.311 SR 0.142.311.1 SR 0.142.37 SR 0.142.38
Rz 4:	SR 0.142.30 Art. 1
Rz 5–8:	SR 142.31 Art. 3
Rz 10:	SR 142.31 Art. 9

Rechtsquellen

Rz 11:	SR 142.31 Art. 45; SR 0.142.30 Art. 33	Rz 60:	SR 142.31 Art. 15 f
Rz 14:	SR 142.31 Art. 6 SR 142.311 Art. 2	Rz 61: Rz 62–67: Rz 68:	SR 142.311 Art. 14 SR 142.31 Art. 16 SR 142.31 Art. 16 a f
Rz 15:	SR 142.31 Art. 8 a	Rz 69:	SR 142.31 Art. 16 a
Rz 16:	SR 142.31 Art. 8	Rz 70:	SR 142.31 Art. 16 b
Rz 17:	SR 142.31 Art. 24	Rz 71:	SR 142.31 Art. 16 c
Rz 18:	SR 142.31 Art. 19	Rz 72:	SR 142.31 Art. 11 Abs. 2
Rz 19:	SR 142.31 Art. 20	Rz 73:	SR 142.31 Art. 46
Rz 20:	SR 0.142.30 Art. 31	Rz 78–84:	SR 142.20 Art. 13 a
Rz 21:	SR 142.31 Art. 21	Rz 85–90:	SR 142.20 Art. 13 b
Rz 22:	SR 142.31 Art. 20 a; 21 a	Rz 91:	SR 142.20 Art. 13 e
Rz 23–25:	SR 142.31 Art. 24; 28	Rz 92:	SR 142.20 Art. 14 Abs. 3
Rz 26:	SR 142.31 Art. 7 Abs. 1	Rz 93:	SR 142.20 Art. 14 Abs. 4
Rz 27:	SR 142.31 Art. 27	Rz 94:	SR 142.20 Art. 23 a
Rz 28:	SR 142.31 Art. 24; SR 291 Art. 24 Abs. 2, 3 SR 0.142.30 Art. 12 ff	Rz 95:	SR 142.20 Art. 13 a f; Art. 13 c Abs. 1, Art. 13 e Abs. 1, Art. 14 Abs. 3
Rz 29:	SR 142.31 Art. 30–40 a		
Rz 30:	SR 142.31 Art. 30	Rz 97:	SR 142.20 Art. 13 d Abs. 1
Rz 31–34:	SR 0.142.30 Art. 27 SR 0.142.37 Art.1 SR 143.5 Art. 1; 2	Rz 98:	SR 142.20 Art. 13 c Abs. 2
		Rz 99 f:	SR 142.20 Art. 13 c Abs. 4
Rz 35:	SR 142.31 Art. 24	Rz 101:	SR 142.20 Art. 13 e Abs. 3
Rz 36:	SR 142.31 Art. 17	Rz 102:	SR 173.110 Art. 98 lit. g; Art. 100 Abs. 1 lit. b
Rz 37:	SR 142.31 Art. 18; SR 142.20 Art. 14 a SR 142.281	Rz 103:	SR 142.20 Art. 13 d Abs. 2; Art. 13 c Abs. 3
Rz: 38:	SR 142.20 Art. 14 a Abs. 3	Rz 104:	SR 142.20 Art. 14 e
Rz: 39:	SR 142.20 Art. 14 a Abs. 4, Abs. 2	Rz 105–108: Rz 109–110:	SR 142.20 Art. 13 c Abs. 5 SR 142.31 Art. 41 Abs. 1 lit. a
Rz 40:	SR 142.281 Art. 4; Art. 12		
Rz 41:	SR 142.281 Art. 6	Rz 111:	SR 142.31 Art. 41 Abs. 1 lit. b SR 0.142.30 Art. 1 lit. c
Rz 42:	SR 142.281 Art. 7		
Rz 44 ff:	SR 142.31 Art. 10–23 SR 142.311 Art. 4–19		
		Rz 112:	SR 142.31 Art. 41 Abs. 3
Rz 45:	SR 142.31 Art. 11 Abs. 1 SR 142.317 Art. 1	Rz 114:	SR 142.31 Art. 42
		Rz 115:	SR 142.31 Art. 44
Rz 46:	SR 142.31 Art. 12 a	Rz 118:	SR 142.31 Art. 12 f
Rz 47:	SR 142.31 Art. 13	Rz 119:	SR 0.142.40
Rz 48:	SR 142.31 Art. 13 a, 13 b, 13 f	Rz 120:	SR 0.142.40 Art. 1 SR 291 Art. 24
Rz 49:	SR 142.31 Art. 13 c	Rz 121:	SR 0.142.40 Art. 12
Rz 50:	SR 142.31 Art. 13 f SR 142.311 Art. 6	Rz 122:	SR 0.142.40 Art. 27 f
		Rz 123:	SR 0.142.49 Art. 31
Rz 51:	SR 142.31 Art. 46		
Rz 52:	SR 142.31 Art. 13 e		
Rz 53:	SR 142.31 Art. 14 SR 142.311 Art. 7; Art. 10; Art. 13; Art. 14	**Rechtsquellen zum 6. Kapitel**	
		Rz 3:	SR 211.412.41 (BewG) SR 211.412.411 (BewV)
Rz 54:	SR 142.31 Art. 14 a SR 142.311 Art. 9	Rz: 4:	SR 211.412.41 Art. 2
Rz 55–59:	SR 142.31 Art. 12 b	Rz 5:	SR 211.412.41 Art. 4 Abs. 1 lit. a

Rz 6:	SR 211.412.41 Art. 4 Abs. 1 lit. b	Rz 31:	SR 211.412.411 Art. 10 Abs. 1
Rz 7:	SR 211.412.41 Art. 4 Abs. 1 lit. c	Rz 33:	SR 211.412.41 Art. 4 Abs. 1 lit. d; Art. 6
Rz 8:	SR 211.412.41 Art. 4 Abs. 1 lit. d	Rz 34:	SR 211.412.411 Art. 3 Abs. 3 lit. b
Rz 9:	SR 211.412.41 Art. 4 Abs. 1 lit.e	Rz 35:	SR 211.412.411 Art. 3 Abs. 3 lit. a
Rz 10:	SR 211.412.41 Art. 4 Abs. 1 lit. f	Rz 36:	SR 211.412.41 Art. 8 Abs. 2
Rz 11:	SR 211.412.41 Art. 4 Abs. 1 lit. g	Rz 37:	SR 211.412.41 Art. 9 Abs. 1 lit. a
Rz 13:	SR 211.412.41 Art. 5 Abs. 1 lit. a	Rz 38:	SR 211.412.41 Art. 8 Abs. 1 lit. c
Rz 14:	SR 211.412.41 Art. 5 Abs. 2 SR 211.412.411 Art. 13; Art. 14	Rz 41:	SR 211.412.41 Art. 8 Abs. 1 lit. b
		Rz 42:	SR 211.412.41 Art. 8 Abs. 1 lit. c
Rz 15:	SR 211.412.41 Art. 5 Abs. 1 lit. b, lit c	Rz 43–44:	SR 211.412.41 Art. 8 Abs. 1 lit. d
Rz 16:	SR 211.412.41 Art. 5 Abs. 1 lit. d	Rz 45:	SR 211.412.41 Art. 14 SR 211.412.411 Art. 11
Rz 17:	SR 211.412.41 Art. 7 lit. a–c	Rz 46:	SR 211.412.411 Art. 11 Abs. 2 lit. b
Rz 18:	SR 211.412.41 Art. 7 lit. d, lit. g	Rz 47:	SR 211.412.411 Art. 11 Abs. 2 lit. f
Rz 19–20:	SR 211.412.41 Art. 7 lit. h	Rz 48:	SR 211.412.411 Art. 11 Abs. 2 lit. c
Rz 21:	SR 211.412.41 Art. 9 Abs. 1 lit. b Zürich GS 234.12 § 1	Rz 50:	SR 211.412.41 Art. 12 lit. a
Rz 22:	SR 211.412.411 Art. 10 Abs. 2, Abs. 3	Rz 51:	SR 211.412.41 Art. 12 lit. c
Rz 23:	SR 211.412.41 Art. 9 Abs. 2, Abs. 3	Rz 52:	SR 211.412.41 Art. 12 lit. d
Rz 24:	SR 211.412.41 Art. 11 SR 211.412.411 Art. 9 Abs. 3–7	Rz 53:	SR 211.412.41 Art. 12 lit. e
		Rz 54:	SR 211.412.41 Art. 12 lit. f
Rz 25:	SR 211.412.411 Art. 10 Abs. 2	Rz 55:	SR 211.412.41 Art. 15 Abs. 1
Rz 26:	SR 211.412.41 Art. 10 SR 211.412.411 Art. 7	Rz 56:	SR 211.412.41 Art. 17 Abs. 1
Rz 27:	SR 211.412.41 Art. 9 Abs. 1 lit. c SR 211.412.411 Art. 6; Art. 10 Abs. 2 Zürich GS 234.12 § 2	Rz 57:	SR 211.412.41 Art. 22 SR 211.412.411 Art. 18
		Rz 58:	SR 211.412.41 Art. 24 SR 211.412.411 Art. 19
		Rz 59:	SR 211.412.41 Art. 25 Abs. 1
Rz 28:	SR 211.412.41 Art. 8 Abs. 3	Rz 60:	SR 211.412.41 Art. 25 Abs. 2
Rz 29:	SR 211.412.41 Art. 8 Abs. 1 lit. a	Rz 62:	SR 211.412.41 Art. 26
Rz 30:	SR 211.412.411 Art. 3 Abs. 1	Rz 63:	SR 211.412.41 Art. 27
		Rz 64:	SR 211.412.41 Art. 28

Rechtsquellen zum 7. Kapitel

Rz 2:	SR 291 Art. 38 Abs. 2
Rz 3:	SR 291 Art. 43 Abs. 2
Rz 4:	SR 291 Art. 44 Abs. 2
Rz 5:	SR 291 Art. 45 Abs. 2
Rz 6:	SR 291 Art. 47
Rz 7:	SR 291 Art. 59 lit. b; Art. 60
Rz 8:	SR 291 Art. 61 Abs. 2, 3
Rz 9:	SR 291 Art. 67; Art. 80
Rz 10:	SR 291 Art 76
Rz 11:	SR 291 Art. 87; Art. 88 Abs. 1
Rz 12:	SR 291 Art. 90 Abs. 2
Rz 13:	SR 0.211.212.3 Art. 2; Art. 19
	SR 0.211.213.01 Art. 15; Art. 24
	SR 0.211.221.315 Art. 1; Art. 2
	SR 0.211.221.431 Art. 2
	SR 0.211.230.01 Art. 8
	SR 0.211 231.01 Art. 6
	SR 0.211.312.1 Art. 1; Art. 11
	SR 0.276.191.361 Art. 3; Art. 4 Abs. 2
	SR 0.276.191.721 Art. 2 Abs. 1 lit. i
	SR 0.276.194.541 Art. 2 Ziff. 5
	SR 0.276.195.141 Art. 2 Ziff. 6
Rz 14:	SR 220 Art. 1087 Abs. 3; Art. 1139 Abs. 3
	SR 0.221.554.2 Art. 3 Abs. 3
	SR 0.221.555.2 Art. 4 Abs. 3
RZ 15:	SR 211.222.338 Art. 4 Abs. 1; Art. 6; Art. 6a; Art. 6b; Art. 8 Abs. 4; Art. 8a; Art. 8b

Rechtsquellen zum 8. Kapitel

Rz 3:	SR 220 Art. 685b Abs. 1, 2, 4; Art. 685c Abs. 1, 3; Art. 4 der Schlussbestimmungen zum 26. Titel
Rz 4:	SR 220 Art. 554 Abs. 2 Ziff. 1; Art. 596 Abs. 2 Ziff. 1; Art. 765 Abs. 1, 2; Art. 781 Ziff. 4
Rz 8:	SR 220 Art. 711 Abs. 1, 2; Art. 895 Abs. 1
Rz 10:	SR 531.54 Art. 13 Abs. 5
Rz 11:	SR 220 Art. 641 Ziff. 8; Art. 765 Abs. 2; Art. 781 Ziff. 7; Art. 836 Abs. 1
Rz 12:	SR 220 Art. 711 Abs. 3
Rz 13:	SR 221.411 Art. 86
Rz 16:	SR 220 Art. 740 Abs. 3

Rechtsquellen zum 9. Kapitel

Rz 1–12:	SR 952.0 Art. 2 Abs. 3; Art. 3; Art. 3bis; Art. 3ter
	SR 952.02 Art. 5; Art. 6
	SR 952.111
Rz 14:	SR 311.0 Art. 305bis
	SR 952.0 Art. 47
Rz 15:	SR 952.0 Art. 7 Abs. 5; Art. 8
Rz 21 f:	SR 951.11 Art. 7; Art. 55

Rechtsquellen zum 10. Kapitel

Rz 2:	SR 0.275.11 Art. 2 Abs. 2; Art. 4 Abs. 2; Art. 5 Ziff. 2; Art. 45
Rz 3:	Kt. Schwyz: ZPO vom 25. 10. 1974 (211), § 11 Abs. 2
	Kt. Zürich: ZPO vom 13. 6. 1976 (271), § 11 Abs. 2
Rz 4:	Kt. Graubünden: ZPO vom 1. 12.1985, Art. 8
Rz 6:	SR 0.142.114.362, Art. 8
	SR 0.142.30 Art. 16 Ziff. 2
	SR 0.142.40 Art. 16 Ziff. 2
	SR 0.211.230.02 Art. 25
	SR 0.274.11 Art. 17; Art. 20
	SR 0.274.12 Art. 17; Art. 20
	SR 0.274.181.641
	SR 0.274.181.722 Art. 1; Art. 3
	SR 0.274.183.191
	SR 0.274.183.431
	SR 0.274.183.671 Art. 2–4, 9

	SR 0.274.184.721	Rz 6:	SR 0.631.252.913.690
	SR 0.274.185.761		Art. 11 (1)
	SR 0.274.186.181		SR 0.631.252.916.320
	SR 0.274.187.231		Art. 10 (1)
	SR 0.274.187.321		SR 0.631.252.934.95
	SR 0.274.187.521		Art. 10 (1)
	SR 0.274.187.631 Art. 1;		SR 0.631.252.945.460
	Art. 3; Art. 4		Art. 11 (1)
Rz 7:	Kt. Genève: Loi de procédure civile vom 10. 4. 1987 (E 23), Art. 102 f; Art. 112	Rz 7 f:	SR 784.10 Art. 41 a) und b)
	Kt. Vaud: Code de procédure civile vom 14. 12. 1966 (RSV 2.7), Art. 95	Rz 9:	SR 311.0 Art. 55 Abs. 1; Art. 199 Abs. 3; Art. 202 Ziff. 4; Art. 291
		Rz 10:	SR 311.01 Art. 3 Abs. 6
Rz 8:	Kt. Appenzell Innerrhoden: Gesetz über die Zivilprozessordnung vom 24. 4. 1949 (261), Art. 98	Rz 11:	SR 311.0 Art. 6 SR 351.1 Art. 94 SR 0.343 Art. 9
		Rz 12:	SR 351.11 Art. 16 SR 0.191.02 Art. 36 Ziff. 1 lit. c SR 0.351.4 Art. 6
	Kt. Bern: Zivilprozessordnung vom 7. 7.1918 (271.1), Art. 77	Rz 13–16:	SR 321.0 Art. 2–6; Art. 218 SR 322.1 Art. 216 SR 0.518.51
	Kt. Jura: Code de procédure civile vom 9. 11. 1978 (271.1), Art. 76		
	Kt. Nidwalden: Gerichtsgesetz vom 28. 4. 1968 (261.1), Art. 51	Rz 17:	SR 321.0 Art. 40
		Rz 18:	SR 322.1 Art. 217
		Rz 19:	SR 322.1 Art. 158 Abs. 1
	Kt. Schaffhausen: Zivilprozessordnung vom 3. 9. 1951 (352), Art. 127	**Rechtsquellen zum 13. Kapitel**	
		Rz 2:	SR 351.1 Art. 8 Abs. 2 lit. e
	Kt. Thurgau: Gesetz über die Zivilrechtspflege vom 6. 7. 1988 (271), Art. 80	Rz 3:	SR 351.934 Art. 4 Abs. 1
		Rz 5, 6:	SR 351.1 Art. 19 SR 351.11 Art. 8 Abs. 2 SR 351.93 Art. 21 Abs. 1 lit. a; Art. 22 Abs. 1 SR 0.351.933.6 SR 0.351.933.66
	Kt. Graubünden: Zivilprozessordnung vom 1. 12. 1985, Art.43		
	Rechtsquellen zum 11. Kapitel	Rz 7:	SR 0.351.1 Art. 22
		Rz 8:	SR 0.351.5 Art. 6
Rz 1:	SR 281.1 Art. 271 Abs. 1 Ziff. 4	Rz 9:	SR 0.351.4 Art. 6
		Rz 10, 11:	SR 0.351.933.6 Art. 22; Art. 24 SR 0.351.933.66
	Rechtsquellen zum 12. Kapitel		
Rz 1–5:	SR 311.0 Art. 3 Abs. 2; Art. 5 Abs. 1; Art. 372 Ziff. 2 Abs. 2 SR 732.0 Art. 36 Abs. 1 SR 812.121 Art. 19 Ziff. 4	Rz 12–16:	SR 351.1 Art. 7; Art. 32; Art. 44; Art. 85 Abs. 2 SR 351.11 Art. 17 SR 0.353.1 Art. 6 SR 0.353.914.4 Art. III Ziff. 1

	SR 0.353.919.8 Art. IV Abs. 1	Rz 22:	SR 0.414.7 Art. 3
	SR 0.353.956.7 Art. 13 Abs. 1	Rz 23:	SR 418.0 Art. 3 Abs. 3, 5 SR 418.01 Art. 1 Abs. 3
	SR 0.353.964.9 Art. 2; Art. 17 Abs. 1	Rz 24:	SR 425.11 Art. 13 Abs. 1
		Rz 25:	SR 416.2 Art. 1 Abs. 1 lit. c
	SR 0.353.977. 2 Art. 2 SR 0.353.977. 21 Art. 1 SR 0.353.977.6 Art. 4 Abs. 1		SR 442.11 Art. 1 lit. b und d; Art. 15; Art. 20; Art. 21 Abs. 1; Art. 30; Art. 48
	SR 0.353.981.8 Art. XIII Abs. 1		SR 442.21 Art. 10 Abs. 1; Art. 15
Rz 14:	SR 0.343 Art. 2 Ziff. 2	Rz 26:	SR 447.12 Art. 4
Rz 17:	SR 0.311.31 Art. 3	Rz 27:	SR 443.11 Art. 1
Rz 18–20:	SR 351.20 Art. 10 Abs. 2; Art. 12 Abs. 1; Art. 29 Abs. 2	Rz 28:	SR 0.443.913.6 Art. 2 (1) SR 0.443.916.3 Art. 5; Art. 8 SR 0.443.923.2 Art. I SR 0.443.934.9 Art. I (1) SR 0.443.945.4 Art. 12

Rechtsquellen zum 14. Kapitel

Rz 3:	SR 413.11 Art. 1 Abs. 1 lit. c; Art. 2 Abs. 3 SR 413.13 Art. 1 Abs. 1; Art. 2; Art. 3; Art. 6	Rz 29:	SR 446.11 Art. 5 Abs. 2
		Rz 30:	SR 415.01 Art. 13; Art. 15; Art. 20 Abs. 1 SR 415.31 Art. 16 Abs. 1 SR 0.415.951.41 Anlage II Art. 2; Art. 3
Rz 4:	SR 0.414.1 Art. 1		
Rz 5:	SR 412.191.02 Art. 2 Abs. 5		
Rz 6:	SR 412.100.1 Art. 4 lit. d	**Rechtsquellen zum 15. Kapitel**	
Rz 7:	SR 414.20 Art. 1 Abs. 3 lit. a	Rz 1:	SR 0.831 SR 0.832.2 SR 0.837
Rz 8:	SR 414.23 § 7; § 12		
Rz 9:	SR 414.131.5 Art. 1 lit. d–f; Art. 2; Art. 5 lit. a, b SR 414.131.7 SR 414.131.71 Art. 5	Rz 4–8:	SR 831.10 Art. 1 SR 831.101 Art. 2–4
		Rz 9:	SR 831.10 Art. 2
		Rz 11:	SR 831.10 Art. 12 SR 831.101 Art. 1
Rz 10:	SR 0.414.91	Rz 12, 13:	SR 831.10 Art. 18 Abs. 3 SR 831.131.12
Rz 11:	SR 0.414.93 Art. 2 (1)		
Rz 13–15:	SR 811.112.1 Art. 16; Art. 24; Art. 27; Art. 28	Rz 14:	SR 831.10 Art. 18
		Rz 15:	SR 831.131.11 Art. 1 Abs. 1
Rz 13:	SR 811.112.13		
Rz 17:	SR 0.414.5 Art. 3 SR 0.414.6 Art. 1	Rz 16:	SR 831.10 Art. 42bis Abs. 3
Rz 18:	SR 0.414.621.63	Rz 17:	SR 831.131.11 Art. 1 Abs. 2
Rz 19:	SR 416.0 SR 416.2 Art. 1 SR 416.21	Rz 18:	SR 831.30 Art. 2 Abs. 2 SR 831.131.11 Art. 1 Abs. 2
Rz 20:	SR 411.7 Art. 1 SR 411.71 Art. 1 SR 414.152 Art. 1 SR 414.153 Art. 1 SR 442.12 Art. 3 Abs. 2	Rz 19:	SR 831.10 Art. 58 Abs. 2 SR 831.101 Art. 106 Abs. 1
		Rz 21:	SR 831.20 Art. 6
Rz 21:	SR 414.154 Art. 3 Abs. 2 lit. c		

Rz 22:	SR 831.131.11 Art. 1 Abs. 1	Rz 54:	SR 842 Art. 9 Abs. 1
Rz 23:	SR 831.131.11 Art. 1 Abs. 2	Rz 56:	SR 312.5 Art. 11 Abs. 3

Rechtsquellen zum 16. Kapitel

Rz 24:	SR 831.30 Art. 2 Abs. 2	Rz 1:	SR 510.10 Art. 1 Abs. 2
	SR 831.131.11 Art. 1 Abs. 2	Rz 2:	SR 101 Art. 18 Abs. 1; Art. 19 Abs. 1 lit. b
Rz 25:	SR 831.20 Art. 6 Abs. 2 letzter Satz		SR 322.1 Art. 2; Art. 3 SR 510.10 Art. 2–5
Rz 26:	SR 831.201 Art. 59 Abs. 2		SR 513.52 Art. 1 und 6
Rz 27:	SR 831.40 Art. 5 Abs. 1 SR 831.441.1 Art. 1 Abs. 2		SR 513.71 Art. 1; Art. 4; Art. 9 Abs. 1 lit. b
		Rz 3:	SR 510.10 Art. 8 Abs. 2; Art. 49 Abs. 2
Rz 28:	SR 831.40 Art. 13; Art. 18; Art. 23	Rz 4:	SR 510.10 Art. 4
Rz 29:	SR 832.20 Art. 1	Rz 5:	SR 510.10 Art. 5
Rz 30:	SR 832.20 Art. 2 Abs. 1 SR 832.202 Art. 6 Abs. 1		SR 0.141.126.3 (Kolumbien)
Rz 31:	SR 832.20 Art. 1		SR 0.141.133.6 Art. 1 (USA)
Rz 32	SR 832.10 Art. 4 Abs. 2		SR 0.141.134.92 (Frankreich)
Rz 33:	SR 832.10 Art. 3		SR 0.141.134.921 (Frankreich)
Rz 34:	SR 832.102 Art. 1; Art. 7		
Rz 35:	SR 832.102 Art. 3		SR 0.141.134.922 (Frankreich)
Rz 36:	SR 832.10 Art. 24 ff		
Rz 37:	SR 837.0 Art. 2		SR 0.142.114.541 Art. 4 Abs. 2 (Italien)
Rz 38:	SR 837.0 Art. 12		
Rz 39:	SR 0.837.913.6 Art. 8 Abs. 1 (BRD)	Rz 6:	SR 520.1 Art. 14 Abs. 1
	SR 0.837.916.3 Art. 7 Abs. 1 (A)	Rz 7:	SR 520.1 Art. 14 Abs. 2
	SR 0.837.934.91 Art. 8 Abs. 1 (F)	Rz 8:	SR 520.1 Art. 21 Abs. 1 lit. c
	SR 0.837.945.4 Art. 1 Abs. 1 (I)	Rz 9:	SR 172.221.104.4 Art. 6 Abs. 2
	SR 0.837.951.4 Art. 7 Abs. 1 (FL)	Rz 10:	SR 510.10 Art. 80; Art. 131; Art. 134
Rz 40:	Zürich GS 837.2 § 10 lit. b		SR 520.1 Art. 28–31
		Rz 11:	SR 514.124 Art. 2 Abs. 3 lit. b
Rz 41:	SR 834.1 Art. 26 lit. a		
Rz 42:	SR 834.1 Art. 1	Rz 12:	SR 514.311 Art. 2; Art. 12 Abs. 2
Rz 43:	SR 833.1 Art. 1		
Rz 44:	SR 851.1 Art. 5 Abs. 2	Rz 13:	SR 510.215
Rz 45:	Zürich GS 851.1 § 34 Abs. 2	Rz 14:	SR 531.211 Art. 6 Abs. 2
		Rz 15:	SR 531.44 Art. 4 Abs. 2
Rz 46:	SR 851.1 Art. 1 Abs. 3 SR 852.1		SR 531.46 Art. 3 SR 747.341.2 Art. 1
Rz 48:	SR 836.11 Art. 1 Abs. 3	Rz 16:	SR 531.54 Art. 13 Abs. 5
Rz 50:	SR 983.1 Art. 1; Art. 4 SR 983.11 Art. 1 SR 983.2 Art. 1	Rz 17:	SR 514.544 SR 514.545 SR 514.546
Rz 52:	SR 843.1 Art. 37	Rz 18:	SR 512.31 Art. 9 Abs. 3
Rz 53:	Zürich GS 841.1 § 27; § 31 Abs. 2		SR 512.311 Art. 23 Abs. 2; Art. 57

Rechtsquellen zum 17. Kapitel

Rz 3:	SR 642.14 Art. 6; Art. 32 ff
Rz 4:	SR 642.11 Art. 3 Abs. 5
Rz 5:	SR 642.11 Art. 15
Rz 6:	SR 642.11 Art. 161 Abs. 4 lit. c
Rz 7:	SR 671.1 Art. 1 Abs. 3 lit. a
Rz 8:	SR 642.11 Art. 14
Rz 9:	SR 672.201 Art. 4
Rz 10–13:	SR 642.11 Art. 83 ff, Art. 107 SR 642.118.2 Art. 5 f
Rz 15:	SR 661. Art. 1; Art. 6 SR 661.0 Art. 1

Rechtsquellen zum 18. Kapitel

Rz 1:	SR 211.412.411 Art. 3 lit. a
Rz 2:	SR 916.356.02 Art. 4 lit. b
Rz 3:	SR 916.438.5 § 2; § 8 Abs. 1 Ziff. 1

Rechtsquellen zum 19. Kapitel

Rz 1:	SR 744.11 Art. 30
Rz 2:	SR 741.01 Art. 79
Rz 4 f:	SR 742.101 Art. 13
Rz 6:	SR 747.11 Art. 4 Abs. 1
Rz 7–20:	SR 531.46 Art. 3 SR 747.30 Art. 2; Art. 3; Art. 16; Art. 17; Art. 19–24; Art. 27; Art. 28; Art. 46; Art. 61 SR 747.301 Art. 4; Art. 5 a; Art. 5 b; Art. 5 c; Art. 5 d; Art. 5 e; Art. 20 SR 747.341.2 Art. 1
Rz 21–24:	SR 747.321.7 Art. 6; Art. 16
Rz 25–35:	SR 747.111 Art. 8–15
Rz 37–42:	SR 748.0 Art. 52 SR 748.01 Art. 4; Art. 5
Rz 43–51:	SR 748.0 Art. 27 ff SR 748.01 Art. 101 ff
Rz 52:	SR 748.217.11 Art. 19
Rz 53:	SR 748.222.1 Art. 1; Art. 25
Rz 54:	SR 748.222.1 Art. 124
Rz 55:	SR 748.0 Art. 19 a
Rz 56:	SR 748.222.3 Art. 9 Abs. 1
Rz 57:	SR 748.126.3 Art. 4 Abs. 4
Rz 58:	SR 944.3 Art. 4 Abs. 3 und 4

Rechtsquellen zum 20. Kapitel

Rz 1–4:	SR 721.80 Art. 40
Rz 5:	SR 931.1 Art. 3 Abs. 2
Rz 6–11:	SR 746.1 Art. 4 SR 746.11 Art. 9–12
Rz 12–14:	SR 732.0 Art. 5 Abs. 3 SR 732.01 Art. 3 Abs. 3

Rechtsquellen zum 21. Kapitel

Rz 2:	SR 170.61 Art. 12 SR 823.21 Art. 4 Abs. 1 lit. f
Rz 3:	SR 171.13 Art. 55 SR 171.14 Art. 45
Rz 5:	SR 172.221.10 Art. 2
Rz 6:	SR 784.40 Art. 63 Abs. 1 SR 784.40 Art. 40 lit. a; Art. 44 lit. a
Rz 7:	SR 784.101 Art. 54
Rz 8:	SR 784.401 Art. 7 Abs. 1 lit. a
Rz 9:	SR 784.402 Art. 13 Abs. 1 lit. b, Abs. 2
Rz 11:	SR 784.40 Art. 11 Abs. 1 lit. b; Art. 11 Abs. 3; Art. 35 Abs. 1 lit. a SR 784.401 Art. 6 Abs. 2
Rz 12:	SR 784.101.1 Art. 74 Abs. 1 lit. d–f
Rz 13:	SR 783.501 Art. 4 Abs. 3 lit. b
Rz 14:	SR 783.01 Art. 39 Abs. 1 lit. a; Art. 49 Abs. 1
Rz 15:	SR 783.011 Art. 3

Rechtsquellen zum 22. Kapitel

Rz 1–4:	SR 977.0 Art. 4
Rz 5:	SR 946.11 SR 946.111 Art. 2
Rz 7:	SR 946.206 Art. 2 SR 946.206.1
Rz 8:	SR 946.208 Art. 3 Abs. 1, 2
Rz 9:	SR 946.208 Art. 3 Abs. 3

Rz 10:	SR 946.208 Art. 4; Art. 7	Rz 6:	SR 231.1 Art. 35 Abs. 4
Rz 11:	SR 946.209	Rz 7:	SR 232.11
	SR 946.209.1	Rz 8:	SR 232.11 Art. 28 Abs. 1
		Rz 9:	SR 232.11 Art. 8

Rechtsquellen zum 23. Kapitel

Rz 1:	SR 231.1	Rz 10:	SR 0.232.04 Art. 6bis
	SR 231.2	Rz 11:	SR 232.14 Art. 16
	SR 232.11	Rz 12:	SR 232.14 Art. 132
	SR 232.12		SR 0.232.141.1
	SR 232.14		AS 1995, 2457 ff
	SR 232.16	Rz 13:	SR 232.16 Art. 2
Rz 2:	SR 0.232.04 Art. 2		SR 0.232.161
	Abs. 1, 3; Art. 3	Rz 14:	SR 232.21 Art. 3 Abs. 2
Rz 3:	AS 1995, 2457 ff		lit. c; Art. 5 Abs. 2
	SR 0.232.04 Art. 3		lit. c;
Rz 4:	SR 0.232. 149.136		Art. 7 Abs. 2 lit. c
Rz 5:	SR 231.1	Rz 15:	SR 231.2 Art. 2

Systematisches Verzeichnis der Rechtsquellen

I. Bundesrecht

1. Internes Recht

SR 101	Bundesverfassung der Schweizerischen Eidgenossenschaft vom 29. Mai 1874
SR 126	Bundesratsbeschluß vom 24. Februar 1948 betreffend politische Reden von Ausländern
SR 141.0	Bundesgesetz vom 29. September 1952 über Erwerb und Verlust des schweizerischen Bürgerrechts (Bürgerrechtsgesetz [BüG])
SR 142.20	Bundesgesetz vom 26. März 1931 über Aufenthalt und Niederlassung der Ausländer
SR 142.201	Vollziehungsverordnung vom 1. März 1949 (ANAV)
SR 142.211	Bundesratsbeschluss vom 10. April 1946 über Einreise und Anmeldung der Ausländer
SR 142.212	Verordnung vom 20. Januar 1971 über die Meldung wegziehender Ausländer
SR 142.215	Verordnung vom 20. Oktober 1982 über das Zentrale Ausländerregister (ZAR-Verordnung)
SR 142.241	Verordnung vom 20. Mai 1987 über die Gebühren zum Bundesgesetz über Aufenthalt und Niederlassung der Ausländer (Gebührenverordnung ANAG)
SR 142.261	Verordnung vom 19. Januar 1965 über die Zusicherung der Aufenthaltsbewilligung zum Stellenantritt
SR 142.281	Verordnung vom 25. November 1987 über die vorläufige Aufnahme von Ausländern
SR 142.31	Asylgesetz vom 5. Oktober 1979
SR 142.311	Asylverordnung vom 25. November 1987
SR 142.315	Verordnung vom 18. November 1992 über das automatisierte Personenregistratursystem AUPER (AUPER-Verordnung)
SR 143.12	Verordnung vom 22. Dezember 1980 über den Heimatschutz
SR 143.2	Verordnung vom 17. Juli 1959 über den Schweizerpass
SR 143.3	Verordnung vom 18. Mai 1994 über die schweizerische Identitätskarte
SR 143.5	Verordnung vom 9. März 1987 über Reisepapiere für schriftenlose Ausländer
SR 161.1	Bundesgesetz vom 17. Dezember 1976 über die politischen Rechte
SR 170.31	Dekret der Bundesversammlung vom 15. November 1848 betreffend den von den obersten Behörden zu leistenden Amtseid
SR 170.61	Verordnung vom 21. Dezember 1990 über die Akkreditierung von Journalisten
SR 171.13	Geschäftsreglement des Nationalrates vom 22. Juni 1990
SR 171.14	Geschäftsreglement des Ständerates vom 24. September 1986

SR 172.021	Bundesgesetz vom 20. Dezember 1968 über das Verwaltungsverfahren
SR 172.056.1	Bundesgesetz vom 16. Dezember 1994 über das öffentliche Beschaffungswesen
SR 172.056.11	Verordnung vom 11. Dezember 1995 über das öffentliche Beschaffungswesen (VoeB)
SR 172.213.61	Verordnung vom 27. Juni 1990 über das automatisierte Fahndungssystem (RIPOL-Verordnung)
SR 172.221.10	Beamtengesetz vom 30. Juni 1927 (BtG)
SR 172.221.101	Beamtenordnung (1) vom 10. November 1959
SR 172.221.102	Beamtenordnung (2) vom 15. März 1993
SR 172.221.103	Beamtenordnung (3) vom 29. Dezember 1964
SR 172.221.104	Angestelltenordnung vom 10. November 1959
SR 172.221.104.4	Verordnung vom 24. April 1996 über den Einsatz von Personal bei friedenserhaltenden Aktionen und Guten Diensten
SR 172.221.111	Bundesratsbeschluß vom 18. Oktober 1972 über das Ämterverzeichnis
SR 172.221.17	Verordnung vom 8. September 1964 über die Paritätische Kommission für Personalangelegenheiten
SR 173.110	Bundesgesetz vom 16. Dezember 1943 über die Organisation der Bundesrechtspflege
SR 173.31	Verordnung vom 3. Februar 1993 über Organisation und Verfahren eidgenössischer Rekurs- und Schiedskommissionen
SR 211.112.1	Zivilstandsverordnung vom 1. Juni 1953 (ZSTV)
SR 211.221.36	Verordnung vom 28. März 1973 über die Adoptionsvermittlung
SR 211.222.338	Verordnung vom 19. Oktober 1977 über die Aufnahme von Pflegekindern
SR 211.412.41	Bundesgesetz vom 16. Dezember 1983 über den Erwerb von Grundstücken durch Personen im Ausland (BewG)
SR 211.412.411	Verordnung vom 1. Oktober 1984 über den Erwerb von Grundstücken durch Personen im Ausland (BewV)
SR 211.432.261	Verordnung vom 12. Dezember 1983 über das eidgenössische Patent für Ingenieur-Geometer
SR 220	Bundesgesetz vom 30. März 1911 betreffend die Ergänzung des Schweizerischen Zivilgesetzbuches (Fünfter Teil: Obligationenrecht)
SR 221.411	Handelsregisterverordnung vom 7. Juni 1937 (HRegV)
SR 231.1	Bundesgesetz vom 9. Oktober 1992 über das Urheberrecht und verwandte Schutzrechte
SR 231.2	Bundesgesetz vom 9. Oktober 1992 über den Schutz von Topographien und Halbleitererzeugnissen
SR 232.11	Bundesgesetz vom 28. August 1992 über den Schutz von Marken und Herkunftsangaben
SR 232.12	Bundesgesetz vom 30. März 1900 über die gewerblichen Muster und Modelle
SR 232.14	Bundesgesetz vom 25. Juni 1954 betreffend die Erfindungspatente
SR 232.16	Bundesgesetz vom 20. März 1975 über den Schutz von Pflanzenzüchtungen

SR 232.21	Bundesgesetz vom 5. Juni 1931 zum Schutz öffentlicher Wappen und anderer öffentlicher Zeichen
SR 273	Bundesgesetz vom 4. Dezember 1947 über den Bundeszivilprozeß
SR 281.1	Bundesgesetz vom 11. April 1889 über Schuldbetreibung und Konkurs
SR 291	Bundesgesetz vom 18. Dezember 1987 über das internationale Privatrecht (IPRG)
SR 311.0	Schweizerisches Strafgesetzbuch vom 21. Dezember 1937
SR 311.01	Verordnung (1) vom 13. November 1973 zum Schweizerischen Strafgesetzbuch (VStGB 1)
SR 312.0	Bundesgesetz vom 15. Juni 1934 über die Bundesstrafrechtspflege
SR 312.5	Bundesgesetz vom 4. Oktober 1991 über die Hilfe an Opfer von Straftagen (Opferhilfegesetz)
SR 313.0	Bundesgesetz vom 22. März 1974 über das Verwaltungsstrafrecht (VStrR)
SR 321.0	Militärstrafgesetz vom 13. Juni 1927
SR 322.1	Militärstrafprozessrecht vom 23. März 1979 (MStP)
SR 351.1	Bundesgesetz vom 20. März 1981 über internationale Rechtshilfe in Strafsachen (Rechtshilfegesetz (IRSG))
SR 351.11	Verordnung vom 24. Februar 1982 über internationale Rechtshilfe in Strafsachen (Rechtshilfeverordnung (IRSV))
SR 351.20	Bundesbeschluß vom 21. Dezember 1995 über die Zusammenarbeit mit den internationalen Gerichten zur Verfolgung von schwerwiegenden Verletzungen des humanitären Völkerrechts
SR 351.93	Bundesgesetz vom 3. Oktober 1975 zum Staatsvertrag mit den Vereinigten Staaten von Amerika über gegenseitige Rechtshilfe in Strafsachen
SR 351.934	Verordnung vom 23. Februar 1983 über die beratende Kommission zum Staatsvertrag mit den Vereinigten Staaten von Amerika über gegenseitige Rechtshilfe in Strafsachen
SR 411.7	Organisationsreglement der Berset-Müller-Stiftung vom 12. März 1934
SR 411.71	Reglement vom 12. März 1934 für die Pfleglinge der Berset-Müller-Stiftung
SR 412.100.1	Bundesbeschluss vom 23. März 1990 über Sondermassnahmen zugunsten der beruflichen Weiterbildung
SR 412.191.02	Konkordat vom 30. Juni 1964 betreffend die Schweizerische Ingenieurschule für Landwirtschaft
SR 413.11	Verordnung vom 22. Mai 1968 über die Anerkennung von Maturitätsausweisen (Maturitäts-Anerkennungsverordnung (MAV))
SR 413.121	Verordnung vom 4. Februar 1970 über Gebühren und Entschädigungen für die eidgenössischen Maturitätsprüfungen
SR 413.13	Reglement vom 18. Dezember 1972 über die Anerkennung ausländischer Maturitätsausweise von Schweizern
SR 414.110	Bundesgesetz vom 4. Oktober 1991 über die Eidgenössischen Technischen Hochschulen (ETH-Gesetz)

SR 414.131	Verordnung vom 13. Januar 1993 über die Eidgenössischen Technischen Hochschulen (ETH-Verordnung)
SR 414.131.5	Verordnung vom 28. Mai 1986 über die Zulassung zu den Studien an den Eidgenössischen Technischen Hochschulen
SR 414.131.7	Verordnung des ETH-Rates vom 31. Mai 1995 über die Gebühren im Bereich der Eidgenössischen Technischen Hochschulen (Gebührenverordnung ETH-Bereich)
SR 414.131.71	Verordnung des Schweizerischen Schulrates vom 12. September 1984 über die Schulgelder der Hörer und übrigen Benützer der Eidgenössischen Technischen Hochschulen
SR 414.152	Regulativ vom 28. Oktober 1895 betreffend Erteilung von Prämien und Stipendien aus der Kernschen Stiftung am Eidgenössischen Polytechnikum
SR 414.153	Regulativ vom 19. November 1955 betreffend Erteilung von Stipendien aus dem Châtelain-Fonds an der Eidgenössischen Technischen Hochschule
SR 414.154	Verordnung vom 14. September 1995 über die Stipendien und Darlehen an den Eidgenössischen Technischen Hochschulen
SR 414.20	Bundesgesetz vom 22. März 1991 über die Hochschulförderung (HFG)
SR 414.23	Interkantonale Vereinbarung vom 26. Oktober 1984 über Hochschulbeiträge für die Jahre 1987–1992
SR 415.01	Verordnung vom 21. Oktober 1987 über die Förderung von Turnen und Sport
SR 415.31	Verordnung des Eidgenössischen Departementes des Innern vom 10. November 1980 über Jugend und Sport (J+S V)
SR 416.0	Bundesgesetz vom 19. März 1965 über die Gewährung von Beiträgen an die Aufwendungen der Kantone für Stipendien
SR 416.2	Bundesgesetz vom 19. Juni 1987 über Stipendien an ausländische Studierende und Kunstschaffende in der Schweiz
SR 416.21	Verordnung vom 25. Juni 1986 über Stipendien an ausländische Studierende in der Schweiz
SR 418.0	Bundesgesetz vom 4. Oktober 1974 über die Unterstützung der Schweizerschulen im Ausland
SR 418.01	Verordnung vom 2. September 1981 über die Unterstützung von Schweizerschulen im Ausland
SR 425.11	Verordnung vom 19. Dezember 1979 über das Schweizerische Institut für Rechtsvergleichung
SR 432.21	Bundesgesetz vom 18. Dezember 1992 über die Schweizerische Landesbibliothek (Landesbilbliotheksgesetz, SLBG)
SR 442.11	Bundesgesetz vom 29. September 1924 über die eidgenössische Kunstpflege
SR 442.12	Reglement der Gleyre-Stiftung vom 25. Januar 1949
SR 442.21	Verordnung vom 18. September 1933 über die Förderung und Hebung der angewandten Kunst
SR 443.11	Filmverordnung vom 24. Juni 1992

SR 446.11	Verordnung vom 10. Dezember 1990 über die Förderung der außerordentlichen Jugendarbeit
SR 447.12	Reglement vom 8. Dezember 1988 über Beiträge der Stiftung Pro Helvetia
SR 510.10	Bundesgesetz vom 3. Februar 1995 über die Armee und die Militärverwaltung (MG)
SR 510.215	Verordnung des Eidgenössischen Militärdepartementes vom 17. Februar 1992 über den Verkehr in militärischen Angelegenheiten mit ausländischen Personen und Instanzen
SR 512.31	Verordnung des Bundesrates vom 24. Januar 1996 über das Schiesswesen außer Dienst (Schiessordnung)
SR 512.311	Verordnung des Eidgenössischen Militärdepartementes vom 29. Februar 1996 über das Schiesswesen ausser Dienst (Schiessordnung-EMD)
SR 513.52	Verordnung vom 3. Juli 1985 über den Rotkreuzdienst (VRKD)
SR 513.71	Verordnung vom 3. Juli 1985 über den Militärischen Frauendienst (VMFD)
SR 514.124	Verordnung vom 10. Januar 1973 über die Reparaturen an Ordonanz-Feuerwaffen
SR 514.311	Verordnung vom 20. Dezember 1978 über Beiträge an armeetaugliche Motorfahrzeuge
SR 514.544	Verordnung vom 30. Juni 1993 über den Erwerb und das Tragen von Schusswaffen durch türkische Staatsangehörige
SR 514.545	Verordnung vom 18. Dezember 1991 über den Erwerb und das Tragen von Schußwaffen durch jugoslawische Staatsangehörige
SR 514.546	Verordnung vom 3. Juni 1996 über den Erwerb und das Tragen von Schusswaffen durch srilankische Staatsangehörige
SR 520.1	Bundesgesetz vom 17. Juni 1994 über den Zivilschutz (Zivilschutzgesetz)
SR 520.3	Bundesgesetz vom 6. Oktober 1966 über den Schutz der Kulturgüter bei bewaffneten Konflikten
SR 531.211	Verordnung vom 6. Juli 1983 über die allgemeinen Grundsätze der Vorratshaltung (Vorratshaltungsverordnung)
SR 531.44	Verordnung vom 24. Juni 1992 über die Verbürgung von Darlehen zur Finanzierung schweizerischer Hochseeschiffe
SR 531.461	Verordnung des EVD vom 11. Dezember 1989 über die Höhe der Finanzhilfen für schweizerische Seeleute
SR 531.54	Bundesratsbeschluss vom 12. April 1957 betreffend vorsorgliche Schutzmaßnahmen für juristische Personen, Personengesellschaften und Einzelfirmen
SR 642.11	Bundesgesetz vom 14. Dezember 1990 über die direkte Bundessteuer
SR 642.14	Bundesgesetz vom 14. Dezember 1990 über die Harmonisierung der direkten Steuern der Kantone und Gemeinden
SR 642.118.2	Verordnung vom 19. Oktober 1993 über die Quellensteuer bei der direkten Bundessteuer

SR 661	Bundesgesetz vom 12. Juni 1959 über den Militärpflichtersatz
SR 661.0	Bundesgesetz vom 14. Dezember 1973 über den Militärpflichtersatz der Auslandschweizer
SR 671.1	Konkordat vom 10. Dezember 1948 zwischen den Kantonen der Schweizerischen Eidgenossenschaft über den Ausschluss von Steuerabkommen
SR 672.201	Verordnung vom 22. August 1967 über die pauschale Steueranrechnung
SR 721.80	Bundesgesetz vom 22. Dezember 1916 über die Nutzbarmachung der Wasserkräfte
SR 732.0	Bundesgesetz vom 23. Dezember 1959 über die friedliche Verwendung der Atomenergie (Atomgesetz)
SR 732.01	Bundesbeschluss vom 6. Oktober 1978 zum Atomgesetz
SR 741.01	Straßenverkehrsgesetz vom 19. Dezember 1958 (SVG)
SR 742.101	Eisenbahngesetz vom 20. Dezember 1957
SR 744.11	Vollziehungsverordnung II vom 4. Januar 1960 zum Bundesgesetz betreffend den Postverkehr (Automobilkonzessionsverordnung)
SR 746.1	Bundesgesetz vom 4. Oktober 1963 über Rohrleitungsanlagen zur Beförderung flüssiger oder gasförmiger Brenn- oder Treibstoffe (Rohrleitungsgesetz)
SR 746.11	Rohrleitungsverordnung vom 11. September 1968
SR 747.11	Bundesgesetz vom 28. September 1923 über das Schiffsregister
SR 747.111	Schiffsregisterverordnung vom 16. Juni 1986
SR 747.30	Bundesgesetz vom 23. September 1953 über die Seeschiffahrt unter der Schweizerflagge (Schiffahrtsgesetz)
SR 747.301	Seeschiffahrtsverordnung vom 20. November 1956
SR 747.321.7	Verordnung vom 15. März 1971 über die schweizerischen Jachten zur See
SR 747.341.2	Verordnung vom 7. April 1976 über die Förderung der beruflichen Ausbildung schweizerischer Kapitäne und Seeleute
SR 748.0	Bundesgesetz vom 21. Dezember 1948 über die Luftfahrt (Luftfahrtgesetz, LFG)
SR 748.01	Verordnung vom 14. November 1973 über die Luftfahrt (Luftfahrtverordnung, LFV)
SR 748.126.3	Verordnung vom 23. November 1994 über die Untersuchung von Flugunfällen und schweren Vorfällen (VFU)
SR 748.132.1	Verordnung vom 18. Mai 1988 über den Flugsicherungsdienst
SR 748.217.11	Vollziehungsverordnung vom 2. September 1960 zum Bundesgesetz über das Luftfahrzeugbuch
SR 748.222.1	Reglement des Eidgenössischen Verkehrs- und Energiewirtschaftsdepartementes vom 25. März 1975 über die Ausweise für Flugpersonal (RFP)
SR 748.222.3	Verordnung des Eidgenössischen Verkehrs- und Energiewirtschaftsdepartementes vom 30. November 1995 über die Ausweise für das Personal der Flugsicherung (VAPF)
SR 783.01	Verordnung (1) vom 1. September 1967 zum Postverkehrsgesetz

SR 783.011	Verordnung vom 6. September 1967 über Ausführungsbestimmungen (AB) zur Verordnung (1) zum Postverkehrsgesetz
SR 783.501	Verordnung vom 27. Juni 1990 über den internationalen Postverkehr
SR 784.10	Bundesgesetz vom 14. Oktober 1922 betreffend den Telegrafen- und Telefonverkehr (Telegrafen- und Telefonverkehrsgesetz)
SR 784.101.1	Verordnung vom 25. März 1992 über Fernmeldedienste
SR 784.40	Bundesgesetz über Radio und Fernsehen (RTVG) vom 21. Juni 1991
SR 784.401	Radio- und Fernsehverordnung (RTVV) vom 16. März 1992
SR 811.112.1	Allgemeine Medizinalprüfungsverordnung (AMV) vom 19. November 1980
SR 811.112.13	Verordnung des Eidgenössischen Departementes des Innern vom 18. November 1975 über besondere Fachprüfungen für Auslandschweizer und eingebürgerte Schweizer
SR 812.121	Bundesgesetz vom 3. Oktober 1951 über die Betäubungsmittel
SR 818.125.1	Verordnung vom 17. Juni 1974 über den Grenzsanitätsdienst
SR 818.125.11	Verordnung des Eidgenössischen Departementes des Innern vom 6. Juli 1983 über grenzsanitätsdienstliche Massnahmen
SR 823.11	Bundesgesetz vom 6. Oktober 1989 über die Arbeitsvermittlung und den Personalverleih
SR 823.21	Verordnung vom 6. Oktober 1986 über die Begrenzung der Zahl der Ausländer (BVO)
SR 823.23	Verordnung vom 16. Mai 1990 über den Einsatz ausländischer Arbeitskräfte zur Bewältigung der Sturmschäden 1990 im Schweizer Wald
SR 831.10	Bundesgesetz vom 20. Dezember 1946 über die Alters- und Hinterlassenenversicherung (AHVG)
SR 831.101	Verordnung vom 31. Oktober 1947 über die Alters- und Hinterlassenenversicherung (AHVV)
SR 831.131.11	Bundesbeschluss vom 4. Oktober 1962 über die Rechtsstellung der Flüchtlinge und Staatenlosen in der Alters-, Hinterlassenen- und Invalidenversicherung
SR 831.131.12	Verordnung vom 23. November 1995 über die Rückvergütung der von Ausländern an die Alters- und Hinterlassenenversicherung bezahlten Beiträge (RV)
SR 831.20	Bundesgesetz vom 19. Juni 1959 über die Invalidenversicherung (IVG)
SR 831.201	Verordnung vom 17. Januar 1961 über die Invalidenversicherung (IVV)
SR 831.30	Bundesgesetz vom 19. März 1965 über Ergänzungsleistungen zur Alters-, Hinterlassenen- und Invalidenversicherung (ELG)
SR 831.40	Bundesgesetz vom 25. Juni 1982 über die berufliche Alters-, Hinterlassenen- und Invalidenvorsorge (BVG)

SR 831.441.1	Verordnung vom 18. April 1984 über die berufliche Alters-, Hinterlassenen- und Invalidenvorsorge (BVV 2)
SR 832.10	Bundesgesetz vom 18. März 1994 über die Krankenversicherung (KVG)
SR 832.102	Verordnung vom 27. Juni 1995 über die Krankenversicherung (KVV)
SR 832.20	Bundesgesetz vom 20. März 1981 über die Unfallversicherung (UVG)
SR 832.202	Verordnung vom 20. Dezember 1982 über die Unfallversicherung (UVV)
SR 833.1	Bundesgesetz vom 20. September 1949 über die Militärversicherung
SR 834.1	Bundesgesetz vom 25. September 1952 über die Erwerbssersatzordnung für Dienstleistende in Armee und Zivilschutz (EOG)
SR 836.11	Verordnung vom 11. November 1952 über die Familienzulagen in der Landwirtschaft (FLV)
SR 837.0	Bundesgesetz vom 25. Juni 1982 über die obligatorische Arbeitslosenversicherung und die Insolvenzentschädigung (Arbeitslosenversicherungsgesetz, AVIG)
SR 842	Bundesgesetz vom 19. März 1965 über Massnahmen zur Förderung des Wohnungsbaues
SR 843.1	Verordnung vom 30. November 1981 zum Wohnbau- und Eigentumsförderungsgesetz
SR 851.1	Bundesgesetz vom 24. Juni 1977 über die Zuständigkeit für die Unterstützung Bedürftiger
SR 916.356.02	Reglement der Schweizerischen Käseunion vom 26. April 1972 über die Mitgliedschaft
SR 916.438.5	Interkantonale Übereinkunft vom 13. September 1943 über den Viehandel (Viehandelskonkordat)
SR 931.1	Konkordat vom 24. September 1955 betreffend die Schürfung und Ausbeutung von Erdöl
SR 941.311	Vollziehungsverordnung vom 8. Mai 1934 zum Bundesgesetz vom 20. Juni 1933 über die Kontrolle des Verkehrs mit Edelmetallen und Edelmetallwaren
SR 943.1	Bundesgesetz vom 4. Oktober 1930 über die Handelsreisenden
SR 943.11	Vollziehungsverordnung vom 5. Juni 1931 zum Bundesgesetz vom 4. Oktober 1930 über die Handelsreisenden
SR 944.3	Bundesgesetz vom 18. Juni 1993 über Pauschalreisen
SR 946.11	Bundesgesetz vom 26. September 1958 über die Exportrisikogarantie
SR 946.111	Verordnung vom 15. Januar 1969 über die Exportrisikogarantie
SR 946.206	Verordnung vom 7. August 1990 über Wirtschaftsmassnahmen gegenüber der Republik Irak
SR 946.206.1	Verordnung des EVD vom 8. August 1990 über Wirtschaftsmassnahmen gegenüber der Republik Irak
SR 946.208	Verordnung vom 12. Januar 1994 über Massnahmen gegenüber Libyen
SR 946.209	Verordnung vom 3. Oktober 1994 über Wirtschaftsmaßnahmen gegenüber Jugoslawien (Serbien und Montenegro) und anderen serbisch kontrollierten Gebieten

SR 946.209.1	Verordnung des EVD vom 23. Dezember 1994 über Wirtschaftsmaßnahmen gegenüber Jugoslawien (Serbien und Montenegro) und anderen serbisch kontrollierten Gebieten.
SR 951.11	Nationalbankgesetz vom 23. Dezember 1953 (NBG)
SR 952.0	Bundesgesetz vom 8. November 1934 über die Banken und Sparkassen
SR 952.02	Verordnung vom 17. Mai 1972 über die Banken und Sparkassen (Bankenverordnung)
SR 952.111	Verordnung der Eidgenössischen Bankenkommission vom 22. März 1984 über die ausländischen Banken in der Schweiz (Auslandbankenverordnung, ABV)
SR 977.0	Bundesgesetz vom 20. März 1970 über die Investitionsrisikogarantie
SR 983.1	Bundesbeschluß vom 13. Juni 1957 über eine außerordentliche Hilfe an Auslandschweizer und Rückwanderer, die infolge des Krieges von 1939–1945 Schäden erlitten haben
SR 983.11	Vollziehungsverordnung vom 8. Dezember 1958 zum Bundesbeschluß über die außerordentliche Hilfe an Auslandschweizer und Rückwanderer, die infolge des Krieges von 1939–1945 Schäden erlitten haben
SR 983.2	Bundesbeschluß vom 20. September 1957 über die Gewährung von Vorauszahlungen an schweizerische Opfer der nationalsozialistischen Verfolgung

2. Staatsverträge

SR 0.104	Internationales Übereinkommen vom 21. Dezember 1965 zur Beseitigung jeder Form von Rassendiskriminierung
SR 0.131.334.9	Abkommen vom 14. Januar 1987 zwischen dem Schweizerischen Bundesrat und der Regierung der Französischen Republik über die gegenseitige Hilfeleistung bei Katastrophen oder schweren Unglücksfällen
SR 0.141.126.3	Abkommen vom 15. Januar 1959 zwischen der Schweiz und Kolumbien betreffend den Militärdienst
SR 0.141.133.6	Vertrag vom 11. November 1937 zwischen der Schweiz und den Vereinigten Staaten von Amerika über die militärischen Pflichten gewisser Personen, die Doppelbürger sind
SR 0.141.134.92	Abkommen vom 1. August 1958 zwischen der Schweiz und Frankreich betreffend den Militärdienst der Doppelbürger
SR 0.141.134.921	Administrative Vereinbarung vom 1. August 1958 betreffend die Anwendung des Abkommens zwischen der Schweiz und Frankreich über den Militärdienst der Doppelbürger (mit Formularen)
SR 0.141.134.922	Notenaustausch vom 14. Februar 1989 zwischen der Schweiz und Frankreich über die Ausdehnung der Anwendung des Abkommens vom 1. August 1958 betreffend den Militärdienst der Doppelbürger
SR 0.142.103	Europäisches Übereinkommen vom 13. Dezember 1957

	über die Regelung des Personenverkehrs zwischen den Mitgliedstaaten des Europarates (mit Anlage)
SR 0.142.111.361.1	Erklärung vom 15. Oktober 1916 betreffend Rückübernahme schriftenloser Personen
SR 0.142.111.364	Niederschrift vom 19. Dezember 1953 zwischen der Schweiz und der Bundesrepublik Deutschland über Niederlassungsfragen
SR 0.142.111.367	Vereinbarung vom 2. Februar 1955 über den Austausch von Gastarbeitnehmern (Stagiaires) zwischen der Schweizerischen Eidgenossenschaft und der Bundesrepublik Deutschland
SR 0.142.111.631.1	Abkommen vom 14. September 1950 zwischen dem Schweizerischen Bundesrat und der Österreichischen Bundesregierung betreffend zusätzliche Vereinbarungen über die Niederlassungsverhältnisse der beiderseitigen Staatsbürger
SR 0.142.111.637	Vereinbarung vom 19. März 1956 über den Austausch von Gastarbeitnehmern (Stagiaires) zwischen der Schweizerischen Eidgenossenschaft und der Republik Österreich
SR 0.142.111.723	Briefwechsel vom 30. März 1935 zwischen der Schweiz und Belgien über die Niederlassungsbewilligung für Angehörige der beiden Staaten, die seit fünf Jahren ununterbrochen im anderen Staat wohnen
SR 0.142.111.727	Vereinbarung vom 30. März 1935 über die Zulassung von Stagiaires zwischen der Schweiz und Belgien
SR 0.142.112.147	Abkommen vom 5. April 1995 zwischen der Regierung der Schweizerischen Eidgenossenschaft und der Regierung der Republik Bulgarien über den Austausch von Stagiaires
SR 0.142.113.141.1	Briefwechsel vom 6. September 1962 zwischen der Schweiz und Dänemark über die fremdenpolizeiliche Behandlung der beiderseitigen Staatsangehörigen
SR 0.142.113.147	Vereinbarung vom 21. Februar 1948 zwischen der Schweiz und Dänemark über die Zulassung von Stagiaires
SR 0.142.113.327	Vereinbarung vom 17. Juni 1948 zwischen der Schweiz und Spanien über den Austausch von Stagiaires
SR 0.142.113.328.1	Briefwechsel vom 9. August/31. Oktober 1989 zwischen der Schweiz und Spanien über die administrative Stellung der Staatsangehörigen aus einem der beiden Länder im andern nach einer ordnungsgemäßen und ununterbrochenen Aufenthaltsdauer von fünf Jahren
SR 0.142.113.457	Vereinbarung vom 7. Dezember 1951 zwischen der Schweiz und Finnland über den Austausch von Stagiaires
SR 0.142.113.491	Niederlassungsvertrag vom 23. Februar 1882 zwischen der Schweiz und Frankreich
SR 0.142.113.497	Vereinbarung vom 1. August 1946 über die Zulassung von Stagiaires in Frankreich und in der Schweiz
SR 0.142.113.722	Briefwechsel vom 12. März 1992 zwischen der Schweiz und Griechenland über die administrative Stellung der Staatsangehörigen aus einem der beiden Länder im an-

	dern nach einem ordnungsgemässen und ununterbrochenen Aufenthalt von fünf Jahren
SR 0.142.114.187	Abkommen zwischen dem Schweizerischen Bundesrat und der Regierung der Republik Ungarn vom 22. September 1995 über den Austausch von Stagiaires
SR 0.142.114.362	Niederlassungsabkommen vom 25. April 1934 zwischen der Schweizerischen Eidgenossenschaft und dem Kaiserreich Persien
SR 0.142.114.417	Vereinbarung vom 14. März 1949 zwischen der Schweiz und Irland über den Austausch von Stagiaires
SR 0.142.114.541	Niederlassungs- und Konsularvertrag vom 22. Juli 1868 zwischen der Schweiz und Italien (mit Erklärung)
SR 0.142.114.541.1	Protokoll vom 1. Mai 1869 betreffend die Vollziehung der am 22. Juli 1868 in Bern und Florenz zwischen der Schweiz und Italien abgeschlossenen und unterzeichneten Verträge und Übereinkünfte
SR 0.142.114.541.3	Erklärung vom 5. Mai 1934 über die Anwendung des Niederlassungs- und Konsularvertrages vom 22. Juli 1868 zwischen der Schweiz und Italien
SR 0.142.114.544	Abkommen vom 23. Oktober 1991 zwischen der Schweiz und Italien über den Austausch von Stagiaires
SR 0.142.115.142	Vereinbarung vom 6. November 1963 zwischen der Schweiz und dem Fürstentum Liechtenstein über die fremdenpolizeiliche Rechtsstellung der beiderseitigen Staatsangehörigen im anderen Vertragsstaat
SR 0.142.115.142.1	Notenaustausch vom 19. Oktober 1981 über die teilweise Suspendierung von Artikel 3 der schweizerisch-liechtensteinischen Vereinbarung vom 6. November 1962 über die fremdenpolizeiliche Rechtsstellung der beiderseitigen Staatsangehörigen im anderen Vertragsstaat
SR 0.142.115.187	Vereinbarung vom 20. Oktober 1948 zwischen der Schweiz und Luxemburg über den Austausch von Stagiaires
SR 0.142.115.677	Abkommen zwischen dem Schweizerischen Bundesrat und der Regierung S.D. dem Fürsten von Monaco vom 25. März 1996 über den Austausch von Stagiaires
SR 0.142.115.987	Vereinbarung vom 14. August 1986 zwischen der Schweiz und Norwegen über den Austausch von Stagiaires
SR 0.142.116.147	Vereinbarung vom 28. Juni 1984 über den Austausch von Stagiaires zwischen der Schweiz und Neuseeland
SR 0.142.116.364	Notenwechsel vom 16. Februar 1935 zwischen der Schweiz und den Niederlanden über die Niederlassungsbewilligung für Angehörige der beiden Staaten, die seit fünf Jahren ununterbrochen im anderen Staat wohnen
SR 0.142.116.367	Vereinbarung vom 20. November 1952 zwischen der Schweiz und den Niederlanden über den Austausch von Stagiaires
SR 0.142.116.497	Abkommen vom 11. Juni 1993 zwischen der Regierung der Schweizerischen Eidgenossenschaft und der Regierung der Republik Polen über den Austausch von Stagiaires

SR 0.142.116.546	Briefwechsel vom 12. April 1990 zwischen der Schweiz und Portugal über die administrative Stellung der Staatsangehörigen aus einem der beiden Länder im andern nach einer ordnungsgemässen und ununterbrochenen Aufenthaltsdauer von fünf Jahren
SR 0.142.116.547	Abkommen vom 7. Juli 1993 zwischen der Schweiz und Portugal über den Austausch von Stagiaires
SR 0.142.116.657	Abkommen vom 2. September 1993 zwischen der Regierung der Schweizerischen Eidgenossenschaft und der Regierung der Russischen Föderation über den Austausch von Stagiaires
SR 0.142.116.907	Abkommen zwischen dem Schweizerischen Bundesrat und der Regierung der Slowakischen Republik vom 8. Dezember 1995 über den Austausch von Stagiaires
SR 0.142.117.147	Vereinbarung vom 16. März 1948 zwischen der Schweiz und Schweden über die Zulassung von Stagiaires
SR 0.142.30	Abkommen vom 28. Juli 1951 über die Rechtsstellung der Flüchtlinge (mit Anhang)
SR 0.142.301	Protokoll vom, 31. Januar 1967 über die Rechtsstellung der Flüchtlinge
SR 0.142.305	Europäische Vereinbarung vom 16. Oktober 1980 über den Übergang der Verantwortung für Flüchtlinge (mit Anhang)
SR 0.142.311	Vereinbarung vom 23. November 1957 über Flüchtlingsseeleute
SR 0.142.311.1	Protokoll vom 12. Juni 1973 zur Vereinbarung vom 23. November 1957 über Flüchtlingsseeleute
SR 0.142.37	Abkommen vom 15. Oktober 1946 über die Abgabe eines Reiseausweises an Flüchtlinge, die unter dem Schutze des Intergouvernementalen Komitees für die Flüchtlinge stehen
SR 0.142.38	Europäisches Übereinkommen vom 20. April 1959 über die Abschaffung des Visumszwanges für Flüchtlinge
SR 0.142.40	Übereinkommen vom 28. September 1954 über die Rechtsstellung der Staatenlosen (mit Anhang und Muster)
SR 0.191.02	Wiener Übereinkommen vom 24. April 1959 über konsularische Beziehungen
SR 0.211.212.3	Übereinkommen vom 1. Juni 1970 über die Anerkennung von Ehescheidungen und Ehetrennungen
SR 0.211.213.01	Übereinkommen vom 2. Oktober 1973 über das auf Unterhaltspflicht anzuwendende Recht
SR 0.211.221.315	Übereinkommen vom 15. November 1965 über die behördliche Zuständigkeit, das anzuwendende Recht und die Anerkennung von Entscheidungen auf dem Gebiet der Annahme an Kindesstatt
SR 0.211.221.431	Übereinkommen vom 24. Oktober 1956 über das auf Unterhaltsverpflichtungen gegenüber Kindern anzuwendende Recht
SR 0.211.230.01	Europäisches Übereinkommen vom 20. Mai 1980 über die Anerkennung und Vollstreckung von Entscheidungen über das Sorgerecht für Kinder und die Wiederherstellung des Sorgerechtes

SR 0.211.230.02	Übereinkommen vom 25. Oktober 1980 über die zivilrechtlichen Aspekte internationaler Kindesentführung (mit Beilage)
SR 0.211.231.01	Übereinkommen vom 5. Oktober 1961 über die Zuständigkeit der Behörden und das anzuwendende Recht auf dem Gebiet des Schutzes von Minderjährigen
SR 0.221.554.2	Abkommen vom 7. Juni 1930 über Bestimmungen auf dem Gebiet des internationalen Wechselprivatrechts (mit Protokoll)
SR 0.221.555.2	Abkommen vom 19. März 1931 über die Bestimmungen auf dem Gebiet des internationalen Checkprivatrechts (mit Protokoll)
SR 0.232.04	Pariser Verbandsübereinkommen zum Schutz des gewerblichen Eigentums, revidiert in Stockholm am 14. Juli 1967
SR 0.232.162	Internationales Übereinkommen vom 2. Dezember 1961 zum Schutz von Pflanzenzüchtungen, revidiert am 10. November 1972 und am 23. Oktober 1978 in Genf
AS 1995, 2457 ff	Abkommen über handelsbezogene Aspekte der Rechte an geistigem Eigentum (Anhang 1c zum GATT/WTO-Abkommen)
SR 0.274.11	Internationale Übereinkunft vom 17. Juli 1905 betreffend Zivilprozessrecht
SR 0.274.12	Internationale Übereinkunft vom 1. März 1954 betreffend Zivilprozessrecht
SR 0.274.181.641	Briefwechsel vom 3. März/3. Mai 1977 über die Anwendung, zwischen der Schweiz und den Bahamas, des schweizerisch-britischen Abkommens vom 3. Dezember 1937 über Zivilprozessrecht
SR 0.274.181.722	Übereinkommen vom 9. September 1886 zwischen der Schweiz und Belgien betreffend die gegenseitige Bewilligung des Armenrechts im Prozessverfahren
SR 0.274.183.191	Notenaustausch vom 7. Juli/26. August 1987 betreffend die Anwendung, zwischen der Schweiz und Dominica, des schweizerisch-britischen Abkommens vom 3. Dezember 1937 über Zivilprozeßrecht
SR 0.274.183.431	Briefwechsel vom 20. Oktober 1971/27. März 1972 über die Anwendung, zwischen der Schweiz und den Fidschi, des schweizerisch-britischen Abkommens vom 3. Dezember 1937 über Zivilprozessrecht
SR 0.274.183.671	Schweizerisch-britisches Abkommen über Zivilprozessrecht vom 3. Dezember 1937
SR 0.274.184.721	Notenwechsel vom 19. Mai/21. September 1965 zwischen der Schweiz und Kenja betreffend die Weitergeltung des schweizerisch-britischen Abkommens vom 3. Dezember 1937 über Zivilprozessrecht im Verhältnis zwischen der Schweiz und Kenja
SR 0.274.185.761	Notenaustausch vom 23. August 1978/10. Januar 1979 betreffend die Anwendung zwischen der Schweiz und der Republik Nauru des schweizerisch-britischen Abkommens vom 3. Dezember 1937 über Zivilprozessrecht
SR 0.274.186.181	Notenwechsel vom 24. März/26. Mai 1965 zwischen der Schweiz und Uganda betreffend die Weitergeltung des

	schweizerisch-britischen Abkommens vom 3. Dezember 1937 über Zivilprozessrecht im Verhältnis zwischen der Schweiz und Uganda
SR 0.274.187.231	Notenaustausch vom 20. Juli/24. September 1971 betreffend die Anwendung zwischen der Schweiz und dem Königreich Swaziland des schweizerisch-britischen Abkommens vom 3. Dezember 1937 über Zivilprozessrecht
SR 0.274.187.321	Notenwechsel vom 2. Dezember 1963/30. Januar 1964 zwischen der Schweiz und Tansania betreffend die Weitergeltung des schweizerisch-britischen Abkommens vom 3. Dezember 1937 über Zivilprozessrecht im Verhältnis zwischen der Schweiz und Tansania
SR 0.274.187.521	Briefwechsel vom 6. Juni / 20. August 1973 über die Anwendung, zwischen der Schweiz und Tonga, des schweizerisch-britischen Abkommens vom 3. Dezember 1937 über Zivilprozessrecht
SR 0.274.187.631	Vertrag vom 1. Juni 1933 zwischen der Schweiz und der Türkei über den Rechtsverkehr in Zivil- und Handelssachen
SR 0.275.11	Übereinkommen vom 16. September 1988 über die gerichtliche Zuständigkeit und die Vollstreckung gerichtlicher Entscheidungen in Zivil- und Handelssachen
SR 0.276.191.361	Abkommen vom 2. November 1929 zwischen der Schweizerischen Eidgenossenschaft und dem Deutschen Reich über die gegenseitige Anerkennung und Vollstreckung gerichtlicher Entscheidungen und Schiedssprüchen
SR 0.276.191.721	Abkommen vom 29. April 1959 zwischen der Schweiz und Belgien über die Anerkennung und Vollstreckung von gerichtlichen Entscheidungen und Schiedssprüchen
SR 0.276.194.541	Abkommen vom 3. Januar 1933 zwischen der Schweiz und Italien über die Anerkennung und Vollstreckung gerichtlicher Entscheidungen
SR 0.276.195.141	Abkommen vom 25. April 1968 zwischen der Schweizerischen Eidgenossenschaft und dem Fürstentum Liechtenstein über die Anerkennung und Vollstreckung von gerichtlichen Entscheidungen und Schiedssprüchen in Zivilsachen
SR 0.311.31	Internationales Übereinkommen vom 18. Mai 1904 zur Gewährleistung eines wirksamen Schutzes gegen das unter dem Namen „Mädchenhandel" bekannte verbrecherische Treiben (mit Unterzeichnungsprotokoll)
SR 0.343	Übereinkommen vom 21. März 1983 über die Überstellung verurteilter Personen
SR 0.351.1	Europäisches Übereinkommen vom 20. April 1959 über die Rechtshilfe in Strafsachen
SR 0.351.4	Internationales Übereinkommen vom 17. Dezember 1979 gegen Geiselnahme
SR 0.351.5	Übereinkommen vom 14. Dezember 1973 über die Verhütung, Verfolgung und Bestrafung von Straftaten gegen völkerrechtlich geschützte Personen, einschließlich Diplomaten

SR 0.351.933.6	Staatsvertrag vom 25. Mai 1973 zwischen der Schweizerischen Eidgenossenschaft und den Vereinigten Staaten von Amerika über gegenseitige Rechtshilfe in Strafsachen (mit Briefwechsel)
SR 0.351.933.66	Briefwechsel vom 3. November 1993 zwischen der Schweiz und den Vereinigten Staaten
SR 0.353.1	Europäisches Auslieferungs-Übereinkommen vom 13. Dezember 1957
SR 0.353.915.4	Auslieferungsvertrag vom 21. November 1906 zwischen der Schweiz und der Argentinischen Republik
SR 0.353.919.8	Auslieferungsvertrag vom 23. Juli 1932 zwischen der Schweiz und Brasilien
SR 0.353.956.7	Übereinkommen vom 10. Dezember 1885 zwischen der Schweiz und dem Fürstentum Monaco betreffend die gegenseitige Auslieferung von Verbrechern
SR 0.353.964.9	Vertrag vom 19. November 1937 zwischen der Schweiz und Polen über die Auslieferung und die Rechtshilfe in Strafsachen (mit Schlußprotokoll)
SR 0.353.977.2	Auslieferungsvertrag vom 17. November 1873 zwischen der Schweiz und Russland
SR 0.353.977.21	Erklärung vom 22. Februar 1908 zwischen der Schweiz und Russland betreffend die gegenseitige Auslieferung wegen Missbrauchs von Sprengstoffen
SR 0.353.977.6	Auslieferungsvertrag vom 27. Februar 1923 zwischen der Schweiz und der Republik Uruguay
SR 0.353.981.8	Auslieferungsvertrag vom 28. November 1887 zwischen der Schweiz und Serbien (Jugoslawien) (mit Schweizer-Note)
SR 0.414.1	Europäische Konvention vom 11. Dezember 1953 über die Gleichwertigkeit der Reifezeugnisse, mit Erklärung
SR 0.414.5	Europäisches Abkommen vom 14. Dezember 1959 über die Gleichwertigkeit der akademischen Grade und Hochschulzeugnisse
SR 0.414.6	Übereinkommen vom 21. Dezember 1979 über die Anerkennung von Hochschulstudien, Universitätsdiplomen und akademischen Graden in den Staaten der Region Europa
SR 0.414.621.63	Abkommen vom 10. November 1993 zwischen der Schweizerischen Eidgenossenschaft und der Republik Österreich über die gegenseitige Anerkennung von Gleichwertigkeiten im Hochschulbereich
SR 0.414.7	Europäisches Übereinkommen vom 12. Dezember 1969 über die Fortzahlung von Stipendien an Studierende im Ausland
SR 0.414.91	Abkommen vom 9. Oktober 1991 zwischen der Schweizerischen Eidgenossenschaft und der Europäischen Wirtschaftsgemeinschaft über die Zusammenarbeit im Bereich der allgemeinen und beruflichen Bildung im Rahmen des ERASMUS-Programms
SR 0.414.93	Kooperationsabkommen vom 19. September 1991 zwischen der Schweiz und dem Europäischen Hochschulinstitut

SR 0.415.951.41	Abkommen vom 8. April 1981 zwischen der Schweizerischen Eidgenossenschaft und dem Fürstentum Liechtenstein über die Zusammenarbeit auf dem Gebiet von „Jugend und Sport" (mit Anlagen)
SR 0.443.913.6	Vereinbarung vom 6. Juni 1984 zwischen der Regierung der Schweizerischen Eidgenossenschaft und der Regierung der Bundesrepublik Deutschland über die Beziehungen auf dem Gebiet des Films (mit Anlage)
SR 0.443.916.3	Abkommen vom 11. Mai 1990 zwischen dem Schweizerischen Bundesrat und der Regierung der Republik Österreich über die Beziehungen auf dem Gebiete des Films
SR 0.443.923.2	Vereinbarung vom 22. Oktober 1987 zwischen dem Schweizerischen Bundesrat und der Regierung von Kanada über die Beziehungen auf dem Gebiete des Films und der Audiovision
SR 0.443.934.9	Vereinbarung vom 22. Juni 1977 über die Beziehungen zwischen der Schweiz und Frankreich auf dem Gebiet des Films (mit Anhang)
SR 0.443.945.4	Koproduktionsabkommen vom 15. Mai 1990 zwischen der Schweiz und Italien auf dem Gebiet des Films
SR 0.518.51	Genfer Abkommen vom 12. August 1949 über den Schutz von Zivilpersonen in Kriegszeiten (mit Anhängen)
SR 0.631.112.136	Vertrag vom 23. November 1964 zwischen der Schweizerischen Eidgenossenschaft und der Bundesrepublik Deutschland über die Einbeziehung der Gemeinde Büsingen am Hochrhein in das schweizerische Zollgebiet (mit Schlussprotokoll)
SR 0.631.112.514	Vertrag vom 29. März 1923 zwischen der Schweiz und Liechtenstein über den Anschluss des Fürstentums Liechtenstein an das schweizerische Zollgebiet (mit Schlussprotokoll)
SR 0.631.252.913.690	Abkommen vom 1. Juni 1961 zwischen der Schweizerischen Eidgenossenschaft und der Bundesrepublik Deutschland über die Errichtung nebeneinanderliegender Grenzabfertigungsstellen und die Grenzabfertigung in Verkehrsmitteln während der Fahrt (mit Schlussprotokoll)
SR 0.631.252.916.320	Abkommen vom 2. September 1963 zwischen der Schweizerischen Eidgenossenschaft und der Republik Österreich über die Errichtung nebeneinanderliegender Grenzabfertigungsstellen und die Grenzabfertigung in Verkehrsmitteln während der Fahrt (mit Schlussprotokoll)
SR 0.631.252.934.95	Abkommen vom 28. September 1960 zwischen der Schweiz und Frankreich über die nebeneinanderliegenden Grenzabfertigungsstellen und die Grenzabfertigung während der Fahrt (mit Schlussprotokoll)
SR 0.631.252.945.460	Abkommen vom 11. März 1961 zwischen der Schweizerischen Eidgenossenschaft und der Italienischen Republik über die nebeneinanderliegenden Grenzabfertigungsstellen und die Grenzabfertigung während der Fahrt (mit Schlußprotokoll)

Rechtsquellen 147

SR 0.632.31	Übereinkommen vom 4. Januar 1960 zur Errichtung der Europäischen Freihandels-Assoziation (EFTA)
SR 0.814.285.1	Abkommen vom 13. November 1985 zwischen dem Schweizerischen Bundesrat und der Italienischen Regierung über gemeinsame Massnahmen zum Schutz gegen Gewässerverunreinigung
SR 0.831...	Alters-, Hinterlassenen- und Invalidenversicherung: von der Schweiz abgeschlossene Staatsverträge
SR 0.832.2...	Unfallversicherung: von der Schweiz abgeschlossene Staatsverträge
SR 0.837...	Arbeitslosenversicherung: von der Schweiz abgeschlossene Staatsverträge
SR 0.837.913.6	Abkommen vom 20. Oktober 1982 zwischen der Schweizerischen Eidgenossenschaft und der Bundesrepublik Deutschland über Arbeitslosenversicherung (mit Schlussprotokoll)
SR 0.837.916.3	Abkommen vom 14. Dezember 1978 zwischen der Schweizerischen Eidgenossenschaft und der Republik Österreich über Arbeitslosenversicherung (mit Schlußprotokoll)
SR 0.837.934.91	Abkommen vom 14. Dezember 1978 zwischen der Schweizerischen Eidgenossenschaft und der Republik Frankreich über Arbeitslosenversicherung
SR 0.837.945.4	Abkommen vom 12. Dezember 1978 zwischen der Schweiz und Italien über den finanziellen Ausgleich auf dem Gebiete der Arbeitslosenversicherung der Grenzgänger (mit Schlussprotokoll und Briefwechsel)
SR 0.837.951.4	Abkommen vom 15. Januar 1979 zwischen der Schweizerischen Eidgenossenschaft und dem Fürstentum-Liechtenstein über die Arbeitslosenversicherung

II. Kantonales Recht

Appenzell-Ausserrhoden
Verfassung vom 30. April 1995, Gesetzessamlung 111.1

Appenzell-Innerrhoden
Gesetz vom 24. April 1949 über die Zivilprozessordnung für den Kanton Appenzell I. Rh., Gesetzessammlung 261

Bern
Zivilprozessordnung vom 7. Juli 1918, Gesetzessammlung 271.1

Genève
Loi du 10 avril 1987 de procédure civile, Gesetzessammlung E 23

Glarus
Gemeindegesetz vom 3. Mai 1992, Gesetzessammlung E/2

Graubünden
Zivilprozessordnung des Kantons Graubünden (ZPO) vom 1. Dezember 1985

Jura
Code de procédure civile de la République et Canton du Jura du 9 novembre 1978, Gesetzessammlung 271.1
Loi du 26 octobre 1987 sur les droits politiques, Gesetzessammlung 161.1

Neuchâtel
Loi du 17 octobre 1984 sur les droits politiques, Gesetzessammlung 141

Nidwalden
Gerichtsgesetz vom 28. April 1968, Gesetzessammlung 261.1

St. Gallen
Gesetz vom 20. März 1939 über die Zivilrechtspflege, Gesetzessammlung XX2a

Schaffhausen
Zivilprozessordnung für den Kanton Schaffhausen vom 3. September 1951, Gesetzessammlung 352

Schwyz
Zivilprozessordnung vom 25. Oktober 1974, Gesetzessammlung 211

Thurgau
Gesetz über die Zivilrechtspflege vom 6. Juli 1988, Gesetzessammlung 271 Gesetz über das Stimm- und Wahlrecht vom 15. März 1995

Uri
Zivilprozessordnung vom 29. März 1928 und 28. Juni 1962, Gesetzessammlung 2211

Vaud
Code de procédure cicile du 14 décembre 1966, Gesetzessammlung 2.7

Zug
Zivilprozessordnung für den Kanton Zug vom 3. Oktober 1940, Gesetzessammlung 222.1

Zürich
Einführungsgesetz vom 4. Dezember 1988 zum Bundesgesetz über den Erwerb von Grundstücken durch Personen im Ausland (BewG), Gesetzessammlung 234.1, mit Verordnung dazu vom 1. April 1992 (234.12)
Verordnung des Regierungsrates vom 30. Dezember 1986 über die Begrenzung der Zahl der erwerbstätigen Ausländer, Gesetzessammlung 823.21
Gesetz vom 3. März 1991 über Leistungen an Arbeitslose, Gesetzessammlung 837.2
Gesetz vom 14. Juni 1981 über die Sozialhilfe (Sozialhilfegesetz), Gesetzessammlung 851.1
Verordnung vom 2. Februar 1994 über die Quellensteuer für ausländische Arbeitnehmer (Quellensteuerverordnung I), Gesetzessammlung 631.41
Gesetz über den Zivilprozess (Zivilprozessordnung) vom 13. Juni 1976, Gesetzessammlung 271

Literaturverzeichnis

Das Literaturverzeichnis beschränkt sich auf Werke zum ausländerrechtlichen Aspekt des jeweiligen Rechtsgebietes. Wo eine Darstellung der Ausländerrechtsproblematik fehlt, werden Standardwerke aus dem fraglichen Rechtsgebiet genannt. Auf Zeitschriftenartikel ist nur ausnahmsweise verwiesen; ausländische Literatur ist nicht aufgeführt.

Allgemeine Literatur

Bundesamt für Statistik: Vom Einwanderungsland zur multikulturellen Gesellschaft, Bern 1995

Diriwächter Thomas / Kottusch Peter: Fremdenpolizeiliche Vorschriften im Ueberblick, 2. Auflage, Zürich 1988

Ausländer in der Gemeinde (Loseblattsammlung), Bern 1989, Herausgeber: Schweizerischer Verband der Bürgergemeinden und Korporationen Luzern / Schweizerischer Gemeindeverband Bern / Schweizerischer Städteverband Bern / Eidg. Kommission für Ausländerprobleme,

Moser Hans Peter: Die Rechtsstellung des Ausländers in der Schweiz, in: ZSR 1967 II 325 ff.

Thürer Daniel: Die Rechtsstellung des Ausländers in der Schweiz, in: Die Rechtsstellung von Ausländern nach staatlichem Recht und Völkerrecht, Max-Planck-Institut, S. 1341 ff., 1994 Teil 2

WEKA Verlag: Das aktuelle schweizerische Ausländerrecht, Raess-Eichenberger Susanne und Markus, Loseblattsammlung, Dezember 1995 mit Nachträgen

1. Kapitel: Schweizer Bürgerrecht

Arend Michal: Einbürgerung von Ausländern in der Schweiz, Kulturelle Vielfalt und nationale Identität, Nationales Forschungsprogramm 21, Basel und Frankfurt am Main 1991

Benz Urs: Die ordentliche Einbürgerung von Ausländern in der Schweiz, Diss., Zürich 1968

Etter Oskar: Der Verlust des Schweizerbürgerrechts, Diss., Zürich 1945

Fasel Dominique: La naturalisation des étrangers, étude de droit fédéral et de droit vaudois, Lausanne 1989

Feer Robert: Die mehrfache Staatsangehörigkeit natürlicher Personen, Diss., Zürich 1955

Immer Pierre: La perte de la nationalité suisse par l'écoulement du temps. Péremption de la nationalité, Thèse, Lausanne 1964

Keller Jeanne: Die zweckwidrige Verwendung von Rechtsinstituten des Familienrechts. Ausländerrechtsehen, Ehen zur Erleichterung des Grundstückerwerbs durch Personen im Ausland, Steuerehen, Steuerscheidungen, Rentenkonkubinate und ähnliche Erscheinungen, Diss., Zürich 1986

Kottusch Peter: Scheinehen aus fremdenpolizeilicher Sicht, in: ZBl 84 (1983) S. 425 ff.

Wiederkehr Evelyn B.: Erwerb und Verlust des Schweizer Bürgerrechts von Gesetzes wegen, Zürcher Studien zum öffentlichen Recht, Diss., Zürich 1983

2.–4. Kapitel: Grundrechte, Einreise, Aufenthalt, Erwerbstätigkeit

Arta Hans-Rudolf: Die Vereins-, Versammlungs- und Meinungsäusserungsfreiheit der Ausländer, in: St. Galler Beiträge zum öffentlichen Recht Bd. 13, Diss., St. Gallen 1983

Aubert Jean-François: Traité de droit constitutionnel suisse, Neuchâtel 1967 Supplément 1967–1982, Neuchâtel 1982

Aubert Jean-François, Eichenberger Kurt, Mueller Jörg-Paul, Rhinow René A., Schindler Dietrich, Kommentar zur Bundesverfassung der Schweizerischen Eidgenossenschaft vom 29. Mai 1874, Basel/Zürich/Bern (Loseblattordner)

Ausländer in der Gemeinde, Bern 1989, Herausgeber: Schweizerischer Verband der Bürgergemeinden und Korporationen, Luzern; Schweizerischer Gemeindeverband, Bern; Schweizerischer Städteverband, Bern; Eidg. Kommission für Ausländerprobleme, Bern

BFA, Weisungen zur Ausländergesetzgebung für die kantonalen Fremdenpolizeibehörden, grüner Loseblattordner

BIGA, Weisungen und Erläuterungen zur Verordnung des Bundesrates vom 6. Oktober 1986 über die Begrenzung der Zahl der Ausländer, Bern 1990, mit Ergänzungen 1991 und 1993

Blum Georges: Les étrangers et la liberté de la presse, Thèse, Lausanne 1970

Caytas Ivo: Die erwerbsrechtliche Stellung der Ausländer in der Schweiz, in: Völkerrechtliche und landesrechtliche Regelung des wirtschaftlichen Ausländerstatuts, Schriften des Europäischen Arbeitskreises für internationales Recht, Berlin 1980

Fehrlin Wolfram: Die Rechtsgleichheit der Ausländer in der Schweiz, Diss., Bern 1952

Grisel Etienne: Les droits politiques des étrangers en Suisse, in: Les étrangers en Suisse, hrsg. von der Universität Lausanne, Lausanne 1982, S. 71 ff.

Guggenheim Paul: Niederlassungsverträge, in: Schweizerische juristische Kartothek Genf Nr. 662

Häfelin U. / Haller W.: Schweizerisches Bundesstaatsrecht, ein Grundriss, 3. Auflage, Zürich 1993

Hangartner Yvo: Ausländer und schweizerische Demokratie, in: ZSR NF 93 (1974) I, S. 121 ff.

Hauser Mathild: Die den Ausländern in der Schweiz garantierten Freiheitsrechte, Zürcher Diss., Winterthur 1961

Hofstetter Yves: Le statut juridique du travailleur saisonnier, Thèse, Lausanne 1981

Huber Hans: Die Grundrechte der Ausländer in der Schweiz und ihre Rechtsquellen, in: Mélanges Henri Zwahlen, Lausanne 1977, S. 117 ff.

Hug Markus: Der Ausländer als Grundrechtsträger, Zürcher Studien zum öffentlichen Recht Bd 88, Diss., Zürich 1990

Kammermann Hans: Der Familiennachzug der ausländischen Arbeitskräfte: eine Ueberprüfung auf Verfassungsmässigkeit und Menschenrechte, Diss., Zürich 1976

Kammermann Iwan W.: Die fremdenpolizeiliche Ausweisung von Ausländern aus der Schweiz, Berner Diss., Lungern 1948

Kenel Philippe / Schaffer Christiane: La Main-d'œvre étrangère, Guide juridique et pratique, Lausanne 1989, mit Nachträgen (Loseblattordner)

KIGA des Kantons Aargau, Arbeitsbewilligung; kommentierte Ausgabe der bundesrätlichen Verordnung über die Begrenzung der Zahl der Ausländer (BVO), Aarau 1991, mit Nachträgen

Koller Alfred: Verwaltungsgerichtsbeschwerde in Ausländersachen: Zulässigkeit in der sog. Unterstellungsfrage, in: ZBJV 1988, S. 147 ff.

Koller Alfred: Der Rechtsweg ans Bundesgericht bei Verweigerung einer Aufenthaltsbewilligung, in: Ausgewählte Fragen zum Ausländerrecht, Referate der Tagung vom 21. 4. 1989 in Luzern
Kottusch Peter: Zur rechtlichen Regelung des Familiennachzuges von Ausländern, in: ZBJV 90 (1989) S. 329 ff.
Kottusch Peter: Das Ermessen der kantonalen Fremdenpolizei und seine Schranken, in: ZBl 91 (1990), S. 145 ff.
Mach Olivier: L'admission des étrangers en Suisse, in: Revue de Droit Administratif et de Droit Fiscal, Revue Genevoise de Droit public, 38. Jahrgang (1982) S. 153 ff.
Marti Max Bernhard: Die Handels- und Gewerbefreiheit der Ausländer in der Schweiz, Diss., Bern 1963
Paetzold Veronika: Ausländer in der Schweiz; Handelskammer Deutschland - Schweiz, Zürich 1994
Pfanner Toni: Die Jahresaufenthaltsbewilligung des erwerbstätigen Ausländers, Voraussetzungen, Inhalt, Beendigung und Rechtsschutz, Diss., St. Gallen 1985
Scheidegger Ralph: Die rechtliche Erfassung der ausländischen Grenzgänger, Zürich 1987
Schmid Rolf: Die Rechtsstellung des ausländischen Saisonarbeiters in der Schweiz; Zürcher Studien zum öffentlichen Recht Bd 99, Diss., Zürich 1991
Stoffel Walter A.: Die völkervertraglichen Gleichbehandlungsverpflichtungen der Schweiz gegenüber den Ausländern. Eine Untersuchung über die Bedeutung der Gleichbehandlungsklauseln in den Niederlassungsverträgen, Freiburger Diss., Zürich 1979
Sulger Büel Peter: Vollzug von Fernhalte- und Entfernungsmassnahmen gegenüber Fremden nach dem Recht des Bundes und des Kantons Zürich, Diss., Zürich 1984
Swiss-American Chamber of Commerce: Swiss Work Permit Regulations, Zürich (periodisch überarbeitet)
Thürer Daniel: Der politische Status der Ausländer in der Schweiz – Rechtsposition im Spannungsfeld zwischen politischer Rechtslosigkeit und Gleichbehandlung?, in: Festschrift zum 65. Geburtstag von Prof. U. Häfelin, S. 183 ff., Zürich 1989
Thürer Daniel: Die Rechtsstellung des Ausländers in der Schweiz, in: Die Rechtsstellung von Ausländern nach staatlichem Recht und Völkerrecht, Max-Planck-Institut, S. 1341 ff., 1994, Teil 2
Thürer Daniel: Swiss National Report on the Judicial Control over the Discretionary Power in the Expulsion and Extradition of Foreigners, in: Rapports suisses présentés au XIIème Congrès international de droit comparé 1986, p. 159–177
Visini Sandro: Die rechtliche Gleichbehandlung von Bürgern und Einwohnern anderer Gebietskörperschaften mit den eigenen Bürgern und Einwohnern, Zürcher Studien zum öffentlichen Recht Bd 44, Zürich 1983
Wertenschlag Rudolf: Grundrechte der Ausländer in der Schweiz. Eine Studie zu Entwicklung und Zustand der politischen Freiheit im Bundesstaat, Basler Studien zur Rechtswissenschaft, Reihe B: Oeffentliches Recht Bd. 6, Diss., Basel 1980.
Zellweger Ivo: Die strafrechtlichen Beschränkungen der politischen Meinungsäusserungsfreiheit (Propagandaverbote), Diss., Zürich 1975

5. Kapitel: Asylrecht, Staatenlosigkeit

Ackermann Alberto / Hausammann Christina: Handbuch des Asylrechts, 2. Auflage, Bern / Stuttgart 1991

Aeschbacher Monique / Hegetschweiler Hans: Handbuch des Asyl- und Ausländerrechts, Zürich 1985

Bersier Roland: Droit d'asile et statut du réfugié en Suisse, Lausanne 1991

Bolz Urs: Rechtsschutz im Ausländer- und Asylrecht, Basel/Frankfurt am Main 1990

Bundesamt für Flüchtlinge: Sammlung der gesetzlichen Grundlagen im Asylbereich, Ordner Asyl 1, Weisungen und Kreisschreiben, Verfahren, Stand 1994

Burckhardt-Erne Yvonne: Die Rechtsstellung der Staatenlosen im Völkerrecht und schweizerischen Landesrecht, Diss., Bern 1977

Dutoit Bernard: Le nouveau droit suisse sur l'asile, in: Les étrangers en Suisse, hrsg. Université de Lausanne 1982, S. 113

Eckert Wolfgang: Begriff und Grundzüge des schweizerischen Flüchtlingsrechts, Diss., Zürich 1977

Hadorn Urs: Das Asylgesetz in der Schweiz, in: Drei-Länder-Symposion, Aktuelle Probleme bei der Aufnahme und Integration von Flüchtlingen und Aussiedlern in Mitteleuropa, Konstanz 1983, S. 96 ff.

Hadorns Urs: die Praxis zum Asylgesetz – Versuch einer Bilanz, in: Zeitschrift für öffentliche Fürsorge 30/1983, S. 6 ff., 18 ff.

Kaelin Walter: Grundriss des Asylverfahrens, Basel/Frankfurt am Main 1990

Kaelin Walter: Das Prinzip des non-refoulement. Das Verbot der Zurückweisung, Ausweisung und Auslieferung von Flüchtlingen in den Verfolgerstaat im Völkerrecht und im schweizerischen Landesrecht, Bern/Frankfurt a.M. 1982

Kaelin Walter (Hrsg): Droit des réfugiés, Fribourg 1991

Lieber Viktor: Die neuere Entwicklung des Asylrechts im Völkerrecht und Staatsrecht unter besonderer Berücksichtigung der schweizerischen Asylpraxis, Diss., Zürich 1973

Poncet Dominique / Neyroud Philippe: L'extradition et l'asile politique en Suisse, Fribourg 1976

Schweizerische Asylrechtskommission, Entscheidungen und Mitteilungen, Loseblattsammlung, Zollikofen 1993

Werenfels Samuel: Der Begriff des Flüchtlings im schweizerischen Asylrecht: Die Praxis des Bundes zu Art. 3 Asylgesetz, Diss., Basel 1987

6. Kapitel: Grundstückerwerb

Bomio Gianni: Das Feststellungsverfahren bei der AG gemäss dem Bundesgesetz über den Erwerb von Grundstücken durch Personen im Ausland, Diss. Basel 1990

Eichenberger René P.: Die Behandlung des Aktienerwerbes in der Lex Friedrich, Diss. Zürich 1992

Krauskopf Lutz / Maître Bernard: Acquisition d'immeubles par des personnes à l'étranger (Lex Friedrich), in: Baurecht 1986/1, S. 3 ff.

Luethi Gian Gaudenz: Anwendungsprobleme in der Bundesgesetzgebung über den Erwerb von Grundstücken durch Personen im Ausland, Diss., Zürich 1987

Mühlebach Urs / Geissmann Hanspeter: Lex F., Kommentar zum Bundesgesetz über den Erwerb von Grundstücken durch Personen im Ausland, Brugg/Baden 1986

Perrig Jean-Christophe: L'acquisition d'immeubles en Suisse par des personnes à l'étranger, Diss. Lausanne 1990

Rechtsteiner Beat: Beschränkungen des Grundstückerwerbs durch Ausländer, Zürcher Studien zum öffentlichen Recht, Bd. 53, Zürich 1985
Richtlinien des Eidgenössischen Amtes für das Handelsregister vom 12. April 1985 an die kantonalen Handelsregisterämter betreffend die Anwendung der Gesetzgebung über den Erwerb von Grundstücken durch Personen im Ausland, in: Der bernische Notar 46/1985, S. 144 ff.
Veröffentlichungen des schweizerischen Instituts für Verwaltungskurse an der Hochschule St. Gallen, Band 23, Das Bundesgesetz über den Erwerb von Grundstücken durch Personen im Ausland, St. Gallen 1985
Voyame Joseph: L'acquisition d'immeubles par des étrangers et la société immobiliérem, in: Les étrangers en Suisse, hrsg. Université de Lausanne 1982, S. 113
Wegleitung des Eidgenössischen Grundbuchamtes für die Grundbuchverwalter betreffend Erwerb von Grundstücken durch Personen im Ausland vom 29. Januar 1985, in: ZBGR 66/1985, S. 183 ff.

7. Kapitel: Internationales Privatrecht

Bucher Andreas: Internationales Privatrecht, Bundesgesetz und Staatsverträge, Text-Ausgabe, 3. Auflage, Basel/Frankfurt am Main 1994
Dessemontet François: Le nouveau droit international privé suisse, Travaux des Journées d'étude organisées par le Centre du droit de l'entreprise les 9 et 10 octobre 1987 à l'Université de Lausanne, Lausanne 1988
Honsell Heinrich / Vogt Nedim Peter / Schnyder Anton (Hrsg): Internationales Privatrecht, Kommentar zum schweizerischen Privatrecht, Basel 1996
Hangartner Yvo (Hrsg.): Die allgemeinen Bestimmungen des Bundesgesetzes über das internationale Privatrecht, Referate und Unterlagen der Tagung vom 22. Oktober 1987 in Luzern, in: Veröffentlichen des Schweizerischen Instituts für Verwaltungskurse an der Hochschule St. Gallen, Neue Reihe, Bd. 29, St. Gallen 1988
IPRG-Kommentar, *Heini Anton / Keller Max / Siehr Kurt / Vischer Frank / Volken Paul* (Hrsg.): Kommentar zum Bundesgesetz über das Internationale Privatrecht (IPRG) vom 1. Januar 1989, Zürich 1993
Moser Rudolf: Beiträge zum neuen IPR des Sachen-, Schuld- und Gesellschaftsrechts, Festschrift für Moser Rudolf, Herausgeber: Ivo Schwander, Zürich 1987
Patocchi Paolo Michele / Geisinger Elliott: Code de droit international privé suisse annoté, Lausanne 1995
Schnyder Anton: Das neue IPR-Gesetz, Eine Einführung in das Bundesgesetz vom 18. Dezember 1987 über das Internationale Privatrecht (IPR), 2. Auflage, Zürich 1990

8. Kapitel: Gesellschaftsrecht

Dessemontet François: Le nom commercial des entreprises étrangères en Suisse, in: Les étrangers en Suisse, hrsg. Université de Lausanne 1982, S. 171
Kommentar: Kommentar zum schweizerischen Privatrecht, Bern, div. Daten, Bd. VII Kommentar zum schweizerischen Zivilgesetzbuch, Zürich, div. Daten, Bd. V
Meier-Hayoz Arthur / Forstmoser Peter: Grundriß des schweizerischen Gesellschaftsrechts, 7. Auflage, Bern 1993;

9. Kapitel: Bankwesen

Bodmer Daniel / Kleiner Beat / Lutz Benno: Kommentar zum Bundesgesetz über die Banken und Sparkassen (Bankengesetz (BaG)) vom 8. November 1934, Zürich 1976, 7. Nachlieferung 1994

10. Kapitel: Zivilprozeßrecht

Guldener Max: Schweizerisches Zivilprozessrecht, 3. Auflage, Zürich 1979
Habscheid Walther J.: Schweizerisches Zivilprozess- und Gerichtsorganisationsrecht: ein Lehrbuch seiner Grundlagen, 2. Auflage, Basel/Frankfurt a. M. 1990
Kummer Max: Grundriss des Zivilprozessrechts nach den Prozessordnungen des Kantons Bern und des Bundes, 4. Auflage, Bern 1984
Vogel Oscar: Grundriss des Zivilprozessrechts, 4. Auflage, Bern 1995
Walder-Bohner Hans U.: Zivilprozessrecht, 3. Auflage, Zürich 1983

11. Kapitel: Zwangsvollstreckung

Amonn Kurt: Grundriß des Schuldbetreibungs- und Konkursrechts, 5. Auflage, Bern 1993
Brügger Erwin M.: Die schweizerische Gerichtspraxis im Schuldbetreibungs- und Konkursrecht 1946–1984 und 1984–1991, Adligenswil 1984/1992
Favre Antoine: Droit des poursuites, 3. édition, Fribourg 1974
Fritzsche Hans / Walder Hans Ulrich: Schuldbetreibung und Konkurs nach schweizerischem Recht, Bd I und II, 3. Auflage, Zürich, 1. Halbband 1984, 2. Halbband 1993
Gilliéron Pierre R.: Les étrangers et les biens des étrangers dans l'exécution forcée selon la loi fédérale, du 11 avril 1889, sur la poursuite pour dettes et la faillite, in: Les étrangers en Suisse, hrsg. Université de Lausanne 1982, S. 219

12.–13. Kapitel: Strafrecht und Rechtshilfe

Bauhofer Stefan / Quelos Nicolas (Hrsg): Ausländer, Kriminalität und Strafrechtspflege, Reihe Kriminologie Nr. 11, Zürich 1993
De Capitani Werner: Internationale Rechtshilfe, eine Standortbestimmung, Straf- und Verwaltungssachen, in: ZSR NF 100 (1981) II S. 365 ff.
Gauthier Jean: Le délinquant étranger devant le juge pénal suisse, in: Les étrangers en Suisse, hrsg. Université de Lausanne 1982, S. 281
Hauser Robert: Kurzlehrbuch des schweizerischen Strafprozessrechts, 2. Auflage, Basel/Frankfurt a. M. 1984
Outry J.: Verletzung schweizerischer Gebietshoheit durch verbotene Handlungen für einen fremden Staat, Diss., Zürich 1951
Pfenninger Hans Felix: Strafrechtliche Landesverweisung und administrative Ausweisung – Audiatur et altera pars, in: SJZ 56 (1957) S. 316 ff.
Piquerez Gérard: Précis de procédure pénale suisse, Lausanne 1987
Poncet Dominique / Neyroud Philippe: L'extradition et l'asile politique en Suisse, Fribourg 1976
Rehberg Jörg: Strafrecht I, Verbrechenslehre, 5. Auflage, Zürich 1993
Rorschacher Valentin: Die Strafbestimmungen des Bundesgesetzes über Aufenthalt und Niederlassung der Ausländer (ANAG), Reihe Straf- und Wirtschaftsrecht, Bd 17, Zürich 1991
Schmid Niklaus: Strafprozessrecht, 2. Auflage, Zürich 1993
Schultz Hans: Einführung in den allgemeinen Teil des Strafrechts, ein Grundriß, 1. Band, 4. Auflage, Bern 1982
Stratenwerth Günter: Schweizerisches Strafrecht, Allgemeiner Teil I und II: Die Straftat, Bern 1989, Teil 1, 12. Auflage, Bern 1996
Thürer Daniel: Swiss National Report on the Judicial Control over the Discretionary Power in the Expulsion and Extradition of Foreigners, in: Rapports

suisses présentés au XIIème Congrès international de droit comparé 1986, p. 159–177

Trautvetter Peter M.: Die Ausweisung von Ausländern durch den Richter im schweizerischen Recht, Diss., Zürich 1957

Wegleitung des Bundesamtes für Polizeiwesen vom 15. Oktober 1982, in: Verwaltungspraxis der Bundesbehörden (VPB) 1982 Heft 46/IV, Nr. 68, S. 366 ff.

15. Kapitel: Sozialversicherung, Fürsorge, Gesundheitswesen

Bendel Felix: Rückvergütung und Ueberweisung von AHV-Beiträgen, in: SZS 1976, S. 99 ff.

Brändli Herbert: Sozialversicherung in der Schweiz, 2. Auflage, Zürich 1987

Breining Joachim: Arbeitslosenversicherung und Ausländerrecht, Eine Untersuchung der Rechtsstellung ausländischer Arbeitnehmer bei Arbeitslosigkeit, Zürcher Studien zum öffentlichen Recht, Bd 94, Diss., Zürich 1990

EKA (Eidg. Kommission für Ausländerfragen), Zur Stellung der Ausländer im System der sozialen Sicherheit der Schweiz, Volkswirtschaft 1977, S. 564 ff.

Emsheimer Arthur: die Rechtsstellung der Flüchtlinge und Staatenlosen in der schweizerischen Sozialversicherung, begrenzt auf Alters- und Hinterlassenenversicherung, Invalidenversicherung und BG über Ergänzungsleistungen zur AHV/IV, in: AWR-Bulletin 1977, S. 281 ff.

Gerhards Gerhard: Kommentar zum Arbeitslosenversicherungsgesetz (AVIG), Bern/Stuttgart 1988/1993

Kenel Philippe / Schaffer Christiane: La Main-d'oevre étrangère, Guide juridique et pratique, Lausanne 1989, mit Nachträgen (Loseblattsammlung)

Matile Jacques: Les sanctions de droit public contre l'employeur d'un travailleur étranger sans autorisation, in: SJZ 92 (1996) Nr. 12, S. 224 f.

Maurer Alfred: Schweizerisches Sozialversicherungsrecht, Band I: Allgemeiner Teil, 2. Auflage, Bern 1983: Band II: Besonderer Teil (Sozialversicherungszweige), 2. Auflage, Bern 1982

Maurer Alfred: Schweizerisches Unfallversicherungsrecht, Bern 1985 und Ergänzungsband 1989

Meyer Jean: Le statut des travailleurs immigrés dans la sécurité sociale suisse, Basel/Frankfurt a. M. 1990

Paetzold Veronika: Die Sozialversicherung in der Schweiz, Fachschriften der Handelskammer Deutschland-Schweiz, 2. Auflage, Zürich 1994

Paetzold Veronika: Rechte und Pflichten deutscher Staatsangehöriger gegenüber den schweizerischen Sozialversicherungswerken, Das Sozialversicherungsabkommen Deutschland-Schweiz, CH-D Wirtschaft 1986, S. 18 ff.

Riemer Hans Michael: Das Recht der beruflichen Vorsorge in der Schweiz, Bern 1985

Spühler Karl: Grundriss des Arbeitslosenversicherungsrechts, mit Einschluss der Insolvenz-, Kurzarbeits- und Schlechtwetterentschädigung, Bern 1985

Viret Bernard: L'assujettissement et le droit aux prestations des étrangers dans quelques assurances sociales suisses, in: Les étrangers en Suisse, hrsg. Université de Lausanne 1982, S. 97

Wegleitung des Bundesamtes für Sozialversicherung über die Stellung der Ausländer und Staatenlosen in der AHV/IV (WAS)

17. Kapitel: Steuern, Gebühren

Blumenstein Ernst / Locher Peter: System des Steuerrechts, 5. Auflage, Zürich 1995

Hoehn Ernst, Handbuch des internationalen Steuerrechts der Schweiz, 2. Auflage, Bern/Stuttgart 1993
Hoehn Ernst: Internationale Steuerplanung, Bern/Stuttgart/Wien 1996
Hoehn Ernst / Athanas Peter: Das neue Bundesrecht über die direkten Steuern – Direkte Bundessteuer und Steuerharmonisierung, Bern/Stuttgart/Wien 1993
Rivier Jean-Marc: Droit fiscal suisse, le droit fiscal international, Neuchâtel 1983
Yersin Danielle: Le statut des étrangers dans les projets législatifs d'harmonisation fiscale, in: Les étrangers en Suisse, hrsg. Université de Lausanne 1982, S. 293

23. Kapitel: Immaterialgüterrecht

Barrelet Denis /Egloff Willi: Das neue Urheberrecht, Kommentar zum Bundesgesetz über das Urheberrecht und verwandte Schutzrechte, Bern 1994
Blum Rudolf E. / Pedrazzini Mario M.: Das schweizerische Patentrecht, Bände I–III, 2. Aufl., Bern 1975
David Lucas: Markenschutzgesetz, Muster- und Modellgesetz, in: Heinrich Honsell / Nedim Peter Vogt / Lucas David (Hrsg.): Kommentar zum schweizerischen Privatrecht, Basel 1994
David Lucas: Der Rechtsschutz im Immaterialgüterrecht, in: Roland von Büren / Lucas David (Hrsg.): Schweizerisches Immaterialgüter- und Wettbewerbsrecht, Band I/2, Basel 1992
Perazzini Mario M.: Patent- und Lizenzvertragsrecht, 2. Aufl., Bern 1987
Rehbinder Manfred: Schweizerisches Urheberrecht, 2. Aufl., Bern 1996
Troller Alois: Immaterialgüterrecht, Bände I + II, 3. Aufl., Basel 1983/1985
Vischer Frank, in: Anton Heini et al. (Hrsg.): IPRG Kommentar 1993, Art. 109ff. („Immaterialgüterrecht")
Von Büren Roland / David Lucas (Hrsg.): Schweizerisches Immaterialgüter- und Wettbewerbsrecht, Band I/1: Grundlagen, Basel 1995 (mit einem Beitrag über „Staatsverträge im Immaterialgüterrecht")
Von Büren Roland / David Lucas (Hrsg.): Schweizerisches Immaterialgüter- und Wettbewerbsrecht, Band II/1: Urheberrecht und verwandte Schutzrechte, Basel 1995

Schlagwortverzeichnis

Das Schlagwortverzeichnis soll die praktische Benützbarkeit des Werkes erhöhen. Deshalb ist keine grammatikalische Vollständigkeit angestrebt; dafür werden unter demselben Begriff u.U. mehrere Sachverhalte erfasst, die in einem innern Zusammenhang stehen. Wird ein Begriff in einem grösseren Zusammenhang erläutert, wird hierfür (kursiv) nur auf die erste Stelle verwiesen. Die Verweisung erfolgt auf die Randziffern. Die nachfolgenden Begriffe, die zum Kerngehalt des Werkes gehören und deshalb sehr häufig vorkommen, werden in eigenen Kapiteln behandelt und hier nicht genannt: Aufenthaltsbewilligung, Ausländer, Heimat (-Gemeinde, -Kanton, -Ort, -Staat), Nationalität, Niederlassungsbewilligung, Schweizer (-Bürger, -Bürgerrecht), Staatsangehörigkeit, Staatsvertrag, Wohnsitz. Ländernamen sind nicht aufgeführt.

Abmeldung 3/170f., 3/179, 3/191
Abstammung 1/6, 1/10, 1/12, 13/13
Abstimmung s. Stimmrecht
Adoption 1/11, 1/13, 1/32, 1/37, 3/27, 4/18, 7/10, 7/15
Advokat s. Rechtsanwalt
AG s. Aktiengesellschaft
Agentur s. Bank
AHV s. Altersversicherung
Akademischer Grad 14/17
Akkreditierung 21/2ff.
Aktienbuch s. Namenaktien
Aktiengesellschaft 8/1, 8/3, 8/7f., 8/10ff., 9/21, 19/10, 19/12, 19/14, 19/29, 19/40, 19/46f., 20/5, 20/9
Altersversicherung 4/20, 15/1, *15/4ff.*
Amtseid 2/1
Amtshilfe 6/58, 12/5
Amtspflicht 6/58, 12/5
Angestellter s. Beamter
Anlagefonds 6/7
Anmeldung polizeiliche 1/27, 1/38, *3/8ff.*, 3/31, 5/20
Anteilschein s. Anlagefonds
Apotheker 4/21, 14/13
Aparthotel *6/23f.*, 6/26f., 6/52
Arbeitgeber 2/18, 3/9, 3/38, 3/58, 3/67, 3/86, 3/100, 3/102, 3/117, 3/121, 3/153, 3/164f., 3/180, 3/198, 3/200f., 3/203, 15/6, 15/11, 15/30, 17/4, 17/10, 17/13
Arbeitnehmer *Vorwort(2)/7*, 2/18, 3/80ff., 3/86, 3/100, 3/107, 3/117, 3/123, 3/153, 3/165, 3/180, 15/4ff., 15/27, 15/30, 15/48f., 17/10, 17/12f., 19/1

Arbeitsamt s. Arbeitsmarktbehörde
Arbeitsbewilligung *Vorwort(2)/7f.*, 3/5f., *3/37ff.*, 3/49, 3/101, 3/117, 3/208, 4/1, 15/38, 21/1, 21/4
Arbeitslosenquote 3/69
Arbeitslosenversicherung *15/37ff.*
Arbeitsmarktbehörde (s. auch BIGA) 3/3f., 3/30, 3/49, 3/69, 3/124, 3/160, 3/164ff., 3/193
Arbeitsvermittlung 4/22
Armee s. Militärdienst
Armenrecht 1/19, *10/5ff.*
Arrest *Vorwort (1)/5*, 11/1
Artist s. Kunst
Arzt 3/25, 4/19, 14/13
Assimilation 1/24, 4/15
Asyl (s. auch Flüchtling) *Vorwort (1)/1, Vorwort (2)/6*, 3/36, 3/138, *5/1ff.*
Asylrekurskommission 5/72
Atomenergie s. Kernenergie
Aufwandbesteuerung s. Steuerpauschalierung
Au-pair 3/39, 3/114
Ausbürgerung 1/42
Ausländerregister s. Zentrales Ausländerregister
Auslieferung 12/3, 12/7f., *13/12ff.*
Ausreise 3/163, *3/169ff.*, 3/179f., 3/191, 3/198, 5/14f., 5/22, 5/31, 5/38, 5/40, 5/48, 5/65
Ausschaffung s. Ausweisung
Ausschaffungshaft 5/85, 5/95, 5/100, 5/103f.
Auswanderungsagentur 4/24
Ausweispapiere s. Reisepapiere

Schlagwortverzeichnis

Ausweisung 2/12, *3/176ff.*, 3/195, 5/25, 5/82 ff., 5/106, 5/115, 5/123, 13/17, 15/44
Automatisiertes Fahndungssystem (RIPOL) 3/210
Automatisiertes Personenregistratursystem (AUPER) 3/210

Bank 6/44, 8/2, *9/1 ff.*
Bankgeheimnis 9/14
Bankkonto *9/13ff.*
Baugewerbe (s. auch Saisonnier) 3/81, 3/107, 3/123, 6/29
Baurecht 6/5
Beamter 2/20, *4/2 ff.*, 6/58, 9/22, 12/5 f., 12/12, 13/6
Begehungsort *12/1 ff.*
Begrenzung s. Kontingent
Beherrschung *Vorwort (1)*/6, 6/8, 6/15, 6/33, 6/39, 6/43 f., 8/3, 9/2 ff., 9/12, 9/17, 12/3, 14/27, 15/11, 16/14, 18/2, 19/9 f., 19/20 f., 19/23 f., 19/26 ff., 19/35 f., 19/45 f., 20/2 f., 20/5, 20/8, 20/11, 20/14, 21/8 f., 21/11, 22/3
Beitrittsverhandlungen 3/70
Berufe *Vorwort (1)*/7, 2/11, 3/1, 3/39 f., 3/46, 3/52 f., 3/64, 3/122, *4/1 ff.*, 6/29, 16/11
Berufliche Vorsorge *15/27 ff.*
Berufsbildung 3/23, 3/61, 3/91, 3/106, 3/115 ff., 14/5 f., 14/25, 16/15, 19/18
Berufswechsel *3/153 ff.*, 5/27
Betäubungsmittel 12/3
Beteiligung (s. auch Beherrschung) 6/6, 8/1 ff., 9/3, 9/5 ff.
Betrieb s. Unternehmen
Betriebsleitung s. Gesellschaftsverwaltung
Betriebspersonal 19/16, 19/32
Betriebsstätte *6/29 ff.*, 6/48, 22/5
BfA s. Bundesamt für Ausländerfragen
BIGA s. Bundesamt für Industrie, Gewerbe und Arbeit
Bildung 3/23, 3/94, 3/122, 4/38, *14/1 ff.*, 15/35
Bodenseeschiffahrt s. Schiffahrt
Börsenkotierung 8/3, 19/48
Botschaft s. Diplomat
Buchprüfung s. Kontrollstelle
Bundesamt für Ausländerfragen (BfA) 3/31, 3/167, 3/175, 3/209

Bundesamt für Industrie, Gewerbe und Arbeit 3/49, 3/75, 3/88, 3/92, 3/105, 4/17
Bundesamt für Flüchtlinge 5/19, 5/37, 5/40, 5/45, 5/48, 5/53, 5/68, 5/71 f., 5/85
Bundesgericht 1/44, 2/1, 2/16, 3/195, 4/10, 5/102, 10/5
Bundeskanzler 2/1
Bundesrat *Vorwort (1)*/7, *Vorwort (2)*/1, *Vorwort (2)*/7, 1/44, 2/1, 2/12 f., 2/16, 3/48, 3/70, 3/92, 3/177, 4/2, 4/14, 5/10, 8/8, 9/15, 16/4 f., 16/7, 19/17, 20/14, 21/5, 21/9, 21/11
Bundesversammlung *Vorwort (2)*/1, 1/44, 2/1
Büsingen 3/35
Busse s. Sanktionen

Check 7/14

Darlehen 6/33, 14/21, 15/51, 15/53, 16/15
DBA s. Doppelbesteuerungsabkommen
Delikt 3/172, 3/176, 3/178, 3/197 ff., 5/16, 5/20, 5/74, 6/64, *12/1 ff.*, 13/2, 13/16, 13/18, 15/56
Depot s. Wertschriften
Devisen 9/13 ff.
Diplom 4/25, 14/16 ff.
Diplomat *Vorwort (1)*/7, *Vorwort (1)*/9, *Vorwort (2)*/3, 3/167, 3/188, 4/3, 5/48, 13/8, 15/11
Diplomatische Vertretung 2/14, 3/36, 3/62, 3/138, 3/167, 4/3, 5/71, 12/12, 13/8, 16/13, 17/5, 21/12
Diskriminierung 2/25
Dolmetscher 5/60
Doppelbesteuerungsabkommen *Vorwort (1)*/10, *Vorwort (2)*/3, 17/1
Doppelbürger *Vorwort (1)*/7, 1/5, 1/37 ff., 1/42, 3/189, 4/3, 12/9, 12/17, 13/5, 13/7, 13/12, 15/16, 15/50, 16/5, 17/5, 19/7, 19/22
Drei-Kreis-Modell 3/70
Drittstaat 5/14, 5/18, 5/38, 9/12
Durchsuchung 5/92 f.

Edelmetall 4/25
EFTA s. European Free Trade Association
Ehegüterrecht 7/71, 8/3

Schlagwortverzeichnis

Ehepartner 1/10, 1/23, 1/30, 3/14, 3/19, 3/36, 3/101, 3/138, 3/187, 5/26, 5/112, 6/17, 6/52, 7/5 ff., 15/12, 15/48, 17/11
Ehescheidung 7/1, 7/7 f., 17/12
Eheschliessung 1/6, 1/8 ff., 1/30, 1/34, 3/19, 3/187, 7/1, 7/3 ff., 13/13
Ehrenbürgerrecht 1/20
Eidgenössische Bankenkommission (EBK) 9/1, 9/7 f., 9/11
Eidgenössisches Departement für auswärtige Angelegenheiten (EDA) 4/3, 21/2
Eidgenössisches Justiz- und Polizeidepartement (EJPD) 1/41, 5/101, 6/63
Eidgenössisches Parlament s. Bundesversammlung
Eidgenössische Rekurs- und Schiedskommissionen 4/10
Eigentum 2/6, 6/4 f., 6/7 ff., 6/26, 6/34, 6/43, 8/1, 8/3, 15/52, 16/1, 19/8 ff., 19/26 ff., 20/5, 20/11 f.
Einbürgerung 1/2, *1/14 ff.*, 5/116, 13/13, 14/15
Einfache Gesellschaft 8/1, 8/5
Einheimische Arbeitskraft s. Inländerbehandlung
Einreise *Vorwort (2)*/6, 2/12, *3/1 ff.*, 3/31, 3/42, 3/104, 3/162, 3/164, 3/171, 3/182, 3/188, 3/197 ff., 3/205, 5/14, 5/20, 5/48 ff.
Einreiseverbot 2/12, 3/202, 5/81, 5/88, 5/101, 22/11
Einwohnerkontrolle 3/30, 3/180
Einwanderung *Vorwort (1)*/1
Eisenbahn 4/26, *19/4 f.*, 21/3
Elterliche Gewalt 1/9, 1/40, 3/18
Empfangsstelle 5/53 ff.
EMRK s. Europäische Menschenrechtskonvention
Energie 8/2, *20/1 ff.*
Entlassung (Bürgerrecht) 1/28, *1/39 ff.*
Entwicklungsland 3/91, 22/1
EO s. Erwerbsersatzordnung
Erasmus-Programm 14/10
Erbrecht 6/17, 6/36, 7/1, 7/11 f., 8/3, 17/15
Erfindung 23/1, 23/4, *23/13 f.*
Ergänzungsleistungen 15/18, 15/24
Ersatzbewilligung 3/161
Erschleichung 1/21, 3/174, 3/192, 5/110
Erwerbsersatzordnung *15/41 f.*

Erwerbslosigkeit 3/26, 3/182
Erwerbstätigkeit *Vorwort (2)*/6, *3/1 ff.*, 3/30, *3/37 ff.*, 3/66, 3/104, 3/113, 3/123, 3/127, 3/138, 3/155, 3/161, 3/182, 3/205, 4/1, 5/21, 5/27, 5/41, 15/4, 15/35, 17/3 ff.
Erziehung *14/1 ff.*
ETH s. Hochschule
Europäische Menschenrechtskonvention (EMRK) 2/12, 3/196, 3/207, 5/9
Europäische Union (EU) *Vorwort (2)*/7, 3/70 ff., 3/126, 3/130, 14/9
Europäischer Wirtschaftsraum (EWR) *Vorwort (2)*/1, 3/70
Europarat 14/4
European Free Trade Association (EFTA) 3/71 f., 3/126, 3/130, 3/208, 14/9
Exportrisikogarantie 22/5

Fachleute s. Spezialist
Fachschule 3/61, 3/91, *14/5 ff.*
Familie 1/21, 3/16, 3/62, 5/18, 5/26, 6/21, 15/35
Familiennachzug *3/14 ff.*, 3/51, 3/129, 3/188, 5/26, 5/42
Familienunterhalt 3/17, 5/22
Familienzulage 15/48
Ferienwohnung *Aktualität*, 6/1, *6/23 ff.*, 6/47, 6/52
Fernsehen *21/5*, 21/11
Fernmeldewesen *21/1 ff.*
Film *14/27 f.*
Findelkind 1/12
Flüchtling 3/56, 3/184, *5/1 ff.*, 10/6, 14/13, 15/15, 15/17 f., 15/22 f., 15/40, 15/47, 15/53, 21/7, 21/12
Flugpersonal s. Betriebspersonal
Flugsicherung 12/8, 19/56
Flugunfall 19/57
Flugwesen s. Luftfahrt
Forschung 3/78, 3/89, 3/108
Frauenhandel 13/17
Fremdenpolizei 3/8, 3/30 f., 3/165, 3/167, 3/175, 3/178, 3/193, 3/202 f., 3/206, 5/95, 5/118, 6/58, 6/60
Freundschaftsvertrag *Vorwort (1)*/10, 3/205, 6/65
Friedenserhaltende Aktionen s. Gute Dienste
Funk 4/27, 12/7 f., *21/6 ff.*
Führungskraft *Vorwort (1)*/2, 3/85 f., 3/89 f., 3/96, 3/204, 3/208, 6/20, 6/34

Fürsorge 3/84, 3/94, 5/22, 5/29, 6/37, 15/1 ff., 15/44, *15/51 ff.*
Fürsprecher s. Rechtsanwalt

Ganztagesschule 3/60
Gastgewerbe 3/97, 3/123, 6/2
Gebühr 1/19, 1/25, 3/33, 3/168, 14/9, 15/36 15/55, *17/16*
Gegenrecht 3/85, 3/185, 4/11, 4/14, 4/28, 4/41, 9/8, 10/5, 10/8, 13/2, 14/13, 14/18, 14/25, 15/47, 19/2, 19/41, 19/51, 21/7, 21/11, 23/3, 23/6, 23/13, 23/15
Geiselnahme 13/9
Gelübde s. Amtseid
Geldwäscherei 9/14
Gemeinnützigkeit 3/86, 5/21, 6/42, 14/20
Genossenschaft 8/1, 8/7, 8/10 f., 19/11 f., 19/14, 19/29 f., 19/45 f.
Geometer 4/29
Gerichtsstand s. Zuständigkeit
Gesamteigentum 6/17, 19/32
Geschäftsführung s. Gesellschaftsverwaltung
Geschworene 4/10
Gesellschaft (s. auch einzelne Gesellschaftstypen) 6/6, 6/15, 6/30, 6/33, *8/1 ff.*, 9/19
Gesellschaftsanteil s. Beteiligung
Gesellschaftssitz *Vorwort (1)*/6, 3/86, 6/15, 8/10, 9/2, 9/4, 9/7 f., 9/12, 9/15, 12/3, 14/27, 16/14, 16/16, 18/2, 19/12, 19/23, 20/14, 21/8 f., 21/15, 22/3
Gesellschaftsvertrag s. Statuten
Gesellschaftsverwaltung 6/33, 8/5 ff., 9/11, 9/18, 14/27, 15/19, 16/16, 19/4, 19/14 f., 19/23, 19/34 f., 20/3 f., 20/10, 20/14, 21/11
Gesellschaftszweck 3/86, 6/6, 6/9, 6/19, 6/40, 6/63
Gesuch 1/16 f., 1/22 f., 3/30, 3/67, 3/102, 3/132, 3/139, 3/152, 3/164 f., 3/191, 5/1, 5/9, 5/18 ff., 5/41, 5/50, 5/99 ff., 6/51, 6/55, 15/35, 16/4
Gesundheitswesen 3/94, *15/1 ff.*
Gewerblicher Rechtsschutz s. Immaterialgüterrecht
Gewissensfreiheit 2/4
Glaubensfreiheit 2/4
GmbH 8/1, 8/4 f., 8/11, 19/9, 19/14, 19/29

Grenzgänger 3/36, 3/63, 3/77, *3/131 ff.*, 3/147, 15/4, 15/35, 15/39
Grenzsanität 3/7
Grenzübertritt 3/2, 3/6, 5/48 f., 5/53
Grenzüberschreitende Hilfeleistung s. Gute Dienste
Grenzzone 3/133 f., 4/7, 12/6
Grundbuch 4/29, 6/56
Grundeigentum *6/1 ff.*, 8/2, 17/6
Grundpfand 6/43, 17/6
Grundrechte (s. auch verfassungsmässige Rechte) *2/3 ff.*
Grundstücke *6/1 ff.*, 16/10, 17/6, 18/1
Grundstückerwerb *Aktualität*, *6/1 ff.*, 18/1
Grundstückfläche 6/22, 6/50
Güterrecht s. Ehegüterrecht
Gute Dienste 3/11, 4/5, 16/9

Haft 3/201, 5/78, 5/85, 5/97 f., 5/104 f., 13/9
Haftentlassung 5/99 ff., 5/107
Haftung 3/204, 6/44, 17/15, 21/12
Halbleitererzeugnisse 23/1, *23/15*
Handelsgesellschaft *8/1 ff.*, 19/12, 19/31, 19/45 f.
Handelsprüfer 4/25
Handelsregister 4/35, 6/56, 6/58, 8/4, 8/11, 8/13, 9/1, 9/17, 19/23, 19/40, 22/5
Handelsreisender 3/47, 4/28
Handels- und Gewerbefreiheit 2/11
Handelssanktionen 22/6 ff.
Handelsvertrag 3/47, 6/29, 6/65
Handwerker 3/97
Härtefall 3/65, 3/102, 3/128, 5/39
Heimatrecht (s. auch Gegenrecht) 1/5, 7/1, 7/12, 13/15
Heimatschein 1/45
Heimatzuständigkeit s. Zuständigkeit
Heimschaffung s. Ausweisung
Heirat s. Eheschliessung
Hilfswerk 5/29, 5/60 f.
Hinterlassenenversicherung s. Altersversicherung
Hochschule *Vorwort (2)*/6, 3/24, 3/61, 3/89, 3/108, 3/186, 4/4, 4/10 f., *14/7 ff.*, 14/19
Hochseeschiffahrt s. Schiffahrt
Höchstzahl s. Kontingent
Hoheitszeichen s. Wappen
Holding s. Konzern
Holocaust *Aktualität* 9/13
Hotel 6/2, 6/23 ff., 6/52

Schlagwortverzeichnis

Identitätskarte 1/45, 3/6, 3/172, 5/31, 5/57, 5/122
Immaterialgüterrecht *23/1 ff.*
Immatrikulation s. Hochschule
Immobilien s. Grundstücke
Ingenieur 4/29, 14/5 ff.
Initiativrecht 2/15
Inländerbehandlung *Vorwort (1)*/4 f., 3/69, 4/28, 6/65, 15/13, 23/2 f.
Internationale Organisation *Vorwort (2)*/3, 3/36, 3/86, 3/138, 15/11, 17/1, 17/5
Internationale Rechtshilfe s. Rechtshilfe
Internierung 12/13; s. a.: Vorläufige Aufnahme
Invalidenversicherung 4/30, *15/20 ff.*
Invalidität 3/52, 3/101
Investitionsrisikogarantie *22/1 ff.*
IPR 1/5, 5/28, 5/121, *7/1 ff.*, 13/15
IV s. Invalidenversicherung

Jagd 17/16
Jahresaufenthalterbewilligung 3/12 ff., 3/22 ff., 3/36, 3/57, *3/74 ff.*, 3/126 ff., 3/138 f., 3/141, 3/152, 3/155, 5/24, 5/75, 6/21, 15/40
Journalist 3/46, 3/64, *21/1 ff.*
Jugendförderung 14/1, *14/29 ff.*
Jugend und Sport 4/39
Juristische Person *Vorwort (1)*/6, 3/204, 6/7 ff., 6/63, 9/4 f., 9/12, 9/17, 12/3, 13/9, 16/14, 16/16, 18/2, 19/12, 19/25, 19/30, 20/3 f., 20/8, 20/14, 21/8 ff., 22/3, 22/7

Kabelnetzkonzession 21/6
Kader s. Führungskraft
Käsehandel 4/31, *18/2*
Kantonswechsel *3/153 ff.*
Kapitalanlage 6/3, 6/40 f., 6/44, 6/50
Kapitalflucht 9/16, 9/19
Kapitalgesellschaft 8/1
Kapitän 19/16 ff., 19/18, 19/32
Katastrophe 16/1
Kaufrecht 6/10
Kaution s. Prozesskaution
Kernenergie 4/23, 12/3, *20/12 ff.*
Kinderhandel *13/17*
Kinderzulage *15/49*
Kindschaftsrecht s. Kindsverhältnis
Kindsverhältnis 1/13, 1/34, 1/36 ff., 3/18, 3/36, 3/138, 5/112, 7/1, 7/9, 7/15, 12/4

Kollektivgesellschaft 8/1, 8/4 f., 19/9, 19/28
Kollektivmarke s. Marke
Kommanditaktiengesellschaft 8/1, 8/3 ff., 8/11, 19/10, 19/14, 19/29
Kommanditgesellschaft 8/1, 8/4 f., 19/9, 19/28
Konsulat s. Diplomatische Vertretung
Kontingent (Aufenthaltsbewilligung) *Vorwort (2)*/7, *3/48 ff.*, 3/79, 3/92, 3/94 f., 3/111, 3/116, 3/118 f., 3/125, 3/137, 3/161, 3/171, 3/188
Kontingent (Grundstückerwerb) *Aktualität*, 6/3, 6/24, 6/27
Kontrollstelle 8/14 f., 19/20, 20/11
Konzern 3/107, 6/30, 8/8, 9/5, 9/9 f.
Konzession 12/7 f., *19/43 ff.*, 20/1 ff., *21/6 ff.*
Koproduktion s. Film
Korrespondent s. Journalist
Kosten s. Gebühr
Kostenvorschuss s. Prozesskaution
Krankenhaus s. Spital
Krankenversicherung *15/32 ff.*
Krieg s. Krise
Kriegsverbrechen 13/18 ff.
Krise 3/173, 5/10, 6/1, 6/54, 8/10, 12/13, 12/16, 15/50, 16/7, 16/14, 16/16
Künstler s. Kunst
Kultur *Vorwort (1)*/2, 6/54, *14/1 ff.*, *14/25 ff.* 16/1, 21/13
Kulturzeitschriften 21/13
Kultusfreiheit 2/4
Kunst 3/39, 3/53, 3/83, *14/25 ff.*, 15/4, 23/1, 23/5 f.
Kurgast s. Patient
Kurzaufenthalter 3/14, 3/36, 3/53 f., *3/104 ff.*, 3/138, 3/142, 3/148 ff., 3/156, 5/75

Landeskirchen 2/24
Landesverteidigung 6/2, 6/53, *16/1 ff.*
Landesverweisung 3/178, 3/195, 5/115, 12/9, 12/17
Landreserve 6/31 f., 6/50
Landwirtschaft 3/98, 3/123, 4/42, 6/2, 6/35, 14/5, 15/48, *18/1 ff.*
Lebensgefährte 3/19
Lediges Kind 3/14, 3/51, 3/187
Lehrling 3/39
Leistungsschutzrechte 23/1, 23/5 f.
Lex Friedrich *Vorwort (2)*/1, *6/1 ff.*
Lex Koller *Vorwort (2)*/1, 6/3

Liechtenstein 3/6, 3/55, 3/184, 9/5, 9/15, 14/8f., 14/30
Linienverkehr *19/45ff.*
Liquidation 8/16
Lizenz 3/107
Lohnquellensteuer s. Quellensteuer
Luftfahrt 4/32, 12/7f., *19/36ff.*, 22/8ff.
Lugano-Uebereinkommen 10/2f.

Mädchenhandel s. Frauenhandel
Marke 23/1, 23/4, *23/7ff.*
Maturität 14/2f.
Medien *Vorwort (2)*/6, 3/46, 3/64, 8/2, *21/1ff.*
Medizin 3/101, 3/122, 14/13ff.
Mehrfachbürgerrecht 1/2, 1/13, 1/41f.
Meinungsäusserungsfreiheit s. Redefreiheit
Meistbegünstigung 4/28, 6/65, 23/3
Meldepflicht (s. auch Anmeldung) 3/9, 3/179, 3/181, 9/11, 9/15, 13/7ff.
Menschenrechte 3/207, 5/7
Miete 2/18, 9/13
Mietvertrag (s. auch Miete) 6/11, 6/32, 6/47, 15/53f.
Migration s. Einwanderung
Militärdienst 1/31, 3/59, 4/33, 12/13ff., 15/42f., *16/2ff.*
Militärische Anlage 6/14, 6/53
Militärpflichtersatzabgabe 17/15
Militärstrafprozess 4/10, 4/13, *12/15ff.*, 16/2
Militärversicherung *15/43*
Missionar 3/39, 3/110
Miteigentum 6/17, 19/32
Mittellosigkeit 1/19
Mitwirkungspflicht 5/55, 5/67, 5/79
Modell 23/1, 23/4
Mündigkeit 1/7, 1/10ff., 1/34, 1/37, 1/39f., 6/52,
Muster 23/1, 23/4

Nachbarstaat 3/136, 5/52, 12/6, 16/4
Nachlass s. Erbrecht
Name 1/9, 7/1f.
Namenaktie 8/3, 19/46, 20/9, 21/11
Nationalbank 4/34, 9/15, *9/21f.*,
Nationalrat 2/1, 2/16, 21/3
Natürliche Person *Vorwort (1)*/6, 6/13, 6/16, 9/4, 9/17, 9/21, 13/9, 16/14, 17/8, 18/2, 19/8, 19/25f., 20/2, 20/7, 20/13, 21/11, 22/2, 22/7
Nebenerwerb 3/60

Neutralität 5/1, 16/1
Niederlassung 1/11, 3/36, 3/182ff.
Niederlassungsvertrag *Vorwort(1)*/10, 3/205f., 6/65
Non-Refoulement 5/11, 5/39
Notar 4/15
Notlage 6/28
Numerus clausus s. Zulassungsbeschränkung
Nummernkonto 9/18
Nutzniessung 6/5, *6/7ff.*, 19/12

Oberbefehlshaber *Vorwort (1)*/7
Opfer *Aktualität*, 13/1, 15/50
Opferhilfe *15/56*
Organ s. Gesellschaftsverwaltung

Pariser Verbandsübereinkunft 23/2, 23/9, 23/11
Parlament s. Eidgenössisches Parlament
Parteivertreter s. Rechtsanwalt
Pass 1/45, 3/2, 3/5f., 3/172, 5/31
Patent 4/29, 17/16, 18/3, 23/1, 23/4, *23/11f.*
Patient 3/14, 3/25, 3/28, 3/188
Pauschalierung s. Steuerpauschalierung
Pauschalreisen 19/58
Persönlicher Mitarbeiter *Vorwort (1)*/7
Personalverleih 4/22, 4/35
Personalvorsorge 6/39f., 6/50
Personengemeinschaft 20/2
Personengesellschaft 8/1, 9/4f., 22/3
Petitionsfreiheit 2/5
Pflanzensorte 23/1, 23/13
Pflegekind 3/27, 7/15
Politische Betätigung s. Politische Rechte
Politische Rechte 2/10, 2/12ff., *2/15ff.*, 5/35
Post 2/14, 21/3, 21/12, *21/13f.*
Praktikant 3/39, 3/61, 3/117
Privathaushalt 3/101, 15/11
Professor 3/186, 4/10f.
Pro Helvetia 14/26
Prozess s. Verfahren
Prozesskaution *10/5ff.*
Prüfungszulassung s. Hochschule

Quellensteuer 17/3, *17/10ff.*

Radio 21/5, *21/11*
Rassismus 2/25

Schlagwortverzeichnis

Raumreserve 6/31 f.
Rayon 5/80, 5/87, 5/91, 5/94
Rechtliches Gehör 2/8
Rechtsanwalt 3/122, 4/11 ff., *4/15 ff.*, 5/60, 5/97, 10/8, 19/7
Rechtshilfe *13/1 ff.*
Rechtslehrer s. Professor
Rechtsmittel s. Verfahren
Rechtsvergleichung (Institut) 14/24
Redefreiheit 2/13
Reeder 19/13, 19/33
Referendum *Vorwort (1)*/1, *Vorwort (1)*/7, 2/15
Reifezeugnis s. Maturität
Reisepapiere *1/45*, 3/172, 5/3, 5/31, 5/34, 5/38, 5/49 ff., 5/92, 5/106
Rekrutenschule 16/3
Religionsgemeinschaft 2/24, 3/84, 3/110
Rentner 3/26, 3/28, 15/12 ff.
Revisionsstelle s. Kontrollstelle
RIPOL s. Automatisiertes Fahndungssystem
Rheinschiffahrt s. Schiffahrt
Richter 2/9, 3/178, 3/195, 3/200, 4/10, 5/93, 5/98 ff., 6/63, 12/18
Rohrleitung 4/36, 8/15, *20/6 ff.*
Rückkaufsrecht 6/10

Sanktionen *3/197 ff.*, 6/59, 12/6 ff., 13/11 f., 21/10
Saisonnier 3/14, 3/36, 3/54, 3/57, 3/72, *3/123 ff.*, 3/138, 3/146, 3/151, 3/157, 5/75, 15/4, 15/38
Seeleute s. Schiffahrt
Seelsorge s. Fürsorge
Seeschiffahrt s. Schiffahrt
Sendeunternehmen 23/5, 23/7 f.
Sorgfaltspflicht 9/16 ff.
Sortenschutz s. Pflanzensorte
Souveränität 13/3, 16/1
Sozialer Wohnungsbau (s. auch Fürsorge) 6/37
Sozialhelfer 3/39
Sozialversicherung *Vorwort (1)*/10, 5/30, *15/1 ff.*, 15/46
Sozialversicherungsabkommen *Vorwort (1)*/10, *Vorwort (2)*/2, 15/1, 15/13 f., 15/16, 15/23
Spezialist 3/73, 3/78 ff., 3/85 f., 3/89 f., 3/96, 3/108 f., 15/4
Spital 15/36, 15/55, 17/16
Sperrliste 3/203
Sport 3/39, 4/39, 14/30, 19/23

Submissionswesen 4/41
Subventionen 5/104, 14/23, 14/30
Schiessen 16/18
Schiffahrt 4/37, 5/3, 8/15, 12/7 f., 15/10, 16/15, *19/6 ff.*
Schlepper 3/199
Schrankfach 9/13
Schriftenlose 5/34, 5/34
Schüler 3/23, 3/28, 3/60 f., 3/188, 14/5, 14/23
Schürfrecht 20/5
Schusswaffen 16/11, 16/17 f.
Schweizer Flagge s. Wappen
Schweizer Pass s. Pass
Schweizer Schule 4/38, 14/23
Schweizerische Bankiervereinigung 9/16
Staatenlosigkeit 1/10, 1/12, 1/34, 3/1, 3/56, 5/3, 5/111, *5/119 ff.*, 10/6, 13/9, 15/17 f., 15/22 f., 15/40
Staatsoberhaupt 6/20
Staatspolitisches Interesse 3/65, 6/2, 6/20, 6/54, 13/3
Staatsrechtliche Beschwerde s. Verfahren
Ständerat 2/1, 2/17, 21/3
Stagiaire 3/14, *3/117 ff.*, 3/145, 3/151, 15/4
Standesbeamter s. Zivilstandsbeamter
Statuten 6/15, 8/3, 8/6
Stellenantrittsbewilligung s. Arbeitsbewilligung
Stellenwechsel *3/153 ff.*, 3/180, 3/182, 5/27
Stempelsteuer *Vorwort (1)*/5
Steuerbefreiung 6/42, *17/4 f.*
Steuererleichterung s. Steuerpauschalierung
Steuerharmonisierung 17/3
Steuerhinterziehung 9/20
Steuern 3/68, 3/172, 6/42, 6/58, *17/1 ff.*
Steuerpauschalierung 15/7, 17/3, *17/7 ff.*
Stiftung 6/40, 6/50, 8/5, 9/17, 14/20, 14/26 19/34
Stimmrecht *Vorwort (2)*/1, *2/14 ff.*, 9/6, 19/10, 21/9
Stipendium 14/12 f., 14/19 ff.
Stockwerkeigentum 6/18, 6/21
Strafprozess s. Verfahren
Strafrecht 3/176, 3/178, 5/77, 5/83, 5/89, 6/64, 9/14, 12/1 ff., 13/11 f., 21/10
Strafrechtshilfe s. Rechtshilfe

Straftat s. Delikt
Strafvollzug 3/172, 5/77, 5/103, 6/64, 12/2f., *12/9ff.*, 13/12, 13/14
Strassenverkehr s. Verkehr
Streubesitz 9/7
Student 3/14, 3/24, 3/28, 3/60f., 3/188, 14/9f.
Studium 3/24, 3/84, *14/7ff.*

Taxe s. Gebühr
Temporäre Erwerbstätigkeit 3/40, 3/45, 3/117, 4/1, 15/4, 15/6
Theologen 3/84
Tierarzt 14/13
Topographie 23/1, *23/15*
Tourismus 6/1f., 6/23
Transportunternehmen 8/2, 19/1
Treuhänder 6/16, 9/5, 19/42
TRIPs-Abkommen 23/3, 23/11
Trust 9/5, 9/17
TV s. Fernsehen

Überfremdung *Vorwort (1)*/1, 6/2
Umsetzerkonzession 21/6
Unentgeltliche Rechtspflege *10/5ff.*
Unfallversicherung *15/29ff.*
Unmündigkeit 1/7, 1/11, 1/16f. 1/34, 1/37, 1/39ff.
UNO-Sanktionen 22/6
UNO-Tribunal 13/18
Unternehmen 3/47, 3/68, 3/79, 3/82, 3/89, 3/97, 3/107ff., 3/123, 4/28, 6/39, 14/27, 19/1, 19/5, 19/31f., 21/12
Unterrichtswesen s. Bildung
Urheberrecht 23/1, *23/5f.*
Urproduktion 3/94, 6/35

Veräusserungsbeschränkung 6/48, 6/61
Verein 2/10, 8/1, 8/5, 19/23, 19/30, 19/34, 19/41
Vereinsfreiheit 2/10
Verfahren 1/44, 3/29ff., 3/56, 3/165ff., 3/193ff., 3/209ff., 4/11ff., 5/2, 5/9, 5/18ff., 5/28, 5/36, 5/44ff., 5/78ff., 5/102f., 6/55ff., 10/1ff., 12/16, 12/19, 13/4ff., 17/11, 17/14, 19/7, 23/2
Verfassungsmässige Rechte *2/1ff.*, 3/207, 5/9, 14/8, 17/16, 23/5
Verfassungsmässiger Richter 2/9
Verfolgung 5/4ff., 5/47, 5/89, 5/111, 15/50
Verhältnismässigkeit 2/7

Verkehr 3/135, 4/40, 16/22, *19/1ff.*, 22/11
Versammlungsfreiheit 2/10, 2/13
Versicherung 6/41, 6/44, 6/50, *15/4ff.*, 22/9
Versicherungsgericht 2/16, 3/194
Verteidigung s. Rechtsanwalt
Verwaltungsgerichtsverfahren s. Verfahren
Verwaltungsrat s. Gesellschaftsverwaltung
Verwaltungsstrafprozess s. Verfahren
Verwaltungsverfahren s. Verfahren
Viehhandel 4/42, 18/3
Vinkulierung s. Namenaktie
Visum 3/2ff., 3/167, 5/3, 5/49
Völkermord 13/18ff.
Völkerrecht 5/1, 13/8, 13/18, 17/5, 23/15
Volkswirtschaft 3/100, 6/2
Volontär 3/39
Vorbereitungshaft 5/78, 5/84, 5/86, 5/95, 5/100, 5/104
Vorkaufsrecht 6/10
Vorläufige Aufnahme 3/36, 3/138, 5/32, 5/40ff.
Vorstand s. Gesellschaftsverwaltung

Waffen 16/11
Wählbarkeit s. Wahlrecht
Wahlrecht *2/14ff.*, 4/2ff.
Wappen 19/6f., 19/21, 19/25, 23/14
Wartefrist 3/20
Wasserkraft 4/43, *20/1ff.*
Wechsel 7/14
Wegweisung 2/12, *3/175*, 5/18, 5/36ff., 5/69, 5/72, 5/77f., 5/85, 5/92ff., 5/103, 5/106, 6/60, 15/44
Wegzug s. Ausreise
Weiterbildung s. Berufsbildung
Wertschriften 9/13
Widerruf 3/174, 3/192, 5/109, 5/112f., 6/59, 8/13
Wiedereinbürgerung *1/26ff.*
Wiedereinreise s. Einreise
Willkür 1/15, 1/44, 2/7, 3/196
Wirtschaftsförderung 3/99
Wirtschaftssanktionen *22/6ff.*
Wissenschaftler 3/78
Wissenschaftliche Periodika 21/13
Wohnbauförderung s. Fürsorge
Wohnfläche 6/22ff., 6/50
Wohnrecht 6/5
Wohnung 3/16, 5/93, 6/34, 15/53

Yacht *19/21 ff.*

Zahnarzt 14/13
Zeitungen 3/46, 21/13 f.
Zentrales Ausländerregister (ZAR) 3/209
Zivilprozess s. Verfahren
Zivilrechtshilfe s. Rechtshilfe
Zivilschutz 15/42 f., 16/1, 16/3, *16/6 ff.*
Zivilstandsbeamter 4/6
ZPO s. Verfahren
Zulassungsbeschränkung 14/5, 14/8

Zusatzbewilligung (Banken) 9/2 f., 9/8, 9/12
Zuständigkeit 1/5, 1/41 ff., 2/13, 3/8, 3/167, 3/171, 3/180 f., 5/22, 5/65, 5/95 ff., 7/1 ff., *10/2 ff.*, 12/1, 12/7 f., 12/15, 15/44, 23/2
Zwangsmassnahmen Vorwort (2)/6, 3/175, 3/177, 3/211, *5/74 ff.*
Zwangsvollstreckung 6/44, 8/3, *11/1*
Zweigniederlassung 3/107, 9/2, 9/8, 9/15, 19/31
Zweitwohnung 6/23, 6/27, 6/52